四川大学哲学社会科学出版基金资助

中国符号学丛书 ◎ 丛书主编 陆正兰 胡易容

媒介技术的发展时刻影响着人与这个世界交道的方式
在数字技术浪潮下，我们的生存方式
关于『生』与『死』的观念都在悄然发生改变

媒介生存论：数字符号化永生

Mediated Existence Digital Semiotization Eternity

杨登翔 尹 彤 黄琳浪 著

图书在版编目（CIP）数据

媒介生存论 : 数字符号化永生 / 杨登翔，尹彤，黄琳浪著. 一 成都 : 四川大学出版社，2023.12
（中国符号学丛书 / 陆正兰，胡易容主编）
ISBN 978-7-5690-6427-8

Ⅰ. ①媒… Ⅱ. ①杨… ②尹… ③黄… Ⅲ. ①传播媒介一符号学 Ⅳ. ①G206.2

中国国家版本馆CIP数据核字（2023）第208587号

书　　名：媒介生存论：数字符号化永生
Meijie Shengcunlun:Shuzi Fuhaohua Yongsheng
著　　者：杨登翔　尹　彤　黄琳浪
丛 书 名：中国符号学丛书
丛书主编：陆正兰　胡易容

出 版 人：侯宏虹
总 策 划：张宏辉
丛书策划：侯宏虹　陈　蓉
选题策划：吴近宇　陈　蓉
责任编辑：吴近宇
责任校对：陈　蓉
装帧设计：墨创文化
责任印制：王　炜

出版发行：四川大学出版社有限责任公司
地址：成都市一环路南一段24号（610065）
电话：（028）85408311（发行部）、85400276（总编室）
电子邮箱：scupress@vip.163.com
网址：https://press.scu.edu.cn
印前制作：四川胜翔数码印务设计有限公司
印刷装订：四川盛图彩色印刷有限公司

成品尺寸：170mm×240mm
印　　张：12.25
插　　页：1
字　　数：238千字

版　　次：2023年12月 第1版
印　　次：2023年12月 第1次印刷
定　　价：58.00元

本社图书如有印装质量问题，请联系发行部调换

扫码获取数字资源

四川大学出版社
微信公众号

目　录

第一章　重访“媒介”概念

社会的维系和发展离不开媒介的支持，社会和媒介二者的发展总体上步调一致。这一观点不仅被伊尼斯①（Harold Adams Innis）、麦克卢汉②（Marshall McLuhan）等人文学者反复论证，同时也已被自然科学的逻辑所证明。贝尼格（James Ralph Beniger）就援引“负熵”（负熵，即信息）理论指出：人类社会同生物有机体一样都是自组织的开放系统，它们都需要通过从环境中汲取并积累物质和能源来维持自身结构稳定；因此，随着人类社会的发展，愈发庞大和复杂的组织结构就需要更加多样、高效的媒介系统来应对可能出现的“控制危机”。③ 无论从哪个角度而言，了解媒介技术及其运作方式都对我们理解人类社会有着不可替代的重要意义。正如基特勒所言：“媒介决定我们的现状，是受之影响，抑或要避之影响，都值得剖析。”④ 然而，目前我们对“媒介”的理解仍停留在“亟待厘清”的状态。

理解媒介，一方面受阻于技术变革太快。媒介发展是一种加速运动。布莱恩·阿瑟（Brian Arthur）指出：技术是一种开放系统，新技术的构成总是来自已有的元素（技术），而它本身又为下一步的构建提供元素。⑤ 因此，随着媒介技术的发展，元素组合的可能性（即新技术的数量）必将在某一节点开始变为指数级的爆发增长。事实的发展也正是如此，伴随工业革命而来的社会大

---

① ［加］伊尼斯．帝国与传播［M］．何道宽译．北京：中国人民大学出版社，2003．

② ［加］麦克卢汉．理解媒介：论人的延伸［M］．何道宽译．北京：商务印书馆，2000．

③ ［美］贝尼格．控制革命：资讯社会的技术和经济起源［M］．俞灏敏，邱辛晔译．台北：桂冠图书股份有限公司，1998．

④ ［德］基特勒．留声机　电影　打字机［M］．邢春丽译．上海：复旦大学出版社，2017：1．

⑤ ［美］阿瑟．技术的本质：技术是什么，它是如何进化的［M］．曹东溟，王健译．杭州：浙江人民出版社，2014：187－210．

发展，近代媒介技术的变革也愈发频繁。稍做统计就会发现，过去两个世纪涌现出的新媒介形态远比此前历史中存在过的总量还多。[①] 施拉姆的比喻为这种发展趋势做出了形象的说明：如果将人类的历史浓缩为一天，那么我们在这一天的 23 时 53 分才发明了文字，午夜前的最后一分钟创造了古登堡印刷术，而通信卫星、电脑、互联网以及我们所熟悉的种种数字媒介形式则通通诞生在这一天的最后四秒中。[②]

时至今日，媒介技术的革新速度已经快到让所有人应接不暇，一款新软件就能在短短数年间影响甚至改变数以亿计大众的生活方式。“微信”软件发布 9 年后其月活跃账户数已达到了 11.51 亿（截至 2019 年）。[③] 相比之下，在古登堡印刷术诞生近 4 个世纪后，《太阳报》创造的“发行量传奇”也才堪堪超过日均 1.5 万份。当代新兴媒介技术的普及和发展速度令人瞠目结舌。

另一方面，数字时代的“媒介融合”更加剧了理解媒介的困难。以互联网为核心的数字媒介技术凭借其前所未有的兼容性构成了一个复合“元媒介”[④] 系统。互联网数字技术的呈现不再受制于某种具体形式，它为使用者提供的是一种“动态选择性”[⑤]。在网络数字技术这个容纳了之前所有媒介形式的培养基（medium）中，各种技术通过不同方式的融合（而非叠加）生成了空前丰富的媒介形态。数量上的增长让个体的个性化需求得到了最大的满足；同时传播内容载体的非物质化打破了信息的时空依赖，用户不再需要移动，而是信息走向用户。结果就是我们被媒介包裹住了。在此之前，从未有一种技术能如此无孔不入地填充到我们生活的每一个缝隙，介入衣、食、住、行等方方面面。

据中国互联网络信息中心统计[⑥]，截至 2019 年 8 月，我国 8.54 亿网民平

---

① ［美］菲德勒. 媒介形态变化：认识新媒介［M］. 明安香译. 北京：华夏出版社，2000：69.

② ［美］施拉姆. 人类传播史［M］. 游梓翔，吴韵仪译. 台北：远流出版事业股份有限公司，1994：43—51.

③ 腾讯. 2019 微信数据报告［R/OL］.（2019—08—30）［2019—12—17］. https://mp.weixin.qq.com/s/gi_3xSDWBie—fgg76XXJCg.

④ 赵星植. 论元媒介时代的符号传播及其特性［J］. 四川大学学报（哲学社会科学版），2017（03）：82—88.

⑤ 胡易容. 帕洛阿尔托学派及其“元传播”思想谱系：从神经控制论到符号语用论［J］. 国际新闻界，2017，39（08）：38—53.

⑥ 中国互联网信息中心. 第 44 次《中国互联网络发展状况统计报告》［R/OL］.（2019—8—30）［2019—12—17］. http://www.cnnic.net.cn/hlwfzyj/hlwxzbg/hlwtjbg/201908/t20190830_70800.html.

均每周上网时长达到 27.9 小时，高达 95.6%的网民使用网络进行即时通信，超过 6 亿网民进行网络购物及网络支付，超半数用户通过网络听音乐、打游戏、看文学作品，49.5%的网民会通过网络预订旅行，超 3 亿网民通过网络约车……越来越多的活动都经由数字媒介技术的辅助，强有力地影响着我们的生活方式，甚至直接改写社会文化。

媒介的影响在今天是显而易见的，学界对媒介及相关问题的讨论也愈发热烈。据“中国学术期刊网络出版总库”：1900 年至 1999 年以“媒介技术”为关键词的期刊论文共 4244 篇，2000 年至 2009 年翻了一番多，达到 9186 篇，2010 年至 2019 年增至 9520 篇——这种检索方式虽然粗略且并不能完全覆盖与“媒介”相关论文的总体，但通过数据的增长也能看出学术界对这一核心概念的关注趋势。

“媒介”概念是破解当代文化密码的关键，我们有必要厘清这一概念。媒介发展的加速及其形态的多样化阻碍了我们对它的理解，种种原因都导致了媒介研究长期处于“理论追不上现实”的状态。“凡解释一字即是作一部文化史”① ——探究这一概念的发展史，目标不局限于其字面意义上的变迁，而是希望通过这种手段呈现出媒介技术发展的历史脉络。

一、前传播学语境中的媒介概念

（一）传统文化中的“媒”与“介”

现有研究普遍以现今的语用习惯，将“媒介”一词作为整体进行考察。然而按古汉语的书面语用习惯，“媒”“介”这些单音节（字）词本身就是完整的语义单位，往往表达了完整的媒介概念。正如“中国基本古籍库”（爱如生数据库）检索显示：从先秦至民国文献中“媒”共出现 30567 次，“介”共出现 245711 次，而“媒介”这一组合仅出现 210 次，且包含大量重复引用。

古汉语中作为常用搭配的“媒介”，或可理解为“媒之介入”。直接将字面的“媒介”与媒介概念等同，导致研究者往往只见古文化中媒介概念的“连

① 沈兼士. 沈兼士学术论文集［M］. 葛信益，启功整理. 北京：中华书局. 1986：186-202.

接”之意，却不见“介”可能具有的区隔之意。

“媒”始见于篆书，就其字形而言从女、某声，“女”为义符，表明此字与女性有关。字形上所表达的也正是“媒”在古汉语中最主要的用法，即与婚姻关系的勾连。《说文》对“媒”的解释言简意赅：“谋也。谋合二姓，以成昏媾。”又有《周礼》记载媒氏为周朝管理婚娶的官员：“掌万民之判……令男三十而娶，女二十而嫁”，尔后此官职虽然不复存在但其称谓沿袭至今。这就是古汉语中“媒”一词最常见的意涵：撮合婚姻或撮合婚姻的人（媒人）。《诗·卫风·氓》有：“匪我愆期，子无良媒。”《离骚》：“吾令鸩为媒兮，鸩告余以不好……理弱而媒拙兮，恐导言之不固。”除婚姻关系外，古汉语中“媒”也可以指其他人际关系的勾连。例如《旧唐书·列传》第五十四有“常清慕公高义，愿事鞭辔，所以无媒而前，何见拒之深乎？”唐岑参《送二十二兄北游寻罗中》：“无媒谒明主，失计干诸侯。”

除指人与人之间关系的勾连，“媒”还可以泛指事、物间的关系连接。《康熙字典》就有总结：“凡相因而至亦曰媒。”因此这种语境下“媒”常常被引申为“事物发生的诱因”。“媒”在此意涵下既用以指实在物间的关系连接，如《四溟诗话》：“景乃诗之媒，情乃诗之胚，合而为诗，以数言而统万形，元气浑成，其浩无涯矣”；也可以指向抽象概念间相关关系，如贾谊《新书·大都》：“臣闻大都疑国，大臣疑主，乱之媒也。”由此延伸，“媒”还可同“囮”，专指射猎时用作诱饵或驯养以招引同类的鸟兽[①]。徐爰注《射雉赋》：“媒者，少养雉子，至长狎人，能招引野雉，因名曰媒。”

所谓“相因而至”，指当甲与乙的出现相关时，便可称甲为乙的“媒”，由此“媒”的适用对象被极大扩展了，相应的，其词义也变得极其宽泛。这一点从上述例子的翻译中即可被证明：“媒”无法再与现代汉语的某个词汇准确对应，不同情况下可译为“招致”“谋求”“引诱”等。在“导致双方发生关系”的基础含义之上，“媒”的具体意义因连接的对象及前后文语境的差异而有所不同。从这个角度或许可以说，“媒”在古汉语中实际是关于“关系的连接”的一束概念集合。

而“介”的出现较之“媒”要更早一些，可以一直追溯到甲骨文卜辞中。

① 许宝华，[日] 宫田一郎. 汉语方言大词典·第四卷 [M]. 北京：中华书局. 1999：6361.

在甲骨文字形中，“介”是由一个“人”字居中、两侧各有一点（异体各有两点）组成，其后发展至马王堆帛书所出现的隶书“介”字就已呈现为今日“从人，从八”的上下结构。比起“媒”有相对统一的意涵，“介”的词义更为复杂。其义项多且跨度较大。《康熙字典》中就记录了介的19项词义；《简明古汉语》收录28项；《汉语大词典》收录30项，其中仅先秦古籍中就出现了19项。历史上对“介”的本义主要有几种观点：以罗振玉、王国维为代表的“人着介（甲）”说；许慎《说文解字》所提“画也”，即划界、界限说；杨树达提出“间也”说。近年徐山①、肖永凤②、任继昉③等学者虽然也对“介”的词义展开讨论，但总体而言更多是对前人说法的辨析和考据，并未提出新的观点。在上述诸种说法中，杨树达对“介”的讨论无疑对我们的考察最富启发意义。他认为：

> 《说文》二篇上《八部》“介”训画……余昔非之，谓字从“人”在“八”之间，当以介在介间为义矣。由此孳乳，田境介在田间，故谓之“界”；门介在闑间，故谓之“閄”；裙衩在裙之中，故袥谓之“衸”。……诸从“介”之字以介在介间之义说之，则豁然通解，以许君之训说之，则义不可通：此又可反证许君立训之未审矣。④

虽然难以确定“居间”是否是“介”的本义，然而它无疑是“介”最为重要的义项。正如杨氏所述，从“居间”出发可以对“介”的大部分词义完成串联。介的含义主要由“间”延伸出了“联系”与“分离”两种截然相反的意思，恰好覆盖了古文中“媒介”一词的两种意涵。

这种看似矛盾的语义分化实际并不复杂。其一，既然是居中，则一方面隔离了两方主体。早期汉语中“介”通“界”，可以指不可逾越的范围。《说文》就未录有篆书“界”字，《说文》解释：“介，画也……人各有介。”徐灏注笺：“古疆界字只作介。”此义项下的“介”，首先可以指物理时空的分隔，如《诗·周颂·思文》：“无此疆尔介。”《汉书·翼奉传》：“前乡嵩高，后介大

---

① 徐山．释“介”［J］．周口师范学院学报，2008（03）：106－108．

② 肖永凤．“介”之词义考释［J］．六盘水师范高等专科学校学报，2004（05）：41－43．

③ 任继昉，刘江涛．说“介”［J］．中南大学学报（社会科学版），2012，18（02）：190－193．

④ 杨树达．积微居小学述林［M］．北京：中国科学院，1954：35．

河。”其次，“介”还能泛指关系的分隔：西汉扬雄《解嘲》就有“（范雎）介泾阳，抵穰侯而代之”。这里的“介”就是指对人际关系的分隔和梳理，通常被意译作“离间”。

另一方面，居二者之间，反之也可视作对二者的连接。“介”在取“连接”之意时主要用于人与人之间，此时，“介”与“媒”的含义十分相近。例如《孔丛子・杂训》就有：“士无介不见，女无媒不嫁。”古人将“媒”“介”对举即暗示了其相似性，它们同时指向广义上对人际关系的勾连；此处二字分别意为“媒人”与“介绍人”，而“媒”本就兼有这两种意涵，二者词义无疑有一部分重叠。然而就“连接”而言二字也有区别。“介”取连接之意时含义更为单一，只指二者之间传输信息（的人），如《周礼・夏官・司士》有：“作士，使四方为介。”两者的差异在古人关于婚嫁的文字中一目了然。阳枋《辞平舟聘礼书》：“腆仪不敢只拜，敬就来介回纳。”《礼记・聘义》：“聘礼，上公七介，侯伯五介，子男三介。”这里出现的“介”依旧是作“传送东西、书信或传达事情的人”。孔颖达疏《礼记・聘义》有：“聘礼之有介，传达宾主之命，敬之至极也。”这里的“介”就不可由“媒”替换，并非指“媒人”“做媒”。

“媒介”二字合用则最早出现在西晋时期，杜预注《春秋左传》时就两次使用了这一搭配。据此，张振宇等认为，按训诂学惯例，“注”所用的语言应比原文更通俗易懂，以此推断“媒介”最晚在西晋就已经成为人们的常用语。[①] 事实也证明，从西晋至清末，“媒介”这一说法在文献中屡有出现，应当是古人惯用的说法。

“媒介”在古汉语中实际上应当理解为“媒介之介人”，而其含义也较稳定地依从上文所述“媒”“介”的意涵；直至近代，受西来文化的影响，“媒介”一词逐渐演变成今日的含义。具体而言，“媒介”的含义因“介”所取义项的不同，总体可以分作两种。其中最常见的即“介”取“连接”之意的情况，此时“媒介”的含义基本与“媒”相通。

《左传・桓公三年》有“会于嬴，成昏于齐也”，杜预注：“公不由媒介，自与齐侯会而成昏，非礼也。”《晋书・列传六十五》有：“冰上为阳，冰下为

---

① 张振宇，张西子. 自“名”而“动”由“人”及“物”——中国古代“媒介”概念的意义变迁［J］. 国际新闻界，2011，33（05）：81-86.

阴……君在冰上与冰下人语，为阳语阴，媒介事也。”此处的“媒介”说的是撮合婚姻的行为或媒人。此外，《左传·哀十二年·尽十五年》又有：“初，陈豹欲为子我臣……使公孙言己，言己，介达之。”杜预注：“介，音界，媒介也，亦因也。”唐韩愈《雨中寄刑部几道联句》：“念初相遭逢，幸免因媒介。”这些字句中的“媒介”则是指使双方（人）联系起来的行为或人。除此之外，“媒介”有时还可以指联系人的事物，清邓显鹤《赠给谏温先生》就有：“十四字为媒介耳。”

基于此，有人总结：“在中国古文化中，‘媒介’一语主要与人相关……是人与人之间建构社会关系和信息传播关系的中介，即我们所说的狭义角度的‘媒介’内涵。”[①] 然而，较少人注意到的是“媒介”也可用作广义上事物间的关系连接。清袁枚《随园食单》就有：“目与鼻，口之邻也，亦口之媒介也。”《骨董祸》亦有：“清乾隆中叶，士大夫竞尚声气……则书叶画轴之中，暗藏交钞，或彝鼎之足，金石之片，俱为暮夜黄金之媒介。”应当说，用作“连接”之意的“媒介”继承了“媒”广阔的指称范围，非但不“狭义”，相反颇有近来时髦提法“万物皆媒”的意味。

古汉语中的“媒介”指向广义的关系连接并不是什么新发现，李勇[②]、唐小林[③]等学者在文章中已做出不少讨论。然而仅看到这一点，实际上无法将古汉语中的“媒介”与现代传播学的“媒介”概念完全区分开来。

宋李弥逊《筠溪集》有“选用惟人蔽自朕志，不因媒介而得”。明程敏政《新安文献志》亦有“不由媒介之请，可谓特达之知”。从这些语句可看出，古人无疑认为媒之介入反而在双方之间形成了某种隔阂。正是这些易为人所忽视的细节恰好揭示了古今媒介概念的差异，由此我们发现古人所谓的媒介固然也是一种连接，却不同于今日“传输信息以达成交流”的连接，而是指一种文化关系上的连接。当“媒介”做分隔之意时，二者的差异被清楚地放大，上述例子就证明：作为文化连接的媒介，有时反而会对信息的清晰传递造成阻碍。

---

① 李勇，李姣．“媒介”考辨［J］．淮阴师范学院学报（哲学社会科学版），2011，33（05）：669－671＋700．

② 李勇，李姣．“媒介”考辨［J］．淮阴师范学院学报（哲学社会科学版），2011，33（05）：669－671＋700．

③ 唐小林．符号媒介论［J］．符号与传媒，2015（02）：139－154．

此种差异往往被忽视，或许因为人与人之间文化关系的连接往往与信息的沟通是同步的。例如，勾连婚姻的“媒”与沟通上下层级的“介”就往往同时具有信息传递和文化仪式的双重意涵。然而信息的传输与文化意义的达成很多时候也是分离的。杜预评价桓公：“公不由媒介，自与齐侯会而成昏，非礼也。”《诗·卫风·氓》：“匪我愆期，子无良媒。”这些文字清楚地说明，所谓媒介的缺失并不阻碍双方的交流，媒介参与的必要性是在于获得文化的合法性。

用于人与人间的关系时，两种媒介观念或有重叠之处，然而若跨出此范围则两者的区别清晰可辨。回顾上文的梳理，当我们说“景为诗之媒”、酿酒“以土为媒”的时候，其间是不涉及任何信息活动的，因此只有在文化范畴下广义的关系连接角度，我们才能理解“媒介”在传统语境中的丰富意涵。

（二）英语文化中的媒介概念①

今日所谓传播媒介对于“media”一词而言，也是一个相当晚近才出现的义项。Medium 最早来源于拉丁文中意为“中间的”一词。从 16 世纪中叶开始，这一词汇就开始普遍出现在英文中。“媒介”早期的主要含义之一是作名词，指“介于两个等级、数量、质量或等级之间的东西，或一个中间状态”。例如培根在 1626 年曾写道：“This Appetite is in a medium between the other two.”在此含义下，medium 一词也一度在逻辑学中被用于称呼三段论中的中项。最终，这一直接延续自拉丁文的词义在 18、19 世纪后逐渐被淘汰，现代英语中已经鲜见此种用法。

媒介第二个主要含义是指“充当中介的人或物”，此种含义从 16 世纪一直延续至今仍然较为常见。此种含义较为宽泛，在随后的词义演进中逐渐成了两种含义取向。其中，第一种十分贴合我们今日所用“媒介”的含义，它泛指沟

① 本节借助《牛津英语词典》（*The Oxford English Dictionary*，OED）梳理媒介概念的发展脉络。该词典共收录超过 60 万个词汇、300 万条引用词条，对词源的追溯超过 1000 年，本节材料皆源自此线上词典。

通或表达的一系列手段或渠道，其中包括人[①]、物[②]或一种语言手段[③]，乃至艺术的表达手段[④]。用于指人时，它不仅可以指达成个体间交流的“中介者”，同时还有一个特殊的含义，指那些被认为能帮助生者与死者交流的“灵媒”；而指物则可以指用于交换的中介物或价值标记，如货币等。

尤为值得注意的是，正是基于这一含义，“媒介”随着大众传播时代的到来（从19世纪中叶开始）出现了其在传播学研究中最广为人知的含义：大众传播技术、机构及其从业者。随后在20世纪初，媒介一词又新增了一个含义：用于记录或再现数据，图像或声音的任何物理材料，如磁带、磁盘、纸张等；而这一时间节点基本与留声机的大规模使用是一致的。[⑤] 19世纪末20世纪初，英文“medium”与其复数形式“media”出现了分离现象，从这一时期开始“the media”常常独立使用，指大众媒介（技术、组织、人员）或物质记录材料。

从“中介”含义衍生出的第二个意义取向则指感官或者作用力间的某类“物”，更接近今日所说的“介质”。这一用法同样自16、17世纪就存续至今。例如，1621年有人写道：视觉需要三个要素，即对象、感官和媒介。由此延伸开去，medium可以指空气、水等包纳有机体并使之生存的物质，常扩展用于指称一个人的自然环境、生活条件或社会环境。如“以太媒介——所有的恒星和行星都在其中遨游”。在生物领域也可以指微生物、细胞等的培养基。

我们发现，无论“媒介”还是“media”，它们都具有相当长的历史。在大众传播时代以前，这对概念都已经广泛存在于中西文化之中，不同的是，它们较今日作为“信息传递工具”的媒介概念，其所指要宽泛得多，泛指文化概念上各式关系的勾连。

古今“媒介”概念的差异常常被论者模糊处理。李勇等就认为：“在中国

---

① 如：“Though the Prime Minister spoke no English, we carried on a half-hour's conversation through the medium of his son.”

② 如：“Considering your Journal one of the best possible mediums for such a scheme.”

③ 如：“They (Latin and Greek) were the media of the scholarship, the science, the theology of the Middle Age.”

④ 如：“He who has selected colors as his medium cannot with impunity neglect form; light and shade must be to him as important as they are to the designer in chiaro-scuro.”

⑤ ［德］基特勒. 留声机　电影　打字机［M］. 邢春丽译. 上海：复旦大学出版社，2017：21－132.

古文化中，‘媒介’一语主要与人相关，取媒人、介绍人之意，是人与人之间建构社会关系和信息传播关系的中介。”[①] 这种说法看似全面妥帖，但并不是一个合格的“界定”。首先，这种说法把媒介限定得太死：忽视了传统文化中媒介概念也可以指向事物间的联系。同时，这种说法又太宽泛：“人与人之间建构社会关系和信息传播关系的中介。”在不限定前提的情况下框入了世间存在的万事万物，周全却言之无物。要认识清楚古代文化中的媒介概念，就有必要对信息传递的媒介和勾连文化关系的媒介做出区分。文化意义上的关系与信息传递意义上的连接，这二者并非对立，但也不容混淆。

首先，作为连接文化关系的媒介并非物质实体而是指向文化功能。信息传递的媒介关心的是“用来表达含义的静态或动态的任何物体或物体排列”[②]。而作为文化关系的媒介，虽然有时也指称某类实体——做媒的人、作诱饵的动物，然而它实际关注的是他们在文化中所扮演的角色。媒人与其说是某个人，不如说是在文化中扮演的某种功能角色；同样，当被饲养的动物只有被用于诱引同类时才能成为媒。这与作为传递信息的媒介截然不同。当我们说报纸、书本是传输信息的媒介时，实际是在说它们是一个载具，作为一个实体就是被设计如此而“先天”具有承载信息内容的职能。而文化关系的媒介却只是一种符号身份，它的“媒介”身份是被解读出来的，当它存在于文化系统某个特定位置、被认为起到串联某种关系的作用时就成了媒介。正因为如此，媒介的概念在中国古文化中才能如此广泛：凡在意义活动中被认为勾连关系的符号载体——实在的、抽象的——都可以具有“媒”的身份。

至此，就不难发现前大众传播时代媒介概念的第二个特点，即它总是被限定于特定的情境。例如：只有在“触景生情”的情况下“景”才会是“诗”的媒介，跨出此情景则难以称“景”为一种媒介。因此，当我们说中国古文化中“万物皆媒”时，并非意味着一切东西都等于媒介，而应该理解为在特定情境下所有东西都有成为媒介的可能。可以说，古代中国人的媒介所指并非是固定的，而是根据情景及人们的认识而演变的，不同语境下的“媒介”是不可通约的。上述学者的说法“宽泛”，就在于没有认识到情景限制是讨论此问题的先

① 李勇，李姣. “媒介”考辨［J］. 淮阴师范学院学报（哲学社会科学版），2011，33（05）：669－671+700.

② 甘惜分. 新闻学大辞典［M］. 郑州：河南人民出版社. 1993：59.

决条件，不限定情景而讨论关系连接，从一开始就失去了对“媒介”这个对象的把握。

这种古老的观念似乎相当“先进”，传统的媒介概念总体而言与当下媒介研究转向哲学的潮流一致，都可以归为“关于关系的隐喻”。在对经典经验主义的反思下，当代研究者对媒介的认识也逐渐转回了此种注重关系、处于流变中的媒介观：学者们普遍意识到今天的媒介之争就是端口之争，如果在端口之争中败下阵来，其存在就好像不存在。因为它的意义空间无法被打开，它就不再成为媒介。

最传统的媒介概念在今天再次与我们相遇，经历了科技的飞速发展，我们对“媒介”的认识最终形成了一个回环，这对我们认识媒介技术的发展富有启示。如后文所讨论的，前传播学媒介概念的引入不仅是对考察范围的扩展，更为我们提供了了解当下及未来媒介发展的新视角。

二、传播研究中的“媒介”概念发展

从时间维度上看，泛指的“中介”从 medium 一词由希腊语引入之初就存在，从 16 世纪末使用至今。而今日信息传播领域常用的专指信息承载、传递工具的“媒介”概念，则是近百年才开始出现并普及的。从词义间的逻辑关系上看，泛指一切关系的媒介当然包含专指信息传递的媒介。从这一角度而言，随着大众传播技术和传播研究的兴起对大众文化的影响，载具论的普遍使用令“媒介”这一概念在 19 世纪末开始呈现出一种词义缩小的趋势。

（一）作为信息载体的媒介

19 世纪末开始，media 这一原本作为 medium 复数形式的词逐渐独立，专指与大众信息传递有关的一类概念，这自然与当时大众传播技术的大爆发有关。正如后文将要论述的，媒介技术在 20 世纪初第一次世界大战中展现出的强大影响力立刻吸引了一众学者的关注，因此学界最初所讨论的“媒介”就是瞄准了狭义的“media”［例如，理解媒介（Understanding Media）[1]、媒介形

① ［加］麦克卢汉．理解媒介：论人的延伸［M］．何道宽译．北京：商务印书馆，2000.

态变化（Media Morphosis）[①]、媒介融合（Media Convergence）[②]，这些术语所采纳的都是media这一相对独立的用法]。同一时期，在信息论的启发下经验主义学派对大众传播的理解范式深受通信工程模型的影响，媒介被视为与“信道”同义的中性传输工具——媒介的载具论由此诞生。虽然现在学界对这一概念的批判不少，但必须承认“信息的载具”确实是关于媒介的一系列概念中最具“科学解释力”的义项；香农构建的是一个理性、严格的科学系统，而传统的“中介”概念缺少“定义”所必需的排他性。这一特点在一定程度上助推载具论成为最广为接受的一种媒介定义。“载具论”媒介观具有几大特征。

1. 一种可以经验测量的实体

首先，载具观所指的“媒介”局限于可观可感的实体，这与传播学诞生初期所选择的学术传统有关。正如罗杰斯（E. M. Rogers）所说：“传播学的早期时代形成了这个领域的方向：经验的、定量的和注重于效果。”[③] 这正是研究者们所依从的学术范式偏好造成的。审视传播学史不难发现，主流传播学从其“四大奠基人”到创立者施拉姆（Wilbur Schramm），无疑都可以归入传播学实证主义学派。实证主义者鼓吹采用自然科学的标准和方法来看待人类社会问题，认为社会科学应当模仿自然科学的传统和方法，从而使之成为精密的科学。[④] 因此，实证主义者选取的研究对象自然是那些可准确观察和精确测量的实体，并且排斥不可测量的思想、文化范畴下的“媒介”。

现代传播学的主流倾向，很大程度上受到施拉姆个人选择的影响。施拉姆1959年在《舆论季刊》上反驳贝雷尔森（Bernard Berelson）的文章中首次指认拉斯韦尔、社会学家拉扎斯菲尔德（Paul Lazarsfeld）、社会心理学家勒温（Kurt Lewin）及霍夫兰（Carl Hovland）为现代传播奠基人。[⑤] 他后来在著作中又解释了其选择标准：他们研究成果丰富，更推动了传播理论和研究方法的

---

① ［美］菲德勒. 媒介形态变化：认识新媒介［M］. 明安香译. 北京：华夏出版社，2000.

② ［丹］延森. 媒介融合：网络传播、大众传播和人际传播的三重维度［M］. 刘君译. 上海：复旦大学出版社，2012.

③ ［美］罗杰斯. 传播学史：一种传记式的方法［M］. 殷晓蓉译. 上海：上海译文出版社，2002：453.

④ 梅琼林. 批判学派与经验学派方法论的比较分析［J］. 当代传播，2008（05）：15-17.

⑤ Schramm，W.，Riesman，D.，& Bauer，R. A. （1959）. The state of communication research：Comment［J］. The Public Opinion Quarterly，23（1），6-17.

发展，而且对学生、同事影响重大。[①] 然而他的理由却有些牵强。这四位学者固然对传播问题都做出了极富洞见的讨论，然而按施拉姆的标准而言，芝加哥社会学派的几位学者更早论及传播且做出更为重要的理论贡献[②]，帕克（Robert Ezra Park）等人更是堪称“奠基人的奠基人”。[③] 而施拉姆选择的这四位学者，传播研究甚至算不上他们学术生涯的绝对“主项”。他们对传播问题的讨论集中在世界大战期间服务于政府的特殊时期，之后勒温 1947 年就去世了，拉斯韦尔则在战后将学术视域拨回政治学，拉扎斯菲尔德及他领导的“应用社会研究所”此后也不再关注传播问题，霍夫兰则转向了对机器人仿真和人类认知的问题上。在施拉姆的叙述之外，他们更多是以心理学家、政治学家、社会学家的身份而为人们所熟知。

因此，站在今日的视角回顾，这四位研究者对传播学的贡献主要体现在他们开创了现代传播研究最主要的集中研究路径。这四位学者本身具有不同的学科背景，他们对传播问题的关注，间接为这个领域引入了当时先进且“科学”的社会研究方法：拉斯韦尔采用内容分析法、拉扎斯菲尔德主要采用调查研究法，霍夫兰和勒温则使用实验法。一个有趣的事实是：贝雷尔森在《舆论季刊》发表的文章认为，四位学者的身故或转向导致他们所开创的研究路径后继无人；而施拉姆对“四大奠基人说”的首次提出正是为了批驳他的这一判断。[④] 这种争议在 1959 年或许还有价值，如今看来无疑是施拉姆大获全胜。

通过施拉姆对传播学史主流叙述的构建及后续罗杰斯等人反复确认，“四大奠基人”构建传播学的历史至今仍被奉为学界“常识”，由此，实证主义量化研究的三大路径传统即内容分析、调查法、实验法始终是传播学研究最主要的研究方式，乃至实证的质化方法也常被排除在主流之外。吉特林（Todd Gitlin）认为自第二次世界大战以来，传播领域的研究范式就是以拉扎斯菲尔德所带领的哥伦比亚学派的范式为主导，他颇为讽刺地总结，这一范式“研究媒介内容所导致的具体的、可测量的、短期的、个人化的、观念和行为上的

---

① ［美］施拉姆，查菲，罗杰斯．美国传播研究的开端：亲身回忆［M］．王金礼译．北京：中国传媒大学出版社，2016：14.

② 周葆华．大众传播效果研究的历史考察［D］．上海：复旦大学，2005.

③ 胡翼青．传播学四大奠基人神话的背后［J］．国际新闻界，2007（04）：5－9.

④ 吴畅畅．施拉姆的学术遗产与美国传播学四大奠基人的神话［J］．国际新闻界，2019，41（08）：52－80.

'效果'，以及由此得出的媒介在形成公共舆论方面无足轻重的结论"①。

在量化研究方法（一种用数字阅读世界的方式）的主导下，主流传播学发展成了一门"测量学"。学术范式和研究方法的偏向，致使主流学界在使用"媒介"这一概念时，局限在可以测量的运载信息物质载体、技术和媒体组织之上。

2. 以大众传播媒介为主要对象

主流实证传播学派对媒介实体的选择也是有偏好的。在早期传播学研究中，媒介概念基本等同于"大众传播媒介"。这与现代传播研究诞生的时代背景不无联系。我们能肯定的是，"传播"的历史，哪怕仅指信息的传递历史，也要比人类的诞生还久远得多；但"传播学"直到20世纪（大众传播时代）才逐渐发展成为一个专门的学科领域。不难看出，这个新兴学科的发展与大众传播技术的大爆发是同步的，或者说，学者们对"传播"问题的空前关注本就是一种面对大众传播技术的"应激反应"。

现代传播研究从一开始就是瞄准大众传播媒介的。19世纪末20世纪初，资本主义的发展加速了西方的城市化进程。西方世界在此过程中经历了从"传统社会"到"大众社会"的结构转型②，工厂系统和公司制度取代了传统社会关系的构成方式，构成了城市生活的核心。"大众社会"使一群来自不同文化背景的人混居到新的城市社区，居民对此普遍缺乏历史认同；而公司制度则将社会的联系力量由传统的血亲关系、友谊、信仰等等都转为冷冰冰一纸合约。③ 新城市居民们失去了他们熟悉的面对面传播所形成的亲密关系连接，直接导致了传统道德规范的约束力在城市生活中崩解，这给当时的西方世界带来了一系列社会问题。除经济发展带来的劳动方式的变革，同一时期的大众传播技术也为西方世界打开了全新的信息交流途径，社会大众的时空观念也由此经历了翻天覆地的改变。

---

① Gitlin, T. (1978). Media sociology: The dominant paradigm [J]. Theory and society, 6 (2), 205－253. 转引自胡翼青. 大众传播的批判性解读：以日常交流为参照 [J]. 中国地质大学学报（社会科学版），2012，12 (04)：104－109.

② ［美］洛厄里，德弗勒. 大众传播效果研究的里程碑 [M]. 刘海龙等译. 北京：中国人民大学出版社，2004：7.

③ 周葆华. 大众传播效果研究的历史考察 [D]. 上海：复旦大学，2005.

彼时恰值芝加哥社会学派发展的顶峰，其中部分学者正是抱着诊治社会病灶的目的才将目光投向了传播问题。作为一群进步主义者[①]，芝加哥学派的先驱们认为，大众媒介技术对时间、空间的征服有利于加强人、社群、社会间的联系，进而能够连接分裂的社会系统，实现完全的民主和理想的传播。[②] 例如学派领军人罗伯特·E. 帕克（Robert E. Park）就认为传播是一种社会心理过程，在传播过程中，人们有机会了解彼此之间的内心活动；经由传播的磨合，人类社会得以建立起道德的秩序以替代个体心理的、本能的秩序。[③] 帕克被奉为经典的移民报刊研究就是从解决移民问题的诉求出发，帕克在书中写道：一部分移民是如此不同，以至于他们在报纸上的言论有可能激起与国家之目标有违。[④] 帕克希望通过这些移民报纸同化移民，以此加速新移民“美国化”的趋势。如此也就不难理解，芝加哥学派为何从一开始关注的就是新兴的大众传播媒介而非广义的“媒介”。这部分学者从一开始就不打算讨论“传播”或“媒介”本身，他们涉及这个领域仅仅是为了寻找解决社会问题的“钥匙”。

其后，对大众传播的关注延续到了现代传播学的“四大奠基人”和施拉姆那里。这批学科背景各异的学者对大众传播的讨论同样是出于对社会问题的回应，不同之处在于自 19 世纪 20 年代后期开始，美国人对大众传播的认识逐渐转变。发展至 20 世纪 20 年代末期，美国逐渐陷入其历史上最严峻的经济大萧条，同一时期欧洲法西斯势力和本土的反民主团体则借助广播的力量不断威胁美国的政治信仰[⑤]；内忧外患之下，美国对大众传播所代表的“宣传”越发警惕。直到 1941 年被卷入第二次世界大战漩涡中，美国政府直接成立了一批专门的研究机构，主动向学界寻求传播策略支持。大批学者包括施拉姆和所谓“四大奠基人”，参与了政府组织的传播研究工作，积极投身于维护国家意识形态和反对极权主义的宣传战当中。在社会现实压力和军方、政府、财团的大量

---

① 周葆华. 效果研究：人类传受观念与行为的变迁［M］. 上海：复旦大学出版社，2008：20—35.

② ［美］彼得斯. 对空言说：传播的观念史［M］. 邓建国译. 上海：上海译文出版社，2017：298—326.

③ ［美］罗杰斯. 传播学史：一种传记式的方法［M］. 殷晓蓉译. 上海：上海译文出版社，2002：197

④ ［美］帕克. 移民报刊及其控制［M］. 陈静静，展江译. 北京：中国人民大学出版社，2011：1—10.

⑤ 周葆华. 大众传播效果研究的历史考察［D］. 上海：复旦大学，2005.

资金支持下，传播学的整体取向由芝加哥学派的“社会传播”彻底转向了以“政治传播”为主导。[①] 财团和当局对传播研究的支持自然不是出于纯然的学术目的，他们对内意图维护本国民主自由信仰，对外与对手展开一场“心理战”。[②] 美国当局认为，战争往往是一场关于“世界观”的战斗，而通过媒介发动意识形态的战争，是更廉价却更高效、更安全的有效辅助手段，而且有利于维护国家对内对外的秩序管理。辛普森（Christopher Simpson）深入分析了这一时期的政府材料后发现，主流传播学的崛起与美国长达 60 年的对外“心理战”息息相关；在政府支持下，这些以劝服和宣传为取向的研究直接影响到对传播学所谓“四大奠基人”传统的建构，更在潜移默化中确立了传播研究所关心的问题和主导范式。[③]

施拉姆与“四大奠基者人”在战时成了当局的“御用学者”，很大程度上与他们共同的大众心理学理论取向有关。大众心理学采取的“刺激－反应”框架无疑满足了美国当局意图掌控大众意识形态和社会行为的需求。从施拉姆[④]和罗杰斯[⑤]对传播学史的“正统”叙述中就能发现，那些被视为学科源头的经典研究多在财团或政府的资助下完成。作为回应，这些研究普遍具有强烈的现实关怀，乃至直接为行政管理服务；因此他们的研究对象，大多聚焦于覆盖和影响最多受众的大众传播媒介，以满足金主的“社会控制”需求。

大众媒介的倾向在传播学中延续至今，稍微审视当代学术期刊，不难发现，今日我们讨论的“传播学”很大程度上依旧是“大众传播学”。有学者对英语学界最主要的六本传播学期刊进行分析后发现，自 1956 年至 2000 年，传播研究域内最常使用的理论工具分别是“议程设置”理论、“使用与满足”理论和“涵化”效果理论，而 2000 年后（至 2004 年）则由“框架理论”取代

---

① 胡翼青．传播学四大奠基人神话的背后［J］．国际新闻界，2007（04）：5－9.

② 胡翼青．传播学学科化的困境：基于社会心理学的视角［J］．北大新闻与传播评论，2014（00）：40－52.

③ 参见［美］辛普森．胁迫之术：心理战与美国传播研究的兴起（1945－1960）［M］．王维佳，刘扬，李杰琼译．上海：华东师范大学出版社，2017.

④ 参见［美］施拉姆．美国“大众传播学”的四个奠基人［J］．王泰玄译．国际新闻界，1982（02）.

⑤ 参见［美］罗杰斯．传播学史：一种传记式的方法［M］．殷晓蓉译．上海：上海译文出版社，2002.

“使用与满足”进入前三名。① “理论榜”在某种程度上反映了这个学科 50 年来的研究倾向，这些理论在研究层次上显然通通指向大众传播。事实上，就理论总体而言，迄今可纳入“传播学”领域的原创理论也大多在大众传播层次上提出，传播研究凡涉及对人内、人际或组织传播的讨论，往往直接采用符号学、心理学或社会学的理论成果，传播学在这些方面几无理论建树。

3. 描述效果而不论“媒介”本体

如上文所述，主流传播研究从其源头说，就是为了回应某种现实需求而诞生的，或者说学者们研究“传播”就是因为它满足了研究者所期望的某种“效果”，此后 60 年时间里大众传播研究也一直被效果取向（effect-orientation）所主导。② 一个有趣的现象直观地反映了这一特征，对经典传播研究的总结性专著往往直接以“媒介效果（media effects）研究”命名，如《大众传播研究的里程碑：媒介效果》《媒介效果研究概论》《媒介效果基础》《媒介效果：理论与研究前沿》，等等。③ 然而这又是一个名不副实的称谓，因为在这些研究中，事实上只有“效果”没有“媒介”。

研究者们似乎始终围绕着大众传播技术或其产品展开讨论，然而他们真正关注的是传播活动所造成的影响——由媒介内容造成的、由其组织架构导致的、受政治经济影响的，等等，对媒介本身，即作为一种技术或物质实体的特征可能导致的影响却闭口不谈。讽刺的是，一众“媒介效果”研究所涉及影响效果的因素不尽相同，共同之处反而在于它们均不讨论“媒介”。对于经验研究者而言，作为信息载体的媒介，又作为一种运载工具，往往是“中性的”，它的任务只是准确将信息送达，不会对传播的内容及效果产生影响。

就研究手段而言，传播学主流的实证量化研究也并不擅长讨论“媒介”。原因很简单，讨论媒介并不单指可经验量化测量的物理特性，更关乎其表意特

① Bryant, J., & Miron, D. (2004). Theory and research in mass communication [J]. Journal of communication. 54 (4): 662－704. 该作者分析的六本学术期刊分别为：*Journal of Communication*、*Journal of Communication*、*Journal of Broadcasting&Electronic Media*、*Communication Research*、*Mass Communication&Society*，*Media Psychology*。

② [美] 洛厄里、德弗勒. 大众传播效果研究的里程碑（第 3 版）[M]. 刘海龙等译. 北京：中国人民大学出版社，2009：序言 2.

③ 张放. 媒介效果研究：一个不能被“传播效果研究”代替的术语——基于传播学耶鲁学派与哥伦比亚学派的学术史考察 [J]. 四川大学学报（哲学社会科学版），2014 (01)：88－94.

性及对社会文化的影响——而这些都是不可量化测量的。正如威廉斯（Raymond Henry Williams）通过考察电视技术所证明的：媒介的诞生往往是一个重新组合原本各有所图的多种技术的过程，这个过程服膺于一定时期特定的工业和经济目的，因此媒介本身就是社会活动的产物；同时，一种媒介技术产生的影响也并非一蹴而就的，而是社会诸元素间缓慢调试的过程，许多媒介往往被发明出来很久之后才能发挥其影响。[①] 因此，要说媒介（就其可经验的物理部分而言）能与“传播效果”达成某种因果关系，这无疑是不合逻辑的。哪怕麦克卢汉与伊尼斯从极其宏大的视角将媒介的效果置于人类文化的历史长河中讨论，也不免常被批为“技术决定论”。而“媒介效果”研究者专注于微观、中观层次的短期效果测量（例如霍夫兰对《不列颠之战》的所谓“长期”评估也不过九周），因此他们漠视媒介的影响实属情理之中。

纵观效果研究里程碑式的成果，媒介效果研究的两大主要学派——耶鲁学派和哥伦比亚学派——始终未对“媒介”做出正面的回应。其中，所谓传播学的耶鲁学派实际由一批杰出的心理学研究者所领导。以霍夫兰的“劝服研究”为代表，耶鲁学派专注于探究“什么导致了个体的态度转变”。洛厄里（Shearon A. Lowery）和德弗勒（Melvin L. Defleur）总结指出：耶鲁学派基本延续了拉氏的“5W”理论所划分的几大研究范畴，他们以“效果”（态度/受众反应）为核心对象，着重考察传播系统种的另外几个“W”——传者特性、信息的内容及结构、受众——作为自变量对其产生的影响，恰好避开了对媒介这一元素的讨论。[②] “媒介”的缺失显然是研究者选择的结果，霍夫兰本人曾经直接表态认为传播得以进行的信道与说服过程完全无关。虽然霍夫兰在20世纪40年代初在对系列片《我们为何而战》的研究中考察过电影、幻灯片两种不同媒介形式对劝服效果的影响，然而实验结果显示二者并无显著的效果差异。战后霍夫兰主持的“耶鲁研究计划”更是基本忽略了对媒介的考察。[③] 相较之下，拉扎斯菲尔德所领衔的哥伦比亚学派对“媒介”的讨论似乎

① ［美］威廉斯．电视：技术与文化形式（一）——技术与社会［J］．陈越译．世界电影，2000（02）：64－84．

② ［美］罗杰斯．传播学史：一种传记式的方法［M］．殷晓蓉译．上海：上海译文出版社，2002：453．

③ ［美］洛厄里，德弗勒．大众传播效果研究的里程碑［M］．刘海龙等译．北京：中国人民大学出版社，2004：95，104－118．

要积极得多。有学者认为，在哥伦比亚学派的研究中，“使用与满足”理论、二级传播理论、广播研究等研究都体现出对传播媒介的观战，例如在《人民的选择：选民如何在总统选战中做决定》中就专门有一章“广播与印刷媒介”。[①]这种观点恐怕有些片面，因为这些讨论中虽然涉及众多的“媒介元素”，却始终没有对媒介本身展开讨论。

无论是耶鲁学派或是哥伦比亚学派的研究，他们所涉及的只是作为一个分类变量的“媒介”，而看似是对不同媒介形式做出的比较，实际只是对不同分组下效果测量结果的比较。它们在研究中所起到的作用只是对效果测量数据进行分组的抽象“标签”。例如：“使用满足”研究的关键词是“使用/接触”(Use/Exposure)、“满足”(Gratification)、“需求”(Need)、“动机”(motive/motivation)；[②] 而二级传播理论“媒介”则着重测量受众的“社会属性”“既有倾向”“对竞选的兴趣”以及作为社会人的“交叉压力”[③]。在这些研究中，媒介这一概念从来不是被测量的对象。对于量化研究而言，未被测量无疑意味着它从来没被真正地描述过，可以说，在这些量化研究中，每一种具体媒介形式都只是一个不言自明的概念。

在“媒介效果”时代之前，最初的传播研究也常常对“媒介”本体避而不谈。以芝加哥学派代表作《移民报刊及其控制》为例，帕克的考察可谓全面而细致：移民报刊存活的历史土壤和受众文化背景、报刊内容 5 个大类（主题）32 个小类的梳理、三个世纪以来移民报刊的历史、对移民报刊的“控制因素”考察[④]——然而，帕克如此详细繁复的报刊研究却没有体现“报刊”这一媒介的任何特性。不难看出，这一套分析结构完全可以套在任何媒介对象之上。

受学理传统、研究范式的制约，虽然主流传播学关于媒介对传播活动的影响已经有了一些初步探查，然而他们始终未对“媒介”本身做出有效的描述。早期研究中看似对“媒介”做出的分析，实际却是通过考察一些相关概念而展

---

① 张放．媒介效果研究：一个不能被“传播效果研究”代替的术语——基于传播学耶鲁学派与哥伦比亚学派的学术史考察［J］．四川大学学报（哲学社会科学版），2014（01）：88－94.

② 陆亨．使用与满足：一个标签化的理论［J］．国际新闻界，2011，33（02）：11－18.

③ ［美］洛厄里，德弗勒．大众传播效果研究的里程碑［M］．刘海龙等译．北京：中国人民大学出版社，2004：44－57.

④ 参见［美］帕克．移民报刊及其控制［M］．陈静静，展江译．北京：中国人民大学出版社，2011.

开的间接讨论：媒介可信度、媒介内容形式、媒介组织（媒体）……这些内容当然与媒介相关，但是这些研究却始终未说明媒介是如何对它们产生影响的。一方面，他们承认媒介作为“载体”和“导线”对传播系统的不可或缺性，也承认它对系统中其他元素可能产生的影响，另一方面，对它如何连接、如何承载、如何影响却未说明。在主流传播学视域下，“媒介”成了一个不言自明的概念。

经验主义量化研究的限制在于需要将传播活动视为一个封闭系统，这样才能在框定范围内进行变量控制和测量，然而现实中的传播行为都是开放的，其影响因素既不固定，更不存在所谓的边界。随着传播技术和传播行为愈发复杂化，越来越多的研究者意识到需要将传播活动置于一个更大的文化背景下才能更好理解和描述媒介活动造成的差异化结果。量化操作并不擅长把握“文化”等宏观对象，“载具论”的不足之处也引发了学者们的批判。这种批判的声音早在施拉姆构建奠基人神话之初就存在，近年随着北美环境学派“第三次热潮”[①]、欧陆“中介化”“媒介化”理论和物联网技术发展，反对“载具论”的声音愈发洪亮。

对“载具论”的批判，主要集中在以下几点。

其一认为它不当简化了媒介的内涵。只论“载具”，则人与周遭世界进行交流的大量途径被忽视：人际传播中的信物、肢体语言、意图模糊的诸艺术形式、我们生存的空间……它们都不是常规意义上优质的信息载具，甚至并不能承载香农意义上的信息，但它们无疑在人的交流活动中占据重要地位。载具论对“媒介”窄化的问题在史论研究中表现得尤为突出。大量关于媒介史的作品实际都只考察了极其有限的一类“内容（信息）载具”，乃至专门讨论社交媒介发展的著作竟也沿用了此种观念。[②] 稍加辨析不难发现，哪怕在智能终端全面包围日常生活的今天，拥抱、亲吻等交流方式依旧是社交活动中不可替代甚至格外有效的人际交流手段；部分社交媒介研究者从古埃及莎草纸论起却全然不顾及“载具”之外的媒介，实在是有违常识。

其二，认为它简化了媒介功能及其作用机制。首先，将媒介视为传送内容

---

① 何道宽．麦克卢汉研究的三次热潮和三次飞跃［J］．　中学术，2012（02）：235－242．

② ［英］斯丹迪奇．社交媒体简史：从莎草纸到互联网［M］．林华译．北京：中信出版集团，2019．

的载具，导致对它的考量标准降格为如何扩大传播范围、如何消除“噪音”这样的技术讨论，实际讨论的焦点在于传播内容的编制和效果的把控而非媒介本身。这种研究路径因小失大，忽略了媒介形式本身对大众生活方式和社会文化的塑造和影响能力，正如马歇尔·麦克卢汉所批评的：媒介内容好比小偷吸引看门狗而抛出的肉，我们被它吸引却忽略了媒介本身。

其次，载具论忽略了媒介技术与现实情境的互动。载具论将媒介视为孤立的、功能性的工具，然而即使是专为承载信息而设计的媒介技术，其特性、功能在不同的历史情境下也会有所不同。正如如沃尔特·翁（Walter Ong）就发现，哪怕最为典型的信息载体——文字技术也并非是一蹴而就成为如今的形态的。早期的文字传播存有大量口头传播的特征，而其传播方式（一人朗诵众人聆听）也更倾向于社会的复杂活动而非简单的信息传递。[①] R. 威廉斯（Raymond Williams）指出，媒介技术从诞生到成型，再到量产并被人们接受，中间往往要经历相当长的一段时间并受到各种社会实践的影响。[②] 这些研究都指明媒介的特性及其功能是存在于社会互动中的。正如刘易斯·芒福德（Lewis Mumford）所说：技术并非一个完整的体系，它只是嵌入人类社会庞大系统中的一个元素，一种技术所发挥的作用是好是坏取决于社会集团的使用方式：“机器本身不提出任何要求，也不保证做到什么。”[③]

（二）经典媒介观的理论基础及适用范围

时至今日，欧美的传播研究依旧对世界传播研究有着强大的引领能力，20世纪90年代引入的北美媒介环境学派、近年引入的欧陆“中介化”“媒介化”等理论都始终是媒介研究领域主要的学理资源。我国的现代传播研究大多承袭自西方，尤其是美国实证主义学派[④]，因此，今日我们所使用的“媒介”或

---

① ［美］翁．口语文化与书面文化：语词的技术化［M］．何道宽译．北京：北京大学出版社，2008.

② ［美］威廉斯．电视：技术与文化形式（一）——技术与社会［J］．陈越译．世界电影，2000，(02)：64－84.

③ ［美］芒福德．技术与文明［M］．陈允明，王克仁，李华山译．北京：中国建筑工业出版社，2008：9.

④ 刘海龙．中国传播学70年：知识、技术与学术网络［J］．广州大学学报（社会科学版），2019，18 (05)：106－114.

"媒体"，基本就是直接翻译自"medium/media"。而学术域外的大众文化中，我们对媒介一词的用法也多受西方文化的影响。我们当下对"媒介"的用法，基本沿袭了自五四时期便随西方文化一同流入的"传播媒介"的意涵并沿用至今。[①] 可以说，英语世界的媒介概念基本等同于其"主流"用法。

媒介载具论的兴起，与香农的信息论是密不可分的。"今天，在所有促使人们普遍对模式发生兴趣的贡献之中，要数香农的贡献最为重要。就传播研的技术方面来讲，后来在这方面所做的许多努力，都是由香农的数学公式激起的。"[②] 总览载具论的特点，可见其几乎处处都显露出信息论影响的痕迹。一方面信息论所提供的扎实科学逻辑让这一媒介观迅速成为"主流"，另一方面信息论的先天不足也限制了载具论的解释效力。

1. 香农信息论与媒介载具论的诞生

一般认为，1948 年香农公开发表的文章《通信的数学理论》（"A Mathematical Theory of Communication"）标志着"信息论"的提出。这一篇长文也被誉为"信息理论的唯一奠基之作"[③]。在香农天才式的构想下，传播被转化为一系列的数学问题，"信息"及其传递过程由此成了一种统计现象，对信息系统的各个部分的分析具化为可以估算的概率问题。信息论与主流传播研究在许多方面先天亲近。鲜有人注意的是，信息论推广与传播学者的关系也密不可分。《通信的数学理论》就是由时任伊利诺伊大学出版社社长的施拉姆推动出版的，也正是施拉姆极力邀请韦弗为香农的两篇论文撰写了介绍说明，最终才能编成这本册子。这也从侧面体现出早期传播研究者对"信息论"的推崇。

在"信息论"的理论框架中，研究者关心的是"信息的传递"，它强调的是通过编码和解码保障一个信息从一点准确地发往另一点，通过数学推演讨论如何达到信息最大传输效率。凯瑟琳·海尔斯（Katherine Hayles）强调：对

① 梁之磊，孟庆春．"媒介"概念的演变［J］．中国科技术语，2013，15（03）：60—62.

② ［英］麦奎尔，［瑞典］温德尔．大众传播模式论［M］．祝建华，武伟译．上海：上海译文出版社，1987：19.

③ ［英］甘恩，比尔．新媒介：关键概念［M］．刘君，周竞男译．上海：复旦大学出版社．2015：35.

于香农和韦弗而言，真正的信息是不存在的，存在的只是符号而已[①]；换句话说，香农为了追求信息量化的可能性，抛弃了信息这一概念可能存在的质化维度——意义。当然，香农本来的目的就不是解释人类传播活动，他和韦弗的研究兴趣只是在于探究如何通过数学操作来编码和解码一个通信信息。[②] 在《通信的数学理论》一开头，香农就阐明：“通信的语义问题与其工程方面没有关联。”[③]

“信息论”关注的是“比特信息”，即一系列二进制的“是/否”判断[④]；在此语境下，信道只需具有按编码、解码规则承载二进制符号能力即可，其自身的种种属性并不影响这种精确信息的传递过程。从香农对传播系统所做的理论模式图中就不难发现，对系统产生影响的因素虽然依靠媒介连接却又外在于它。实际上，香农为了设计出一种可供一切通信设备使用的数学模型，竭力将一切与情景有关的元素都排除在其理论外。[⑤] 在此种理论模式中，“媒介”仅是连接通信系统各部分之间的“线段”，并未被香农框定为一种“主体”来理解。[⑥] 香农认为：“它（信道）是发送机到接收机之间用以传输信号的媒质。它可以是一对导线，一条同轴电缆，一段射频的频带，一束光线，等等。”[⑦] 在香农看来，影响通信效果的首先是编码和解码的矛盾，其次是“噪音”的干扰；而系统中的信道只是一种传递信号载体，在此意义上导线、电缆、光束都是同质的。因此，香农对信道的考察只涉及“保证信道以最大的速率传送最大的信息量，即信道容量问题”[⑧]。

---

① Hayles，N. K.（2008）. How we became posthuman：Virtual bodies in cybernetics，literature，and informatics [M]. Chicago：University of Chicago Press：18.

② ［英］甘恩，比尔. 新媒介：关键概念［M］. 刘君，周竞男译. 上海：复旦大学出版社. 2015：37.

③ Shannon，C. E.（1948）. A mathematical theory of communication [J]. Bell System Technical Journal，27.

④ ［英］费斯克. 传播研究导论：过程与符号［M］. 许静译. 北京：北京大学出版社. 2008：8.

⑤ ［加］洛根. 什么是信息：生物域符号域、技术域和经济域里的组织繁衍［M］. 何道宽译. 北京：中国大百科全书出版社，2019：32.

⑥ Shannon，C. E.（1948）. A mathematical theory of communication [J]. Bell system technical journal，27（3），379－423.

⑦ Shannon，C. E.（1948）. A mathematical theory of communication [J]. Bell system technical journal，27（3），379－423.

⑧ 刘建明. 宣传舆论学大辞典［M］. 北京：经济日报出版社，1993：906.

信息论对传播的理解方式可谓“严丝合缝”地契合了实证主义的理论需要：首先，香农赋予了“信息”在“数学上的可操纵性”，恰好迎合了早期传播研究对“效果”“控制”“效率”的兴趣；其次，香农以数学理解传播的方式也与实证学派量化研究路径共通；最重要的是，香农的传播模型（线性传播模式）在逻辑上也与主流传播学的“刺激-反应”模式吻合，并且这种传播模型在很长一段时间内成了理解传播问题的基本模型，后续学界的格式“模式论”大多从此基础上发展而来。纵观传播学史上重要的传播模式（代表了一定时期学界对“传播”问题最有代表性的看法），很容易发现“信息论”在主流传播学中留下的深刻烙印。

2. 媒介载具论的理论活力

当下学界逐渐兴起对传播学经典实证研究所持的媒介载具论的批判与反思，然而，正如黄旦所言，最“粗浅”的传播研究也有其诞生的历史契机[①]，比较、批评的前提是去考察这些研究是如何诞生，由什么原因所造就，而不是简单地下一个对与错、正与偏的结论。媒介的载具论固然有其不足之处，然而若将其置于整个传播研究研究发展大背景下审视，不难发现它不可磨灭的贡献。

诚如上一节所言，传统文化语境中的“媒介”是一簇概念的集合，我们只能从感性层面认识它，这种概念实在是不利于作为一个学术研究的对象来深入讨论。今日研究者们批判自然科学的范式介入传播领域所导致的种种“狭隘”“僵化”的后果，然而将信息概念和定量研究引入传播研究在当时确实是重要的学术突破。

在社会科学方法引入传播领域之前，人类早已有大量关于社会规律的理论，“它们数量多得让人觉得尴尬。……但是问题在于……缺乏一个系统而客观的方法，从这些没有事实支持的理论中得出一个正确的结论”[②]。早期传播学者的一大贡献就是引入自然科学的观点和方法，率先对那些抽象的、模糊的概念做出了学理化的解释和相对统一的界定。此后，尽管批判者或许会对这些

---

① 黄旦. 对传播研究反思的反思——读吴飞、杜骏飞和张涛甫三位学友文章杂感［J］. 新闻记者，2014（12）：40-49.

② ［美］洛厄里，德弗勒. 大众传播效果研究的里程碑［M］. 刘海龙等译. 北京：中国人民大学出版社，2004：1-9.

研究“测量”得准不准、好不好进行讨论，但是我们不再困扰于不同学者对人性和社会莫衷一是的理解，研究者对于“讨论什么”空前统一和明确。洛厄里和德弗勒就认为传播研究之所以能进步，与主流采用了社会科学的指导和定量的研究方法是分不开的；正是借助定量研究对知识的积累作用，人们才会逐渐理解大众传播的过程和影响。[①] 这种说法虽有夸大量化研究之嫌，然而实证主义系统观察、沿着经过证明的理论继续探索、仔细权衡验证的研究方法确已被证明是有效的知识积累和学科发展路径。

实证主义传播学研究尤其擅长构建“传播模式”。批评者们认为这种模式过分简化的特性会限制设计者和使用者的视野，模式中的一些假设也可能会被不当地“永恒化”。然而这种构建至少在传播研究的初期是极其重要的，“模式”为“传播”设立了基本的理解框架，虽然可能是片面的、不完善的，但是学者们从“模式”中获得了讨论问题的基本框架和逻辑基础。通过共享“模式”这一思维的辅助工具，研究者不再天马行空地解读传播行为，而是逐步搭建起彼此对话和交流的基础。从香农-韦弗模式开始直到20世纪70年代模式论衰落，约30年间“传播模式”快速迭代、日趋复杂；在这中间我们不难看出一个基于“基本模式”不断追加和细化的过程。基于“模式”，研究者共享了较统一的理论假设、系统框架和术语体系，大量的研究成果在彼此交流中快速成熟和积累起来。

“模式”对于“媒介”概念的具化更是意义重大。虽然上文我们指出主流传播研究所持的“载具论”将媒介视为连接传播系统内诸要素的中性“线段”而忽视了对不同种类媒介特性的考察，然而，在此我们至少明确了“媒介”这一概念的所指。麦奎尔和温德尔指出：模式的优势在于可以画出那些关键节点间的“线”，让人们得以看到那些并没有实体的、无法观察到但系统内部存在的联系，有助于抽象结构的“固定化”；并且模式图可以清晰地呈现各元素间的联系的结构、强度和方向。[②] 虽然此后的学者对“载具论”提出了种种质疑，然而必须要承认的是此种“狭隘”“片面”“单向”的定义首次将“媒介”

---

① ［美］洛厄里，德弗勒．大众传播效果研究的里程碑［M］．刘海龙等译．北京：中国人民大学出版社，2004：1－9.

② ［美］麦奎尔，温德尔．大众传播模式论［M］．祝建华，武伟译．上海：上海译文出版社，1987：4.

这一概念从一片杂乱的朴素认识论中拉入了“学术”的范畴。它存在的种种缺点使其作为一个“定义”来说是遗憾的，然而学术“概念”本身就是动态的、与时俱进的，作为一个讨论的起点，“载具论”无疑是一个创举。

3. 香农信息论的局限与载具论的适用范围

信息论的引入从研究路径、逻辑框架等方面为早期的传播研究注入了活力，然而随着学科的发展，信息论的种种局限限制了传播学的发展。必须要说明的是，所谓香农信息论的局限，很大程度上源于后续学者对它的误用。香农本人说得很清楚，他的研究就是用于通信工程领域的，因此，当它被用于解释人的传播活动时，存在局限是在所难免的。

首先，也是最重要的一点，香农构建的通信模型是一个高度封闭的数理结构。香农定义的信息是基于减少选择时不确定性的概率而推演出来的，这也注定了他所预设的传播环境是封闭的，一个可以预测所有可能性的环境。这与人类传播是极其不同的，人类的传播活动是一个极其开放的系统，对传输效果可能产生影响的因素包括社会文化、参与者的意图、参与者的知识结构、媒介影响，等等。贝恩德·弗罗曼（Bernd Forhman）认为，香农和韦弗对信息的解释作为一种理论和数学模型而言是严谨的，但那并不是对信息这个概念的具象解释。[①] 弗罗曼的评价指明了一个事实，即数理逻辑的合理性和实际解释力之间并不能简单等同。数学语言是一种纯粹的形式语言，一种逻辑语言，然而人类社会是一个复杂的现象，它不存在如数学这样的纯粹逻辑，本质上不是基于任何一种“模型”构成的。将香农信息与我们文化中所谓的“信息”等同，实际就是认为模型元素与现实元素之间具有线性关系[②]，这对于人类文化而言明显是不适用的。詹姆斯·凯瑞指出，任何一种模式作为现实的表征都有两面性，一方面它是现实的（of）表征，另一方面它又为现实提供了（for）表征。因此，任何一种传播模型都不是纯粹的描述而是一种创造，模型创造了它所表现的现实进而形成一种文化困境，在一定程度上决定了我们所生活的文化世界

① Macdonald，B. H.（2004）. Deflating Information [Z]. From Science Studies to Documentation.

② [加] 洛根. 什么是信息：生物域符号域、技术域和经济域里的组织繁衍 [M]. 何道宽译. 北京：中国大百科全书出版社，2019：191.

的性质。[①]当研究者广泛地将传播活动以香农－韦弗模式表征出来的时候，这种模式被奉为主流之后也局限了我们对传播活动的理解。

香农预设的传播情景是封闭的，因此他理解的信息也是完全脱离语境影响的。这种信息实际非常狭隘，现实中几乎不会存在这样的传播过程。在生物领域，同卵双胞胎长大后也不可能是一样的；这证明，哪怕是DNA这样严谨的信息在表达中也不得不受到语境的影响。[②] 而人类文化信息则更加是符合语境决定论的。赵毅衡指出，人类所有的符号解读都是一种“全文本阅读”，没有一种意义可以脱离其语境而表达。[③] 哪怕是最为直白的语言符号，也不可能脱离语境传播，因为哪怕是语言本身作为一个组织就携带了学习信息，这种信息也必然会影响到其语义层面信息的表达。

早在香农提出以数理定义信息之初，麦凯（Mackay）在1951年的梅西会议上就表示了强烈质疑。他认为香农的信息完全脱离语境因而不具有意义，更直言看不出通信工程里所用的信息概念与会议要讨论的信息概念有什么关系。麦凯认为，信息应该分为两层：其一是香农所关注的“选择信息”，即从一组信号中挑选信息时计算出的信息；另外更为重要的一层是“结构信息”，即如何理解选择信息的信息——一种元信息。[④]洛根所谓的“学习信息”正是基于麦凯的思想提出的，可以视作是对“结构信息”论的一种扩展。洛根指出：没有意义的信息不是真正意义上的信息；香农所传递的数据（信号）只是散乱的信息原子，而信息是有结构的数据，需要（学习）信息赋予数据结构因此赋予其意义。[⑤] 正是基于这一逻辑，洛根才将香农信息视为一种极其特殊的学习信息：香农实际上预设了信息收发两端已然处于同一学习信息环境下。[⑥] 这也是

---

① ［美］凯瑞. 作为文化的传播：“媒介与社会”论文集［M］. 丁未译. 北京：中国人民大学出版社，2019：13—34.

② ［加］洛根. 什么是信息：生物域符号域、技术域和经济域里的组织繁衍［M］. 何道宽译. 北京：中国大百科全书出版社，2019：25—30.

③ 赵毅衡. “全文本”与普遍隐含作者［J］. 甘肃社会科学，2012（06）：145—149.

④ ［美］海勒. 我们何以成为后人类：文学、信息科学和控制论中的虚拟身体［M］. 何道宽译. 北京：北京大学出版社，2017：40—60.

⑤ ［加］洛根. 什么是信息：生物域符号域、技术域和经济域里的组织繁衍［M］. 何道宽译. 北京：中国大百科全书出版社，2019：41.

⑥ ［加］洛根. 什么是信息：生物域符号域、技术域和经济域里的组织繁衍［M］. 何道宽译. 北京：中国大百科全书出版社，2019：157.

将香农信息归为学习信息子概念的重要依据。

香农的“信号”强调的是无须解释的行动，指向固定的反应。① 要达到这种传播状态，只能在一种不考虑个体差异，不存在主观活动，并且剔除所有外部（语境）影响的绝对强规约条件下才可以，这种空想状态在人类社会是几乎不可能存在的。“即便是最基本的物理事实，一旦发生以‘人’为主体的解释活动，即进入了符号领域。”② 人无法直接接受某种信号或香农信息，我们只能理解它，当我们接收这些内容的时候我们实际已经对其进行了理解。从这个角度可以说，纯粹的香农信息是不存在的，当我们接收任何一种信息时都首先收到学习信息的影响，在理解时赋予了香农信息以结构，才能理解它。洛根总结道：“某人某物先接收到信息（学习信息），因而接收到命令（香农信息）。”③

基于上述逻辑，香农信息论还有一个特点，即其中的媒介与信息是绝对分离的，媒介被视为一种绝对中性的物质存在。依据香农的定义，信息由于编码和解码传输，因此可以在不同介质之间进行转变，也即独立于其介质而存在。然而，这一理论只在通信工程领域存在而不存在于人类社会的交流。人类传播活动不是机械般接受、传递信号，人类的交流是通过意义和符号进行的，因此，媒介自身本身也会构成一种符号表达意义，媒介本身就是一种“结构信息”，或用麦克卢汉的话说：“媒介即讯息。”香农的信息观念极大地限制了对人类社会中传播方式多样化的理解。实际上，人类交往活动中大量信息与媒介是一体的，例如作为信物的一般物，这些传播中介与它所传递的信息是截然不可分的，这也是洛根提出学习信息的一大原因。

信息论的这些特征，就决定了所谓载具论只能用于极其有限的一类传播情景，或者说其只能用于描述媒介活动的一个层面。赵毅衡将一次理想的符号活动描述为“发送者（意图意义）—符号信息（文本意义）—接收者（解释意义）”，其中括号中为三个阶段各自携带的意义。④ 这只是一种理想模型，因为

① 胡易容．传媒符号学：后麦克卢汉的理论转向［M］．苏州：苏州大学出版社，2012：113—116.

② 胡易容．媒介环境学派的理论困境与符号学取向［J］．编辑之友，2015（02）：70—74.

③ ［加］洛根．什么是信息：生物域符号域、技术域和经济域里的组织繁衍［M］．何道宽译．北京：中国大百科全书出版社，2019：127.

④ 赵毅衡．符号过程的悖论及其不完整变体［J］．符号与传媒，2010（01）：3—21.

在人的意义活动中，传播的意义都是被解释出来的，是最终释义者的主观活动决定的；文本意义不一定与意图意义相符，解释意义更不必与文本意义相符。人的意义活动，并不局限于一种固定的编码解码模式，而是一个无限衍义、分叉衍义的过程。[①] 相较之下，信息论所理解的传播模型，实际是规定了一种极端的三种意义高度一致的情景。

因此，媒介载具观适合处理的情况主要集中在物理和技术层面。例如考察比较不同编码方式对信息传送效果的影响、某种特定信息传达（而非理解）的初步效果研究等。经验主义量化研究用于考察一个媒介的传递过程质量、接受情况等可量化指标，确实拥有质性研究所不具备的精确性和可验证性，因此在描述方面仍然有极强的优势。虽然这种媒介观即其代表的传播传递观念对覆盖传播研究全领域而言是不够的，但是这种考察至今仍然具有极大的实用价值，例如调查收听率、到达率、收视情况等，同样也是当前学界极其重要的研究对象。

同时，香农的信息观点虽然在人类传播这样一个动态活动中解释力不足，然而它作为一个静态情景下衡量传播内容价值的标尺仍然是极其有用的。正如我国的新闻史研究者也普遍认同香农信息论在 20 世纪 80 年代的引进，推动了我国新闻从宣传向新闻本位的回归。在新闻、史料等实用体裁中，使用香农信息（不确定性的减少）作为一种“效用信息”，来评判和衡量文本的价值，至今仍具有极高的实用价值和指导意义。

（三）媒介关系论：重返“中介”

前文的梳理基本涵盖了《牛津英语词典》对媒介或“media/medium”的义项整理，但这种讨论只把话说了一半。虽然现有媒介概念的诸义项都诞生于 20 世纪中叶前，然而“媒介”研究的潮流却兴起于麦克卢汉在 20 世纪 60 年代出版《理解媒介：论人的延伸》之后。也就是说，这部词典对麦克卢汉及其后的媒介思潮几乎都不涉及。这部分内容的缺席让人遗憾，然而这种情况又几乎是必然的。一方面，近半个世纪以来媒介（media）概念经过一众学者的发

---

① 赵毅衡. 意图定点：符号学文化研究中的一个关键问题［J］. 文艺理论研究，2011（01）：43-49.

展已然十分复杂，被有意识地引向“中介”“居中调和”这样复杂的概念集合，难以置入此类辞书。另一方面，更为重要的原因则在于：媒介“关系论”本身就是一个未被阐释清楚的概念。

1. 媒介概念的扩展

专门将“媒介”置于理论核心的研究路径，由北美媒介研究“双星”伊尼斯和麦克卢汉开创，再由麦克卢汉的“信徒”尼尔·波兹曼（Neil Postman）加以发展并形成建制，经过约书亚·梅罗维茨（Joshua Meyrowitz）、沃尔特·翁（Walter Ong）、保罗·莱文森（Paul Levinson）、伊丽莎白·L. 艾森斯坦（Elizabeth L. Eisenstein）等学者的发展和应用，逐渐形成了传播学领域在主流实证主义范式、批判范式之外的第三大研究范式。[①]

从表面上看，媒介环境学派惯于运用文献研究法，这一传统源自其奠基人伊尼斯的“媒介-文明史”研究，而后广为麦克卢汉、爱森斯坦、翁、莱文森等学者继承和发展。通过对文献材料的解读，媒介环境学派尤其擅长以技术发展为主线串联起人类文明的历程，纵贯古今各大文明的宏大叙事已然成为此学派标志性的研究风格。然而这种具有浓厚质性研究色彩的方法，在传播学之外，如历史研究、文化研究等领域也不少见；环境学派就其研究路径而言算不得什么了不得的创新之举。真正为媒介环境学派注入了别样活力的是麦克卢汉，他以一种基于个体感知的方法为媒介研究注入了空前的活力。

麦克卢汉出身于文学批评领域，他看待问题的方法深受其学术背景的影响，从不强调在研究中运用证伪的方法，而是通过感知来理解研究对象。林文刚指出：曾受教于瑞恰慈（Ivor Armstrong Richards）的麦克卢汉深受文学新批评思潮影响，他的研究方法亦起源于此。麦克卢汉之子埃瑞克·麦克卢汉就曾介绍说《理解媒介》一书的命名就源自麦克卢汉有意识地想让其与《理解诗歌》（*Understanding Poetry*）并列，而后者正是将新批评引入美国的关键作品。[②]

新批评既是20世纪西方文学批评最重要的流派之一，也是形式主义文学

---

① 何道宽. 异军突起的第三学派——媒介环境学评论之一［J］. 深圳大学学报（人文社会科学版），2006（06）：104-108.

② 何道宽. 异军突起的第三学派——媒介环境学评论之一［J］. 深圳大学学报（人文社会科学版），2006（06）：130.

批评的一个高峰。新批评派研究者主张将文学作品视作既与外界隔绝而又自给自足的有机体。文学作品的存在方式主要是语言，因此新批评认为对文学作品的理解重点在于语言、语义、语境等形式方面；它强调作品的意义不是来自显白的字面，而是源于作品文本的交互、语境结构关系以及字面意义与隐喻、反讽意义间的张力。因此，此派学者强调不借助任何外部材料而对作品本身予以细读。①

虽然麦克卢汉曾夸口自己的作品75%的内容都是全新的②，但是若将两者对比，很容易就会发现麦克卢汉讨论媒介问题的思路实际上与新批评派的主张具有相似的精神内核。李明伟③甚至认为麦氏理论与新批评主要观点间的差异小到“只需转换一下主语即可”，将新批评观点中的“文学”替换为“媒介”就构成了麦氏的主要观点——媒介传播媒介是独立自主的有机体；传播的意义不在于传播内容的可见效果，而是传播形式潜在的巨大隐喻意义。两者的思路如此相似，乃至有学者认为麦克卢汉的理论几乎就是将新批评理论从文学横向移植到传播学领域。④ 麦克卢汉的理论虽然不是简单的“移植品”，但不可否认的是麦氏的研究方法受新批评影响颇深，甚至在写作语言上，麦氏也始终秉持新批评派所推崇的那种隐喻的、反讽的语言风格。埃瑞克·麦克卢汉解释过：《理解媒介》的风格是刻意为之的，那是要刻意刺激读者，震撼其感知，使其获得一种知觉形式。这是高超的诗意手法，是以直接讽刺读者的手法来培训读者的手段。虽然麦克卢汉开创的媒介研究路径让实证主义者瞠目结舌，然而若将其视作一种“媒介形式”批评、一种以“媒介形式”作为文本的“细读”，也就不难理解麦氏理论的“前世今生”。

麦克卢汉始终依赖自己敏锐的感知去理解“媒介”，其思维天马行空，严格来说并未遵循任何一种固有的研究方法，有学者将其归为哲学式的“直觉方法”。⑤ 麦氏的方法强调的是“通过训练的观察者的审美感知能力”。林文刚指出：“鉴赏能力是可以传授的，潜隐的原理是可以展示并让人接受的。不

① 邹贤敏．西方现代艺术词典［M］．成都：四川文艺出版社，1989：16—17．

② ［加］麦克卢汉．理解媒介：论人的延伸［M］．何道宽译．南京：译林出版社，2011：译序．

③ 李明伟．文学新批评派对麦克卢汉传播研究的影响［J］．深圳大学学报（人文社会科学版），2009，26（05）：124—128．

④ 胡翼青．理解麦克卢汉：写于麦克卢汉的百年诞辰［J］．国际新闻界，2011，33（07）：13—18．

⑤ 胡翼青．传播学：学科危机与范式革命［M］．北京：首都师范大学出版社，2004：182．

过……根子不是科学的逻辑实证主义，而是体现在中世纪三学科（语法、辩证法和修辞）的人文传统中。”① 其后，媒介环境学派后续几代学者均从麦氏的基本命题“媒介即讯息”出发，或发展，或修正，或与其他范式结合创新。媒介环境学派虽然一直在讨论“（科学）技术”，然而研究者们普遍继承了麦氏类比和隐喻式的手法，从不执着于以“科学”的方法去审视媒介技术。

波兹曼在麦克卢汉结束的地方开始，他的论述始终盈溢着麦克卢汉的影子。他用麦克卢汉式的命题来讨论媒介以示致敬，所谓“媒介即隐喻”更像是对麦克卢汉“媒介即讯息”的某种“软化”，强调媒介对人的影响往往不为人所察觉；而“媒介即认识论”则强调的是媒介形成的不同的关系连接方式如何影响了人意义世界的生成。应当说他对麦氏的理论做出了部分修正，但总体上延续了麦克卢汉对媒介的认识。波兹曼的弟子梅罗维茨无疑也是麦克卢汉思想的继承者。梅罗维茨所关注的是媒介创造的情景如何限定了人的信息获取，从而改变人的行为，他认为媒介的发展消除了旧有社会关系互动所依赖的媒介情景，使之成了“消失的地域”。梅罗维茨对媒介的认识和麦克卢汉大体是一致的。梅氏借鉴戈夫曼的“情景论”思想更像是完成了对麦克卢汉断言的某种补充论证而非突破，他用“信息流动方式”替换了麦克卢汉笔下抽象晦涩的“感官”，更像是以情景概念来论述技术影响，实际还是没有超出麦克卢汉的媒介理论。②

在研究实践中，传统研究范式的局限愈发明显，媒介环境学派所倡导的媒介观被越来越多研究者重视。受其启发，越来越多的学者进入“媒介研究”领域，詹姆斯·凯瑞（James W. Carey）等学者受其影响对传播问题的基本概念的理解展开了反思与重构，由他们所兴起的所谓传播的仪式观、传播研究的“符号学派”思潮至今仍在不断探索、发展。对媒介的考察也逐渐走出传播领域而向广大的人文研究领域延伸：社会研究将我们生活的空间也视为媒介来进

① ［美］林文刚．媒介环境学：思想沿革与多维视野［M］．何道宽译．北京：北京大学出版社，2007：131.

② 车森洁．戈夫曼和梅洛维茨“情境论”比较［J］．国际新闻界，2011，33（06）：41—45.

行考察[①]，哲学研究则发展出媒介认识论[②]、媒介存在论[③]、媒介本体论[④]……这些研究对媒介及其作用的理解不再限制于一种可量化的实体，而指向了一种关于“关系的隐喻”[⑤]。

从人文视角讨论媒介、传播问题的学术潮流随后在世界各地涌现。身处欧陆的德布雷（Régis Debray）也曾试图创立一门独立的“媒介学”（Mediology）。虽然麦克卢汉倾向于从感官的断面讨论媒介，而德布雷则从时空延续的历史结构出发，始终关注传递和时间的问题[⑥]，但二者对媒介的理解异少同多。德布雷关注的是媒介技术和文化的互动结构，着重考察社会结构和社会关系是如何与媒介技术互动的，教堂里的讲道台、图书馆的阅览室都可以作为“感觉的介质和社交性的模具”[⑦] 而被纳入媒介学领域。与麦克卢汉一样，德布雷讨论的媒介依旧不是一种实物，而是偏重于社会关系和社会文化的联系方式。

近年来学界将构成“空间转向”的一系列学者的讨论也纳入了媒介领域的范畴[⑧]，无疑也是基于这种广阔的人文主义视角。当对空间的认识最终转向社会关系的集合之时，空间研究与媒介研究最终殊途同归。列斐伏尔（Henri Lefebvre）、福柯（Michel Foucault）、大卫·哈维（David Harvey）、卡斯特（Manuel Castells）等学者虽然是从不同的学术视角来考察空间性问题，但他们对“空间”的理解多倾向于脱离物理实体而视之为一种串联和容纳社会关系的介质——“空间在其本身也许是原始赐予的，但空间的组织和意义却是社会化、社会转型和社会经验的产物。”[⑨] 他们所讨论的空间成了一种媒介，这些

---

① 刘涛. 社会化媒体与空间的社会化生产——列斐伏尔和福柯“空间思想”的批判与对话机制研究［J］. 新闻与传播研究，2015，22（05）：73－92＋127－128.

② 胡潇. 媒介研究的认识论呼唤［J］. 哲学动态，2011（12）：57－63.

③ 单小曦. 媒介存在论——新媒介文艺研究的哲学基础［J］. 文艺理论研究，2013，33（02）：178－191.

④ ［德］基特勒. 走向媒介本体论［J］. 胡菊兰译. 江西社会科学，2010（04）：249－254.

⑤ 胡翼青. 显现的实体抑或意义的空间：反思传播学的媒介观［J］. 国际新闻界，2018，40（02）：30－36.

⑥ 黄华. 技术、组织与“传递”：麦克卢汉与德布雷的媒介思想和时空观念［J］. 新闻与传播研究，2017，24（12）：36－50＋126－127.

⑦ ［法］德布雷. 普通媒介学教程［M］. 陈卫星，王杨译. 北京：清华大学出版社，2014：4.

⑧ 李彬，关琮严. 空间媒介化与媒介空间化——论媒介进化及其研究的空间转向［J］. 国际新闻界，2012，34（05）：38－42.

⑨ ［美］苏贾. 后现代地理学：重申批判社会理论中的空间［M］. 王文斌译. 北京：商务印书馆，2004：21.

由一定社会关系所连接而生产的空间又反过来影响了社会关系。

2. 媒介探索人文主义路径的兴起

长期以来，传播研究不仅仅在方法论上追求可证伪的经验研究，甚至在对基础概念的界定上也排斥主观性的存在。然而，媒介研究在某种程度与经验的、实证的研究路径是不相匹配的，或者说其解释力只存在于有限维度。自然科学的理性主义强调存在一个可以经验的客观真实世界，学术研究的任务则是以一种可证伪的方法去描述和测量这个现实世界。这种理论假设在人文领域的可行性大打折扣，因为社会文化与自然世界不同，人除了受自然规则的约束，更会受到自身符号活动所建构的文化的约束。

科学实在论在人文领域的不适用，首先体现在人类的文化是无法被客观量化的。科学研究追求在控制变量的基础上尽可能地得出被测对象的变量关系，因而狭义的科学研究甚至被认为与实验研究等同。然而，文化领域的“变量”是不可控的，任何一种文化行为都深深嵌入整个文化体系中，不可拆解、不可还原。在微观层面，人类的思维能力和符号活动不能完全还原为脑电波或生物的化学能反应；在中观层面，人类文化与单一某次或任何一个个体的符号行为也不存在线性关系。如果说自然科学在量子层面会有所谓的“测不准”现象，那么在人类文化领域，任何一个个体、组织的行为都是“测不准”的。作为一个整体的社会文化，对于科学方法是无法测量的。

同时，人类文化本身也不像客观存在的自然定律那般静待人去捕捉，相反，人类文化更像一个自我催化的有机体。[①] 在社会文化领域，任何一种理论分析都具有两面性。正如上文所述，一方面理论是对社会现实的一种描述；另一方面，描述的社会现实经由语言表达，又反过来影响它所描绘的对象。[②] 就好像任何一种宗教思想都是对现实的一种解释，而宗教本身又构成了一种现实；科学的语言也并无二致。相比之下，自然科学领域的研究成果，即作为一个符号系统的知识与自然规律本身是相互独立的，无论我们如何阐释都不影响自然规律的客观存在，因此我们才可以通过优化我们的研究手段不断贴近最为

---

① ［加］洛根. 什么是信息：生物域符号域、技术域和经济域里的组织繁衍［M］. 何道宽译. 北京：中国大百科全书出版社，2019：32.

② ［美］凯瑞. 作为文化的传播：“媒介与社会”论文集［M］. 丁未译. 北京：中国人民大学出版社，2019：5.

符合自然规律的描述。在文化领域，研究活动本身就参与到文化的建构中来，描述也是一种创造和建构。要在人文领域的研究对象中找到如自然科学领域中存在的那类“客观”标准本就是不现实的。人文领域的研究对象是“向来持有历史性分歧的不同主观形式及其现象性生活样态”[①]，它与自然科学最大的不同在于它无法脱离主观性而得到解释。这导致媒介研究在物理的信号传递之外，尤其是在与社会文化交错的位面必须引入另外的人文主义的研究范式才能做出更好的解释。

在此意义上，麦克卢汉借由文学的思路讨论媒介不得不说是一种里程碑式的突破。以环境学派为代表的人文主义范式大大扩展了学界对“传播”“媒介”的理解方式，让更多研究者得以窥见实证主义在传播领域构成的“理论霸权”环境。正如麦克卢汉所言：鱼到了岸上才知道水的存在。当麦克卢汉的诗性语言引起反思和讨论热潮的时候，这本身就构成了一种“反环境”——它不一定能为人提供信息、忠告或教化，但能改变人们的感知——让更多研究者意识到主流学界所谓的“科学方法”并非绝对且唯一的解释方式。媒介环境学派的理论或许存在着诸多缺憾，但它无疑是传播学与诸多理论资源相连接的一个锚点：技术哲学、生态学、现象学等领域的丰富成果经由它对主流学术范式的突破而被越来越多的传播学者纳入视域。经由此种范式的扩展，理解媒介的理论路径被解放，“媒介”经由不同学术源流的扩展，可指涉的范围空前宽泛。

媒介关系论难以界定，因为它根本不具有确定的外延。持关系论的学者基本都是泛媒介论者，他们的“泛”不仅仅体现在其研究对象的广泛上，更体现为他们所谓的媒介是跨逻辑层次的。最早持媒介“关系论”的研究者可以追溯到早期芝加哥学派的传播研究者，他们普遍被指认为传播的文化互动论[②]及技术主义范式[③]的鼻祖。例如，库利在1909年出版的《社会组织》一书中就专设了“传播”一章并指出传播是人与人关系成立和发展的机制，包括一切精神活动的表征及它在时空中得以传播和储存的工具；而“媒介”则包括“表情、

---

① 蒋荣昌. 人文学在什么意义上不是科学［J］. 西南民族学院学报（哲学社会科学版），1998（05）：18－31.

② ［美］凯瑞. 作为文化的传播：“媒介与社会”论文集［M］. 丁未译. 北京：中国人民大学出版社，2019：13－34.

③ 胡翼青. 试论社会学芝加哥学派与传播学技术主义范式的建构［J］. 国际新闻界，2006（08）：49－53.

态度和动作、声调、语言、文章、印刷品、铁路、电报、电话以及人类征服空间和时间的其他任何最新成果"①。这种宽泛的媒介观一脉相承，伊尼斯作为芝加哥大学毕业的博士就继承了库利等学者从媒介活动考察社会文化的研究路径，并将它传递给了麦克卢汉及后续的媒介研究者。在麦克卢汉的发展下，他所谓的"媒介"包纳了一切的人造物：技术的、非技术的、物质的以及非物质的。② 其后，欧陆学者又在对媒介环境学派的反思中指出，作为媒介技术的影响也不是一蹴而就的，技术的生成和发展本身也是社会实践的成果。③ 基于此种观念，欧陆学者开始由"媒介"转向对"中介化"（mediation）的讨论。所谓"中介化"可视为对"媒介"的延展，它是对一切交流和互动方式的概括，此理论强调人类的交流活动以及社会生活都是有中介参与的。"中介化"系列理论从传统媒介研究考察"技术改变了我们"转向了"我们成就技术"，从另一个角度补全了媒介环境学派的研究视角。④ 在其发展下，环境学派少有涉及的政治权力、经济活动等社会实践都加入对媒介的讨论当中，媒介的所指进一步拓宽。

至此，媒介概念的发展轨迹形成了一个"轮回"：起初，媒介（media）从一般中介物中延伸出来专指大众传播技术及组织，然而随着研究者讨论的深入，媒介和一般中介物之间的边界被打破，他又一步步被拓展到了一般中介的宽泛范畴。当然，早期"中介"只是大众在使用中无意识形成的语义集合，称不上一种明确的概念；而关系论作为一个明确的概念被提出的目的则是强调媒介作为"关系"集合的多样性，二者并不能完全等同。

三、联通载具论与关系论——以"组织即信息"为节点

媒介的关系论与载体论是学界主要的两种观点，然而长期以来这两种观点间的矛盾始终未能得到解决。一方面，关系论对媒介所指范畴的扩展受到了传

---

① Cooley，C. H. （1910）. Social organization：a study of the larger mind［M］. New York：Charles Scribner's Sons：45. 转引自郭庆光. 传播学教程［M］. 北京：中国人民大学出版社，2011：2.

② 沈继睿. 媒介技术的哲学研究［D］. 南京：东南大学，2015.

③ 唐士哲. 重构媒介？"中介"与"媒介化"概念爬梳［J］. 新闻学研究，2014 秋季号：32-33.

④ 潘忠党. "玩转我的 iPhone，搞掂我的世界！"——探讨新传媒技术应用中的"中介化"和"驯化"［J］. 苏州大学学报（哲学社会科学版），2014，35（04）：153-162.

统经验研究者的抵制。关系论者往往也是泛媒介论者，他们常把“媒介”“技术”和“工具”等概念混用，又将抽象的技术知识和实在的技术工具、技术产物并置讨论。① 批评者普遍对此嗤之以鼻，认为“泛媒介观”打破了一个学科应有的界限，更斥责他们所谓的“媒介”层次混乱、不知所谓。据梅罗维茨回忆，麦克卢汉最初提出其媒介观念时就受到了主流学界相当严苛的批评和指责，甚至在《理解媒介：论人的延伸》出版后，一些学者将干脆将媒介这个词故意放在引号中使用，以刻意区隔自己与麦氏对这个词使用方式的差异。② 而载具论的观点也常常为关系论者所驳斥，他们认为载具论太过狭隘，完全忽视了人类活动应有的多样性和开放性。

两种媒介观念常常被讨论者树为对立姿态，然而这两种观念并非不可调和。至少有一点是可以肯定的，它们始终延续的核心意涵是稳定的，都派生自同一个基本义项，即通过某物、事、人使双方相连。不同之处在于载具论强调的是通过信息而使双方关联，而关系论强调的是不同媒介对关系、打交道方式的影响。

载具论至今在学界颇有市场，究其原因，媒介的关系论在研究路径上属于人文主义传统，其语言是隐喻式的，在方法论上强调个体感知，这与当下学界的理性主义、科学主义大流格格不入。经验研究者当然不会否认人际关系、社会文化对传播活动的影响，然而他们无法接受的是人文研究者那种无法经过检验的话语。

如此说来，双方的争议只是聚焦在一个点上：媒介的关系论者始终没有用“科学的方式”解释清楚所谓的“关系”是什么，它与信息有什么关系。这一关键概念的缺失，使关系论虽然看似理据充分，然而在实证主义者看来它实则是在用一个虚词——“关系”，去解释另一个虚词——“媒介”。那么反过来说，只要能用“科学的”逻辑对“关系”进行界定，再找到它与“信息”的关系，两种看似对立的媒介观也能找到一个共同的理解框架。

关于这个问题，晚期的麦克卢汉几乎已经给出了答案。麦克卢汉在人生的

---

① ［加］洛根．被误读的麦克卢汉：如何矫正［M］．何道宽译．上海：复旦大学出版社，2018：43.

② ［美］梅罗维茨．消失的地域：电子媒介对社会行为的影响［M］．肖志军译．北京：清华大学出版社，2002：226.

最后一次讲话中对他探索一生的问题做出了总结：他恍然大悟，这些技术实际上都是语言性质的结构；从它们共同的语言结构来说，硬件和软件、语言技术和非语言技术都没有区别。麦氏的观点无疑带有浓厚的语言哲学色彩，这句话是关于人如何与这个世界交流、如何存在于世的人文解答，他反复强调的“结构”一词已经触及了问题的核心。最终，麦氏忠实的学术伙伴、物理学家罗伯特·洛根（Robert K. Logan）用科学的逻辑为上述关键词的联系补上了最后一环，他以自然科学逻辑和语言打通了两种学术范式的术语障碍。洛根指出：结构本身就携带着信息。

在《什么是信息》一书中，洛根根据“生物熵”理论为“信息”推演出一个比香农信息更宽泛的定义。依据热力学第二定律，系统总是趋向于熵增直至达到熵的最大状态，也即最无序的状态。而有机体是有序的，那么生物要繁衍，则其内部必然存在某种约束条件或边界条件抵制了有机体向无序发展的趋势，这种约束条件就是洛根所定义的信息。他将其命名为学习信息或生物信息，以示与香农信息的区别。洛根认为这种信息才是对信息概念更为全面的定义，它更为广泛地存在于这个世界“有序的”结构中，即大部分宏观态下存在的事物中。例如人本身，构成我们的细胞是在不停新陈代谢的，作为有机体的人并不是一副肉体、一系列分子，而是构成人体分子的组织。正如人并不能等同于一桶同等成分的有机溶液。而人能在细胞的一次次替换中保持着一个较为恒定的有序状态，乃是因为我们的组织中含有某种信息（逆熵），它约束着细胞一次次的能量交换活动，维持人体组织结构稳定。①

洛根的信息由组织的结构体现出来，而语言（包括口语、书面语、数学、科学、计算机和互联网）、心灵、文化、技术、经济活动等自组织系统同样在宽泛的意义上具有有机体的特性②，因此这些自组织系统中同样携带有学习信息。以口语为例，语言（langue）与物种类似，而每个人的言语（parole）则像是一个个有机体。个体的语言习得过程就是语言的一次繁殖，这种繁殖的关键在于对其组织结构的复制，而语言的约束条件就是其语词和语法。学习信息

① ［加］洛根．什么是信息：生物域符号域、技术域和经济域里的组织繁衍［M］．何道宽译．北京：中国大百科全书出版社，2019：32.

② ［加］洛根．什么是信息：生物域符号域、技术域和经济域里的组织繁衍［M］．何道宽译．北京：中国大百科全书出版社，2019：155－158.

与香农信息不同，它与其载体是不可分离的而且主动发挥着作用——“这些条件指令事件发生，或使之发生”[①]。就像语言的每一次使用，都受其组织结构的约束，语言的发生也即是这种信息显现的过程，二者是一体的。上述这些“类有机体”与生物学意义上的有机体的不同在于它们是没有实体的，因此它们与人是共生（mutualism）关系。一方面它们依附于人才能获取能量并“繁衍”，另一方面它们可以对人和人所处的环境产生影响。[②]

这些与人共生的事物，实际涵盖了我们所使用的广义上的媒介，也即广义的“中介”。这也就能解释为何技术、经济活动、文化等不能携带符号文本的事物也能被称为媒介，因为这些事物本身的组织结构就已经携带了（学习）信息，这些信息约束、形塑了我们与外部世界的关系结构。而媒介能对人本身造成如此大的影响，则是因为人无论作为生物意义上的有机体还是文化意义上的符号集合，本身也是一种组织；我们使用媒介的过程，也就是媒介的“组织约束条件”“繁殖”到使用者的过程，因此，每一种媒介的使用，无论它是否携带“文本内容”，人作为一种组织结构都在一定程度上受到其影响。

从这个角度而言，洛根的理论从自然科学的视角对媒介关系论的逻辑合理性做出了论证，他对信息概念的扩展，连通了前述两种媒介观。他的理论给了“关系”一个合理的解释。洛根提出了“学习信息”概念，这种信息来源于主体所采用的媒介在物理层面构成的物质生活的结构和符号层面文化的结构。同时，洛根将他所谓的学习信息与香农信息相比指出：香农信息可以理解为一类特殊的学习信息，而二者的差异在某种程度上就是“宏观信息”与“微观信息”的区别，这种信息层级的划分，也为我们理解媒介的结构提供了较为清晰的逻辑依据，具有指导意义。[③] 依照这种对比辨析，载具论与关系论的“矛盾”解开了。载具论是指称携载香农信息的媒介，而关系论指向的是携载学习信息的媒介，二者并不矛盾，因为两种信息位于不同的层级。载具论的“媒介”在逻辑上应当归属于关系论“媒介”的子层级，前者所指称的媒介只描述

---

① ［加］洛根．什么是信息：生物域符号域、技术域和经济域里的组织繁衍［M］．何道宽译．北京：中国大百科全书出版社，2019：32.

② ［加］洛根．什么是信息：生物域符号域、技术域和经济域里的组织繁衍［M］．何道宽译．北京：中国大百科全书出版社，2019：155－158.

③ ［加］洛根．什么是信息：生物域符号域、技术域和经济域里的组织繁衍［M］．何道宽译．北京：中国大百科全书出版社，2019：79、127.

传播活动中有限部分的特定位面。

洛根的理论并非什么全新的观点，所谓的学习信息与符号学中的“元语言”、语言学所讨论的“语境”、文化研究所关注的“结构”等关键概念高度通达。学习信息理论的价值更多体现在其学理背景和理论路径。洛根从物理、生物学出发对人文主义的“关系”做出了说明，这本身就证明了所谓的范式的壁垒并非牢不可破，也证明人文主义的讨论与“科学”并不冲突。如前文所述，当前部分研究过于强调两种媒介观念及其所代表的学术范式的对立，然而这种二元论并不利于我们真正了解“媒介”。洛根作为一名物理学博士出身的学者也对所谓的科学范式做出了反思，他强调：“如果根除科学、社会研究里的主观性，社会科学的表述本身就是自相矛盾的。”[①] “科学话语”的确定性也有其语境范围，正如物理学在亚原子粒子层面也充满不确定性，社会领域的研究更不应当自囚于所谓范式的约束。

① ［加］洛根．什么是信息：生物域符号域、技术域和经济域里的组织繁衍［M］．何道宽译．北京：中国大百科全书出版社，2019：27.

第二章　媒介与人的生存

当人们把媒介视为文化关系的隐喻时，可以说在人类文化各个时期和领域的思想成果中都不难找到相似的学说。如果说凡是将“结构”视为一种信息的讨论都抱有此种观念，那么它实际更像是一种研究视角，即以一种形式结构的思维去考察文化问题。因此，哲学、文化研究、传播学、符号学等领域学者都会涉及此种媒介观念。

在此，笔者无法穷尽此种观念在各个领域的运用，因而选择以麦克卢汉的理论为代表剖析媒介的关系论。作为媒介研究领域的集大成者，麦克卢汉可能是最早跳出媒介所承载“内容”，转而集中关注“媒介形式”对社会文化的塑造的学者。虽然他的语言晦涩难懂，行文逻辑反线性跳跃，但是他所倡导的研究视角无疑成了后续一切媒介研究的基石。麦氏的理论作为关系论的典型例子足够说明此种观念的特征，因为他的论述涉及媒介的影响、媒介与个体、媒介与我们身处的环境等方面，覆盖了现在媒介关系论可能涵盖的各个层级。总之，媒介研究领域的兴起离不开麦克卢汉的理论奠基。

一、媒介即讯息——媒介的影响力

麦克卢汉的主要理论贡献普遍被归纳为四大命题：媒介即讯息、人的延伸、冷热媒介论和媒介四定律。[①] 他一生研究的问题相当明确且统一——从《机器新娘》到《媒介定律》，麦克卢汉始终在追问同一个问题：媒介活动是如

---

① 何道宽. 麦克卢汉的昨天、今天和明天：纪念麦克卢汉百年诞辰［J］. 国际新闻界，2011，33（07）：6—12.

何塑造、改变人与外部世界的关系并影响社会文化的？麦克卢汉认为对社会文化影响更深刻的是人们借以交流的媒介，而非内容。他说："媒介本身成了讯息，而不是其内容成了讯息。"① 麦氏进而将这一观点提炼精简，提出了媒介研究领域最伟大的命题："媒介即讯息。"这句"箴言"一举打破了实证主义传播学所秉持媒介"载具论"的桎梏，将媒介作为一个主体搬上了传播学的舞台中央。由此，一个新的领域——当前意义上的"媒介研究"——正式诞生，它也成了传播研究近50年来最有活力和理论建树的学术阵地。

在麦克卢汉看来，媒介之于人就像我们的感知器官一样，都是嵌入主体与外部世界间的中介——个体所感觉、经验到的"真实"都需要经过某种途径，所以身体是原初的中介，而后的一切技术则成了它的"延伸"。麦氏曾简单地阐述过人与媒介的关系，他说："我认为技术是我们身体和官能的延伸……它们都是我们身体各部分的延伸。为了对付各种环境，需要放大人体的力量，于是就产生了身体的延伸。"②

"媒介即人体的延伸"，但是媒介对感官的延伸往往是不均衡的，或者说它总是倾向性于加强某些感官而遮蔽其他。因此，一个时代的主导媒介总会在众人的使用中潜移默化地形塑着人们的感知，进而影响到人感知世界和行为的方式——或者用麦氏的话说：它带来了"新的尺度"。为了论证自己的观点，麦氏通过为媒介技术分期将人类文明划分为三个阶段：口语传播时代、文字（印刷）传播时代和电子传播时代。他认为：原始时代的部落人以最原初的方式使用着他们的感官，他们拥有完整而和谐的感知；而文字媒介则具有典型的视觉倾向，它成为主导媒介后，塑造了人类的线性逻辑、个人意识和专门化的知识，此时人类文化也走向了分离的"去部落化"；最后出现的电力技术则是对人诸感官的全面延伸即中枢神经系统的延伸，电子媒介"以技术浪漫的方式带来了统一性"③，社会"重返部落化"走向"地球村"。

新的"尺度"带给我们与世界发生关系的新途径，由是，媒介作为一种信

---

① ［加］麦克卢汉，秦格龙．麦克卢汉精粹［M］．何道宽译．南京：南京大学出版社，2000：278，279.

② ［加］麦克卢汉．麦克卢汉如是说：理解我［M］．何道宽译．北京：中国人民大学出版社，2004：122－123.

③ ［英］霍洛克斯．麦克卢汉与虚拟实在［M］．刘千立译．北京：北京大学出版社，2005：81.

息进入了我们对世界的经验演化过程。从“自我”生成的角度来看，媒介通过改变我们与社会的互动方式，将会影响我们从社会互动中生成的“客我”，进而可能会产生不同的人格。从社会文化角度来看，人经由某种媒介而与周围环境发生的关系本身都沾染了媒介带来的特性，媒介所带来的“尺度”意味着媒介的使用者通过不同的方式构建彼此间的关系组合，卷入社会活动。社会是“人们交互的产物”①，当媒介技术的革新从方方面面改变我们的交互方式，社会文化的面貌自然随之而变。

二、生活在媒介中的人——从两个生物学隐喻说起

上文简述了麦氏大体的媒介理论，然而其间仍有一些细节值得我们深入探讨：媒介对人的意义是什么？为何媒介能延伸我们的身体？媒介的延伸如何创造环境？环境又意味着什么？麦氏理论的迷人之处也正是它被人诟病的地方。他几乎从不驻足某一点，在这些关键的逻辑环节他惯常用一个隐喻去解释另一个隐喻，而非展开推论和证明，因而给我们留下了大量的解释空间。郭庆光干脆认为：“鉴于麦克卢汉本人的文体，引用解释他学说的人所著的论文往往效果更好一些。”②

麦克卢汉留下的文本不好解读，但是在总体思路上他的观点主要是围绕两个“生物学隐喻”展开。这两个隐喻分别从两个层面论述了人类文化的特殊性及其与媒介的关系：其一是讨论媒介与作为个体的人的关系，其二是关于人与生存的世界的讨论。麦克卢汉虽然并未言明，但当他将人及其所生存的环境与其他动物、自然环境类比的时候，事实上说明了人作为“文化动物”或者说“符号动物”的特殊性——这也正是关系论得以成立的逻辑基础。

（一）人与媒介——人的体外进化

E. M. 罗杰斯通过对其书信和文章的梳理发现，麦克卢汉的媒介理论深

---

① 陈国强．简明文化人类学词典［M］．杭州：浙江人民出版社，1990：275-276．

② 郭庆光．传播学概论［M］．北京：中国人民大学出版社，2011：63．

受人类学家爱德华·T. 霍尔（Edward T. Hall）的启发。① 霍尔先于麦氏提出了技术为“人体延伸”的问题，他在1959年出版的著作《无声的语言》中写道：

> 今天，人实际上在他过去用身体所做的一切事情中都完成了人的延伸。武器的演进开始于牙齿和拳头，终止于原子弹。衣服和住宅是人的生物学温度控制机制的延伸……实际上，一切人造的东西都可以当作是过去用身体或身体的一部分所行使的功能的延伸。②

麦克卢汉在给沃尔特·翁的信中专门强调这段文字说：“请看霍尔《无声的语言》第79页。他在那里指出的方法，难道不是我们在这里研究媒介的方法吗?”③ 他评价道：“爱德华·霍尔提供的东西和我不一样，但殊途同归，大有裨益。”④ 或受霍尔的启发，麦氏收获了其媒介理论的一大基本视角——将“媒介”视为身体在“功能等价”意义上的延伸。⑤ 基特勒（Fredirch Kittler）评价麦克卢汉的研究是以身体的视角出发考察技术，而非相反。⑥ 麦克卢汉由其著名命题“媒介即身体的延伸”出发，指出媒介在“延伸”我们身体的过程中构成了我们身体的一部分。“人”在麦氏这里不再是一个恒定的物质，而是存在于与媒介技术互构的过程中，用麦克卢汉的话来说：“我们塑造了工具，此后工具又塑造了我们。”⑦

基于此，麦克卢汉的理论与西方技术进化论发生了勾连。麦克卢汉正是通过“体外进化”的视角对个体与媒介技术的关系做出了说明。所谓“体外进化”意在修正进化论对人类社会解释效力的不足。持此观点者认为达尔文的经典进化论只关注动植物器官作为生产工具的是怎样形成的，而未考虑到人作为

---

① Rogers，E. M. (2000). The extensions of men: The correspondence of Marshall McLuhan and Edward T. Hall [J]. Mass Communication & Society，3 (1)，117-135.

② [美] 霍尔. 无声的语言 [M]//[加] 麦克卢汉、秦格龙. 麦克卢汉精粹. 何道宽译. 南京：南京大学出版社，2000：152.

③ [加] 莫利纳罗. 麦克卢汉书简 [M]. 何道宽译. 北京：中国人民大学出版社，2005：327.

④ [加] 莫利纳罗. 麦克卢汉书简 [M]. 何道宽译. 北京：中国人民大学出版社，2005：327.

⑤ 李曦珍，楚雪，王晓刚. 媒介是人的进化式延伸——达尔文“进化论”视阈下的麦克卢汉“延伸论”透视 [J]. 甘肃社会科学，2011 (04)：139-141.

⑥ [美] 盖恩，比尔. 新媒介：关键概念 [M]，刘君，周竞男译，上海：复旦大学出版社，2015：108.

⑦ [加] 麦克卢汉. 理解媒介：论人的延伸 [M]. 何道宽译. 北京：商务印书馆，2000：14.

社会动物的特殊性。[①] 这种说法在马克思、恩格斯那里就已经被讨论过了，此后这一问题以不同的术语面貌出现在人类学（体质人类学）、技术哲学、生物学等领域。卡尔·波普尔（Karl Popper）曾援引塞缪尔·巴特勒（Samuel Butler）对所谓“体外进化”做出的总结：

> 动物的进化大部分（虽然不是全部）通过器官（或行为）的改变或新器官（或行为）的实现来进行。人类的进化大部分通过发展人体或人身之外的新器官来进行，生物学家称之为“外体的”［exosomatically］或“人身外的”。这些新器官是工具、武器、机器或房子。[②]

波普尔认为，虽然在其他动物中也能发现体外进化的原始开端，然而只有人在这些工具、技术的使用中给语言（描述和辩论的能力）增添了新的功能。[③] 麦克卢汉正是以此思路来看待媒介所造成的影响，他指出媒介的延伸在一定程度上可以称为“进化的延伸”[④]。麦克卢汉亦曾援引汉斯·哈斯（Hans Hass）指出了体外化的几大优点：(1) 它们不用经常补充营养，因而节省能源；(2) 它们可以被抛弃或储存起来，这是进一步节省能源；(3) 它们可以互换，使人变得专门化，扮演许多角色，所以用手执矛，人就成为猎手，用桨划独木舟，人就可以航海。[⑤]

体外进化理论为“媒介即身体的延伸”这一命题给出了一个有力的解释：生物进化本质是其器官作为工具的进化，生物分化出不同的器官形态的动力源于适应外部环境的需要；而人是一种独特的“肉体+工具”结构的超生命物质形态。[⑥] 人类倾向于肉体保持稳定而通过制造出不同的工具完成对环境的适应。从这个角度出发，我们对“人为何依赖媒介”以及“媒介如何影响人”就有了更深层的认识——媒介和我们融为一体，我是什么样的“人”与我所使用

---

① 马克思恩格斯全集（第23卷）［M］. 北京：人民出版社，1975：410.

② ［英］波普尔. 客观知识［M］，舒伟光等译. 上海：上海译文出版社，1987：250.

③ ［英］波普尔. 客观知识［M］，舒伟光等译. 上海：上海译文出版社，1987：250.

④ ［加］麦克卢汉. 麦克卢汉如是说：理解我［M］. 何道宽译. 北京：中国人民大学出版社，2006：104.

⑤ Hass，H.（1970）. Humananimal［M］. New York：GPPutnam'sSons，101. 转引自［加］麦克卢汉. 麦克卢汉如是说：理解我［M］. 何道宽译. 北京：中国人民大学出版社，2006：188.

⑥ 李曦珍，楚雪，王晓刚. 媒介是人的进化式延伸——达尔文“进化论”视阈下的麦克卢汉“延伸论”透视［J］. 甘肃社会科学，2011（04）：139-141.

的媒介息息相关，媒介的发展过程一定程度上转变成了“人的进化”过程。

体外进化的模式在生存的竞争中为人类带来了巨大的优势，但麦氏对这种奇特的进化路径所带来的后果也表示了忧虑。麦氏认为，正因为人的独特进化方式，我们的间脑、神经和脑干已经停止了进化，人类已经无法对环境和人造环境做出回应。[①] 这一观点也得到了生物学的实证支持。马文·哈里斯（Marvin Harris）发现，现代智人出现以后近10万年里，人的大脑平均体积不仅没有增大反而有所减少，然而同期人类社会文化体系的复杂性和变化速度却大大增加了。[②] 这无疑与人类的新进化方式息息相关，我们将原本交由大脑处理的环境信息交给了人类文化的复杂网络。这也能解释我们对媒介影响和媒介所形塑“环境”的“自恋性麻痹”是如何产生的：对媒介环境的无视不仅是因为我们“身在此山中”的视角遮蔽，更因为我们的感知系统（“中枢神经”）对外部环境的反应从根本上而言就是迟钝的。现代人类早已经适应了使用工具，然而人工制品与人体组织毫无关系，它们不能与我们的神经系统整合起来，脑干在人之为人的初期就完成了它的编码，而后对这些体外工具的存在无动于衷。

虽然麦克卢汉一直强调自己不会创建一套理论体系，但是他在晚年依旧为我们留下了“媒介四定律”，麦克卢汉将其视为应对我们的麻木的“新的生存策略”。[③] 麦氏生前的最后一次公开演讲再次论述了媒介与人的关系，讲稿出版时编者在前言中说道：“人工制品是人类进化的构造成分，这是达尔文做梦也没有想到的。”[④]

（二）环境与媒介——媒介创造“世界”

麦克卢汉认为媒介技术是人与外部世界互动的中介，因而是人的延伸。[⑤]

---

① ［加］麦克卢汉．麦克卢汉如是说：理解我［M］．何道宽译．北京：中国人民大学出版社，2006：193—194.

② ［美］哈里斯．文化人类学［M］．李培茱，高地译．北京：东方出版社，1988.35.

③ ［加］麦克卢汉．麦克卢汉如是说：理解我［M］．何道宽译．北京：中国人民大学出版社，2006：192—193.

④ ［加］麦克卢汉．麦克卢汉如是说：理解我［M］．何道宽译．北京：中国人民大学出版社，2006：188.

⑤ ［加］洛根．被误读的麦克卢汉：如何矫正［M］．何道宽译．上海：复旦大学出版社，2018：44.

从这个标准出发，他说："人的一切人工制品，包括语言、法律、思想、假设、工具、衣服、电脑等，都是人体的延伸。"① 长期以来，这种泛媒介论为他招致了大量的批评和诋毁，然而直到生命的最后阶段麦氏始终坚持他的观点。麦氏强调他所论及的技术都具有语言性质的结构，从这点而言所有的人体延伸方式与语言并没有什么区别；② 而在麦克卢汉看来，语言给人们提供了一种看待世界的立场与观点。③批评者在批判麦克卢汉的"媒介"漫无边际时却未曾注意，麦克卢汉所讨论的"媒介"在很大程度上已经超出了他们所划定的"传播学科"范围，麦氏的文字流露出的是一种人文关怀，即人如何存在于世，如何与这个世界"交流"。要深入理解麦克卢汉的"媒介"概念，还需要将其置入"环境"的大背景下，从其与我们生活的世界的关系中展开认识。

麦克卢汉所谓的"媒介"无疑是一种建构现实的力量——正如他所说："每一种媒介都立即对人的交往模式进行重组，实际上造就了一种新环境"④，媒介首先参与了人"身体"（感知系统）的生成，进而建构了我们所处的环境。从这个角度而言，麦氏的媒介观也应当归为所谓的"媒介的建构观"⑤。这里有必要区分的是，麦克卢汉与从媒介内容入手的"拟态环境论"者不同，由于他从"感知"出发来理解环境，在他这里"环境"不再有"拟态"和"真实"的区别：人体及其延伸（媒介）所能触碰到的边界就是感知到的边界，由此我们所能认知的一切"环境"都是"媒介环境"。麦氏笔下的"环境"意涵十分复杂："环境"是一个容器，是人的"身体"产生并展开活动的地方；它也是对容纳物的一种影响和塑造力量；同时环境还是不断变化的，塑造"身体"的同时也被"身体"塑造。⑥ 然而与麦克卢汉笔下的大多数关键概念一样，他虽然反复强调"环境"的重要性，却从未对它做出一个明确的定义。

---

① ［加］麦克卢汉．麦克卢汉如是说：理解我［M］．何道宽译．北京：中国人民大学出版社，2006：192.

② ［加］麦克卢汉．麦克卢汉如是说：理解我［M］．何道宽译．北京：中国人民大学出版社，2006：196.

③ ［加］麦克卢汉．麦克卢汉精粹［M］．何道宽译．南京：南京大学出版社，2000：119.

④ ［加］麦克卢汉．麦克卢汉如是说：理解我［M］．何道宽译．北京：中国人民大学出版社，2006：Ⅶ－Ⅷ.

⑤ 江根源．媒介建构观：区别于媒介工具观的传播认识论［J］．当代传播，2012（03）：32－35.

⑥ 刘婷，张卓．身体－媒介/技术：麦克卢汉思想被忽视的维度［J］．新闻与传播研究，2018，25（05）：46－68＋126－127.

在“感知”与建构“环境”的问题上，麦氏的理论再次与生物符号学形成呼应。德国生物学家于克斯库尔认为生物除了生活在物质环境中，更生活在它们经过感知活动而形成的主观世界中。他提出“umwelt”即“心相世界”① 概念来描述生命体于周遭世界活动中形成的主观世界。于克斯库尔指出：生物体实际是一个不断地对符号进行分析的“生命结构体”，分析的结果就是形成一个完整的心相世界。受制于感官结构的不同，“每一个生命体的结构都使得它自身只能感知外在世界的一部分……这个世界的一部分或全部对其他物种而言是不存在的”②，因此于氏认为每一种生物一个世界（心相世界）。例如，主人和狗生活在同一物理时空但是分处两个心相世界，房屋中的物品在狗和人的视域下完全是不一样的，对人而言的种种器物在狗的感知中就只具有吃喝的意义或者根本只是障碍物；同样，同一棵树在鸟儿和虫子的世界中也是不同的。③心相世界是由生物的意义活动创生的，由意义的集合填充而成，实际是一个意义的世界。于克斯库尔将这个世界比喻为一个气泡，因为它是不可见的，它并非一个物质实体而是由意义关系编织而成。④

这两种分属不同学科背景的理论，不约而同从“感知官能”来探查我们与存身之世界的关系，最终殊途同归，都从生物主体能动性的角度对“进化论”的环境单向决定论做出了反驳：于克斯库尔强调生物体和环境的共构关系⑤；而麦克卢汉也颇为自豪地宣称，“达尔文心目中的人是包裹在环境之中的人，他从来没有想到，可以把环境作为进化过程来编程”⑥。麦氏与于氏的理论在某种程度上实际是在讨论同一问题的不同位面：他们研究的都是生命主体如何

---

① 洪振耀借用佛教思想中“法相万千”“万法唯心”的提法，将 umwelt 翻译为“心相世界”。参见洪振耀. 从浪漫科学谈生物符号学［J］. 中外文学，2005，34（7）：85-109.

② Deely，J. N.（2003）. The Impact on Philosophy of Semiotics：The Quasi-error of the External World with a Dialogue Between a “semiotist” and a “realist”［Z］. 29. 转引自赵毅衡. 哲学符号学：意义世界的形成［M］. 成都：四川大学出版社，2017：5.

③ Von Uexküll，J.（1982）. The theory of meaning［J］. Semiotica，42（1）：25-79.

④ Deely，J. N.（2003）. The Impact on Philosophy of Semiotics：The Quasi-error of the External World with a Dialogue Between a “semiotist” and a “realist”［Z］. 29. 转引自赵毅衡. 哲学符号学：意义世界的形成［M］. 成都：四川大学出版社，2017：5.

⑤ 代玮炜，蒋诗萍. 从符号域到生命符号学：塔尔图对符号界域的推展［J］. 江西师范大学学报（哲学社会科学版），2014，47（04）：83-86.

⑥［加］麦克卢汉. 麦克卢汉如是说：理解我［M］. 何道宽译. 北京：中国人民大学出版社，2006：104.

调动自己的感知来主动理解环境、适应环境乃至改变环境；不同之处在于：于氏关注的是感知所生产的结果，即一个“意义集合”（心相世界），而麦氏则专注于讨论人这一个特殊物种感知结构变化所造成的影响。在这个意义上，两者恰为彼此的理论补齐了缺失的一角：于克斯库尔主要讨论生物学意义上生命体所创造的心相世界，却并未论证其理论对人类这一独特生物的适用性①，这种遗憾无疑在麦克卢汉所谓“媒介即人体的延伸”中被部分补足；而于克斯库尔提出的主观世界观点也在一定程度上为麦氏笔下模糊的“环境”概念做出了说明。

首先，心相世界理论对麦克卢汉“感官的延伸引起社会文化巨变”的观点做出了论证：人作为一种有意识的生物，所生活的“世界”是以感知能力为基础，通过赋予一切感知对象以意义而建立的；从这个角度出发，不同媒介的使用不仅是对信息交流方式的改变，其更深远的影响在于对人类“世界”的重塑。据此理解社会文化为何随媒介技术变迁也就顺理成章。每一种新媒介的引入通过影响我们与世界打交道的方式，都或大或小地部分改变了我们对对象事物的认知；而划时代的媒介技术变革——从口语到文字、文字到电子技术——则可能直接重塑我们的意义世界。这种影响在当下实在常见，已然明显地体现在了“互联网一代”与父辈的文化差异中，自书面文化成长起来的人与互联网时代的新生代对世界、社会和他者的理解都存在明显的差异，这不仅仅是由时代背景造成的“代沟”，更与他们了解外部世界时使用的工具有关。虽然物质形态上的世界依旧是那个世界，然而媒介的变迁导致我们与它的互动和解释方式完全变了，社会文化作为意义的总和自然也随之改变。

其次，于克斯库尔的心相世界理论也指明了我们理解麦氏笔下复杂的“环境”概念的可行路径。“媒介环境”与“心相世界”一样，都是生物主动通过感知活动与世界互动而形成的，它的含义如此复杂，恰好因为它不是以物质形态存在，而是一个为人所建构的“知觉空间”，因此我们才能通过感知方式的变动为其“编程”。“环境”由感知的“延伸”所塑造，而在麦克卢汉理论中所谓“延伸”始终是逻辑层面的“功能延展”而非物理事实层面上对感官的扩张和加强。麦氏其实说得很清楚：货币是“内心希望和动机的延伸”，数字“是

---

① 赵毅衡. 哲学符号学：意义世界的形成［M］. 成都：四川大学出版社，2017：9.

我们最亲密、相互关系最深的活动（即触觉）的延伸"[①]。这种"延伸"已然无法直接对应生理意义上的感官，而只具有功能形式上的相似性。人的感官由生理结构所决定，任何技术的使用必然不可能直接拉长我们的眼睛或是扩宽耳道，"感知"被延长是指我们与他人，与自然世界交流方式的改变。"感知"和"延伸"都只是一种比喻。

媒介技术如何形塑我们对"世界"的认识？林文刚在梳理"媒介环境"这一概念时给出了一个参考答案。他认为"作为环境的媒介"可以从两个层次理解：首先是作为感知环境的媒介。在"生理—感知"层次上，媒介技术是感知功能的延伸，不同的媒体技术通过重构人的感知比例来影响我们对感官资料的接收，进而影响我们对世界的感知。其次在符号层面，每一种媒介也都有自己的符号结构，我们在运用媒介时也将自己融入其中。林文刚借用维特根斯坦的话对此做出了精彩的解释，他说："我们知识的局限就是我们世界的局限，因为语言的内部符号结构或逻辑是我们认识世界的参数，在这个参数之内，我们构建关于我们信念之中的周围世界的概念或理念，这个世界是我们'认为'或'了解'的世界。"[②]

林文刚的说法清晰明了，然而这种划分只存在于逻辑层面。他自己也意识到人在使用媒介时并非会有意识地区分感知层面和符号层面，二者是浑然不分的，需要视为一个整体来理解，然而这两个层面究竟如何作整体理解？他却始终未能言明。[③]

林文刚未能说通的道理在于克斯库尔这里有了答案。在符号学领域，这个问题已经梳理得十分清楚，"感知"与"符号"确实是我们与自然互动的两个方面，然而它们却并不是两个平行的"层面"，而是同属于一个意义生成的过程。于克斯库尔在探究生物符号之初就提出：生物都是追求意义的，生命的活

① ［加］麦克卢汉．理解媒介：论人的延伸［M］．何道宽译．北京：商务印书馆，2000：145—158，172—186.

② ［美］林文刚．媒介环境学：思想沿革与多维视野［M］．何道宽译．北京：北京大学出版社，2007：27—28.

③ ［美］林文刚．媒介环境学：思想沿革与多维视野［M］．何道宽译．北京：北京大学出版社，2007：27—28.

动都应该放在寻求意义的基础上来探究。[①] 于克斯库尔认为：必须通过个体心相世界的调整才能将出现在生物体面前的每个物体识别为符号（意义的载体），否则生物将完全忽略其存在。[②] 这也即是说，任何一种感知都必须携带上意义而称为符号，否则它就无法被生物所认知。林文刚将“感知”与“符号”的界限处理得过于绝对化，然而所谓“符号”本就是“携带意义的感知”，哪怕是不加解释的直观感觉也至少有一只脚迈入了“符号领域”。[③] 格式塔心理学家业已证明，具有不同知识和经验的主体对于同一事物的感知都是不同的[④]，这说明“感知”的运作本身也受个体的“符号语境”的影响。生物所获取的“直观感觉”要影响行为就必先进入认知范畴而携带意义，因此可以说所有感知都指向（或至少是潜在的指向）意义的获取。

林文刚将感知与符号问题分为两个层面，实质上是将符号环境与技术环境鸿沟化[⑤]，便于理解却造成了新的矛盾。当然，媒介环境学派主要关注的是媒介技术对社会的影响，而意义问题却要求在超越“媒介”这一元素的全文本层次讨论，在此意义上环境学派似乎也没有义务去弥补这一“鸿沟”。作为解读者，我们却有必要将麦克卢汉未强调的“意义”元素补全，如此才能更好地理解其媒介理论。传统批判者正是紧盯麦氏“媒介技术—感知—行为/文化”的结构来批判他是“技术决定论”，然而麦克卢汉并未将媒介与行为直接连接，而是诉诸“场”“环境”的影响，在麦氏“万物皆媒”（软件、硬件、内容、载体）的视域下，这一结构已然包含了可能构成意义世界“全文本”的诸种要素，在这种情况下他所谓的“决定论”恐怕并不是什么狭隘观点。

---

① 彭佳，汤黎. 与生命科学的交光互影：论尤里·洛特曼的符号学理论［J］. 俄罗斯文艺，2012（03）：116—119.

② 洪振耀. 从浪漫科学谈生物符号学［J］. 中外文学，2005，34（7）：85—109.

③ 赵毅衡. 符号学原理与推演［M］. 南京：南京大学出版社，2011：1.

④ 石磊，崔晓天，王忠. 哲学新概念词典［M］. 哈尔滨：黑龙江人民出版社. 1988：208.

⑤ 胡易容. 媒介环境学派的理论困境与符号学取向［J］. 编辑之友，2015（02）：70—74.

三、“万物皆媒”何以可能

（一）媒介关系论的困局

媒介关系论极大地扩展了媒介研究的视域，却又引出后续媒介研究中的另一个问题：不加框定地在各层次混乱使用“媒介”这一概念。正如丹尼尔·切特罗姆（Daniel Czitrom）所意识到的那样：“曾经围绕着传播这个词所产生的语义学上的那种模糊，现在似乎又围绕着媒介这个越来越含混的词而重新出现。”[①]

这个问题似乎在媒介环境学派奠基人麦克卢汉那里就初显端倪。麦克卢汉对问题的讨论和行文方式一直备受争议，他“探索而不做结论，并置而不做分析，铺陈而不做归纳，发现而不做判断，定性而不定量，求形而上而不求实证”[②]。严格来说他甚至并未对自己讨论的核心概念“媒介”做出一个准确定义。什么是媒介？麦克卢汉说：“媒介即讯息”“媒介即人体的延伸。”那么何为延伸？麦克卢汉认为人的延伸包括“人的一切人工制品”[③]。仅在《理解媒介：论人的延伸》中麦克卢汉就列举了道路、飞机、游戏等 21 种媒介。[④] 他对媒介的讨论在不同层次、维度之间高速漂移：作为知识的技术、作为实体的技术产品、作为符号系统的文化产品、作为工具的自然物……如此论述并无法框定“媒介”概念的内涵与外延，难称“定义”。持媒介关系论的学者大多继承了麦克卢汉的“泛媒介”观点，梅罗维茨解释他所使用的媒介概念时写道：

> 传播媒介这个术语，指除了直接的面对面传播模式外，信息在人中间传播的所有渠道和手段。我使用这个术语时，书信、电报、电话和收音机都是媒介的实例；语言和非语言行为则不是。媒介同时是许多东西：技

---

① ［美］切特罗姆．传播媒介与美国人的思想——从莫尔斯到麦克卢汉［M］．曹静生，黄艾禾译．北京：中国广播电视出版社，1991：198.

② ［加］伊尼斯．帝国与传播［M］．何道宽译．北京：中国人民大学出版社，2003：12.

③ ［加］麦克卢汉．麦克卢汉如是说：理解我［M］．何道宽译．北京：中国人民大学出版社，2006：192.

④ 参见［加］麦克卢汉．理解媒介：论人的延伸［M］．何道宽译．北京；商务印书馆，2000.

术、文化制品、个人财产、存储和检索文化内容与形式的载体，以及政治和经济工具。①

不难发现，此种罗列恐怕可以无休止地进行下去，对象依旧跨多个维度，也难称为一种“定义”。针对这种混乱，有学者干脆将把此类概念打包称作“媒介类”。②

后续学者或是对这类媒介观抱以批判态度，或是不加分辨地挪用，却少有人注意到此种媒介观成立的逻辑基础。麦氏的语言是模糊的，但其逻辑却是清晰、连贯的。可以说，麦克卢汉的“媒介”，考量的是其对人与世界关系的影响作用，是存在于逻辑上的“关系中介”，在这一逻辑基础上，上述种种才能一并被归为媒介。梅罗维茨曾以比较的方式，清楚地说明了媒介关系论者与此前实证功能主义学派在“媒介”理解上的差异。梅罗维茨指出经验主义媒介效果研究实际是在使用相同的套路去解释不同技术下的媒介产品，却对媒介本身视若无睹；然而这种被广为采纳成主流的研究方法相较于其他研究领域实属异类：例如研究工业革命的学者，就几乎不会有人将研究对象限制为新机器生产出的某种物品。相反，历史学家、社会学家们就很明确，他们关注的是整体“社会生产方式”所造成的影响。③ 媒介的关系论旨在探讨宏观“媒介形式”与整个社会文化之间的关系。

关系论所谓的媒介指涉太广，这一定程度上成了理解其思想的阻碍；然而当下媒介概念混乱最重要的原因则在于大量的研究者未意识到关系论与载具论所谓的“媒介”并不可等同。这种混淆可谓“源远流长”，传播学“创建者”“集大成者”威尔伯·施拉姆（Wilbur Schramm）在《传播学概论》中就将麦氏理论视为一种扩展观点而纳入其实证主义的媒介理论框架，在一整章中他都将“信道”与麦氏媒介概念混用④，显然未曾意识到他与麦氏所谓媒介根本不是同一个概念。此后国内外的传播学教材不少都在这一点上紧

① ［美］梅罗维茨．消失的地域：电子媒介对社会行为的影响［M］．肖志军译．北京：清华大学出版社，2002.

② 沈继睿．媒介技术本体论的边界区分［J］．自然辩证法研究，2014，30（09）：58－63.

③ ［美］梅罗维茨．消失的地域：电子媒介对社会行为的影响［M］．肖志军译．北京：清华大学出版社，2002：12.

④ ［美］施拉姆，波特．传播学概论［M］．陈亮，周立方，李启译．北京：新华出版社，1984：136.

跟上了施拉姆的脚步。

这种混乱遗留至今。部分研究者采用环境学派“泛媒介”的观念却忽视了此观念成立的逻辑基础，抛弃了环境学派真正的价值，仅引入了术语上的混乱：一些研究急迫地将传统媒介之外的事物——例如博物馆[①]、体育[②]、某类建筑等——置于“媒介”范畴展开分析，然而研究者对何为“媒介”缺少判断标准。这些研究一方面急于证明对象如何携带“内容”而成为“媒介”，然而无视他们所谓的“信息”传递过程并不存在“发出者”，这与经验主义范式下所谓的“信息”完全不是一个概念；另一方面，研究者又不考察对象如何“延伸人体”，即如何构建人与周遭世界的关系，更算不上环境学派意义上的“媒介”。此类研究看似创新，实际上可套入一切事物，如此“理论扩展”，其价值值得商榷。

究其原因，我们惯常使用的“媒介”概念往往是含混的，它至少有两个意涵，游移于“能指形式”与“载体物理形式”之间——对二者的混淆，导致我们常将物理实存直接与表意方式对应——正是这种误读而非理论家的论述本身，落入了呆板的技术决定论困局。研究者必须用一个符号为他所讨论的对象（某媒介）“命名”，然而它并非对对象的摹状，而是基于“对某些历史事件及其因果影响的了解”[③]。虽然英尼斯（Harold Innis）等学者的偏向论也从内容载体的物理特性谈起，然而他们的论证语境是界定明确的，其媒介物的物理属性被限定于信息承载功能之下。当麦克卢汉以万物为媒时，他所讨论的与其说是物质载体意义上的媒介，不如说是作为意义图式表征的媒介；它用某“媒介”之名所指称的，是那些已然作为特定用具的对象——并非特定媒介物限定了意义如此发生，而是我们将导向如此意义活动的对象按惯习称呼为某媒介。媒介理论中的“媒介”，往往内含一整套所言说语境下媒介载体物的典型使用惯习，而非直接对载体做物质性的探讨。

克莱默尔（Sybille Krämer）就认为：“当我们接收到一个信息或符号，它

① 曹兵武. 作为媒介的博物馆——一个后新博物馆学的初步框架［J］. 中国博物馆，2016（01）：77－82.

② 李传武，赵歌，王建强. 体育媒介的理论溯源及与传统媒介关系的研究［J］. 体育科学，2007（01）：85－89＋96.

③ ［美］克里普克. 命名与必然性［M］. 梅文译. 上海：上海译文出版社，2005：3.

是‘在’某种技术装置‘之中’被给予的，完全为技术装置所浸透，以至于信息在技术物之外根本不可能存在。”也即是说，媒介仅仅“……是意义的‘剩余物’”。[①] 因此，广义的媒介讨论不是机械决定论的，因为这种探索不是讨论某一纯然物的确定导向，而是在某一事物如何在一种关系中成为其所是，讨论的是特定关系结构所导向的结果。

将媒介扩展为“一切关系的连接”，我们不需要举例“作为媒介的”某某与某某，这种推导一定程度上是因果倒置的，因为关系论并非对“媒介”外延的单纯扩展，而是发展自对其内涵的新诠释。它提供的是一个看待问题的新视角，正如力学、分子化学所展示的那样，当采取这种视角的时候“万物皆媒”是理论前提而非结论；而我们真正需要探索的是媒介关系论的工作假定是什么，即它在何种理论逻辑中成立。

（二）媒介关系论的理论逻辑

媒介概念的发展，与我们对传播活动的理解从“信号传递”转向“意义建构过程”是分不开的，只有在此视角下我们才能理解为何关系论将媒介从一种物质的信息载体扩展到一切关于社会关系、人与生存环境的隐喻。正如王阳所说：“由工具观向中介观的转换（本文称‘载具论’及‘关系论’），背后反映的是哲学认识论的变化——由实在论转向建构论，以及社会科学研究取向的变化——由结构功能论转向知识社会学。”[②]

建构论思想自古以来就存在于人文理论当中。苏格拉底（Socrates）的“精神助产术”和柏拉图（Plato）理念论中就已经蕴含了人主观思维活动建构知识的观念，此后从维柯（Giambattista Vico）对古希腊“论题法”的提倡到康德（Immanuel Kant）的哲学认识论，再到库恩（Thomas Kuhn）提出的“范式论”，都贯穿着建构论思想，最后建构论在70年代英国爱丁堡大学提出的“科学知识社会学”中最终成型并走向成熟。在20世纪末的后现代主义运动、“二次认知革命”中，建构论逐渐汇聚成了现代主义和后现代主义思潮之

---

① ［德］克莱默尔. 传媒、计算机与实在性——真实性表象和新传媒［M］. 孙和平译，北京：中国社会科学出版社，2008：74、69。

② 王阳. 新闻传播思想史研究的媒介观［N］. 中国社会科学报，2019-07-04（003）.

后又一席卷世界的学术思潮。① 总之，这种理论思潮自古就有，今天更活跃在几乎一切人文社科的研究领域中，它们都建基于对我们所生存之意义世界的探索。

首先，为什么是媒介？之所以将媒介问题置于讨论人类文化社会的核心，是基于这样一种观点：人不仅生活在物质世界中，更生活在一个意义世界中。

意义世界理论认为，物质世界是混沌的，它具有被人认识的潜力然而不可能被完全认识，人对它的理解永远只能停留在一定的层面和一定的范围内。② 这种认知局限不仅存在于人文学科感性的理解范围，在自然科学领域也是如此。蒋荣昌指出：科学也是意象的产物，只是在某种意象被确定后科学知识才得以确定。③ 虽然科学的语言被认为是对物世界"本来如此"的描述，然而它仍然是对现实的有限理解，其合理性不能超出一定的适用范围。科学发展至今，量子力学的"测不准原理"更是证明某些物质的存在可能根本就不具备可理解性。生物不能也没有必要认知到世界的全部，超出其生存需要的那部分反而会成为其认知的负担。④ 因此，人不是直接生活在物世界中的，我们只能生活在对世界的理解中，即一个由意义构成的世界。正如马克斯·韦伯所说："人是悬在他自己编织的意义网络中的动物。"⑤

万事万物要进入人的意义世界必须要能被感知。被感知到的事物在主体意向性压力下成为对象物（物的符号化），如此才能为我们所理解。⑥ 而感知本身是需要被传送的，媒介即是传输和储存符号的手段。⑦ 因此，我们的认识活动都需要经由一定的媒介才能实现。这也就能解释媒介概念为何能拓展到一切关系的连接，即广义上的"中介"。

媒介在使主体和对象相连时又是有倾向的。媒介直接影响我们对对象感知

---

① 罗英豪. 建构主义理论研究综述［J］. 上海行政学院学报，2006（05）：86—90.

② 赵毅衡. 意义世界的复数性与复合性［J］. 贵州社会科学，2017（08）：148—153.

③ 蒋荣昌. 人文学在什么意义上不是科学［J］. 西南民族学院学报（哲学社会科学版），1998（05）：18—31.

④ 赵毅衡. 符号表意的两个特征：片面化与量化［J］. 福建论坛（人文社会科学版），2012（05）：115—119.

⑤ 转引自［美］格尔茨. 文化的解释［M］. 韩莉译. 南京：凤凰出版传媒集团，译林出版社，1999：4.

⑥ 赵毅衡. 符号与物："人的世界"是如何构成的［J］. 南京社会科学，2011（02）：35—42.

⑦ 赵毅衡. 符号学原理与推演［M］. 南京：南京大学出版社，2011：120.

的方式、角度、程度，进而影响到我们意义的生成。就像那个著名的例子：通过电视和广播接收到肯尼迪与尼克松竞选演讲的观众，对竞选的结果做出了截然不同的判断；这是因为两种不同的媒介对所承载的符号内容有所偏好，分别放大了竞选者的某种优势。从这个角度可以说，不同媒介的特性具有类似“把关人”的功能，它决定了人可以以何种方式、在何种程度上感知对象。我们对对象的感知不可能超出观察工具的限制。因此，媒介无疑在很大程度上影响着我们的意义活动，而文化是社会的符号意义集合，自然也受到媒介影响。[①] 这也正是麦克卢汉的观点：一个时代的主要媒介往往塑造了该时代的文化特征。

我们生活在“人化”的意义世界，而意义的生成主要受到两个因素的影响，一个是我们观察的工具（媒介），一个是我们的意识究竟需要什么意义。[②] 在这两个变量中，人的意向性是主观而难以把控的，媒介的特性却是稳定且可以描述的。从这个角度而言，将媒介置于考察社会文化的核心位置也就顺理成章了。

那么，媒介又是如何影响我们的意义活动的?

媒介在物理层面限制了符号的形式和尺度[③]，在此过程中它为作过内容的符号文本赋予了某种秩序。人不可能完全认知一个对象，而我们能感知到对象哪一部分的观相是受到媒介限制的。经由媒介所传递的符号必须适合这种媒介的呈现，因此可以说媒介的形式为符号文本加上了某种结构。正如麦克卢汉所说，印刷术的技术特点使其承载的内容具有线性的、单向度的色彩，进而影响到了媒介使用者（读者）对世界的感知方式，塑造了他们的文化。[④] 这种影响力的方向是确定的，因为有了特定媒介技术的存在才有表达特点内容的可能。[⑤] 这正是洛根所谓的学习信息：媒介技术的组织结构本身就代表了一种信息。

“媒介即讯息，因为媒介即内容”，洛根指出媒介的内容就是它自身（作为一种组织方式）的独特属性。这种信息只有在媒介发生作用的时候才显现自

---

① 赵毅衡. 文化：社会符号表意活动的集合［J］. 社会科学战线，2016（08）：147－154.

② 赵毅衡. 哲学符号学：意义世界的形成［M］. 成都：四川大学出版社，2017：7－9.

③ 胡易容. 传媒符号学：后麦克卢汉的理论转向［M］. 苏州：苏州大学出版社，2012：126.

④ 参见［加］麦克卢汉. 谷登堡星汉璀璨：印刷文明的诞生［M］. 杨晨光译. 北京：北京理工大学出版社，2014.

⑤ 赵毅衡. 符号学原理与推演［M］. 南京：南京大学出版社，2011：127.

身，它独立于媒介运行又在媒介活动中实例化，媒介及其内容具有一种同形结构。[①] 例如印刷书、广播作为一种媒介，不是具体的某一本书或是某一台收音机，它们就存在于实例化的“内容”当中。从这个角度而言，发生了一个有趣的“反转”——媒介的信息反而需要由它的内容作为媒介来表达。叶尔姆斯列夫（Louis Hjelmslev）则直接将媒介视作符号系统的表达形式。[②] 因此，任何媒介活动都至少带有两种信息：其自身（组织）及其内容。媒介同时在其承载的符号文本构成的聚合、组合双轴上都发挥着影响，内容表达的形式同样具有意义。

意义活动需要经过媒介，我们作为使用者自然也收到了媒介本身传递的信息。媒介带来的信息，首先体现在其物理层面上的限制，其次体现在符号文本的呈现结构，最关键的是，思想也是一种符号组织[③]，对媒介的使用在潜移默化中直接影响着使用者的思维方式。布莱恩·阿瑟（Brian Arthur）分析发现技术是一种复杂的递归结构，也就是说任何一种技术都是由更次一级的技术构成的，它由次级技术有序连接构成，就决定了技术还是一种“流程”，任何技术的使用都需要按一定的过程“从头到尾”完成既定目标。

例如，收音机的运行就需要先接受无线电信号，并将其转换为微电压差；接着从信号中选取一个特定频率，然后从中分离出声音信息，再将这个结果放大后传入扩音器或耳机。[④] 因此，任何抽象的媒介技术知识被发明出来，实际就暗含了一套人看待、处理对象的思维顺序。对一种媒介技术的使用，首先会塑造人的行为模式进而是思维方式，最终形成某种“路径依赖”（Path-dependence），路径依赖对社会文化和制度的影响早已为学者们所证明。[⑤] 从“古登堡星瀚”文明到“沙发土豆”再到“互联网一代”的文化变迁就证明了

---

① ［加］洛根．什么是信息：生物域符号域、技术域和经济域里的组织繁衍［M］．何道宽译．北京：中国大百科全书出版社，2019：32.

② Hjelmslev，L.（1975）．Résumé of a Theory of Language（Vol. 16）［M］. Wisconsin：University of Wisconsin Press. 转引自赵毅衡．符号学原理与推演［M］．南京：南京大学出版社，2011：120.

③ 赵毅衡．思维-符号与心语说［J］．河南师范大学学报（哲学社会科学版），2016，43（05）：125－130.

④ ［美］阿瑟．技术的本质：技术是什么，它是如何进化的［M］．曹东溟，王健译．杭州：浙江人民出版社，2014：29.

⑤ 参见［美］诺思．经济史中的结构与变迁［M］．陈郁，罗华平等译．上海：生活·读书·新知三联书店上海分店，1994.

媒介影响的普遍性。

（三）媒介在生活中展开的几个维度

作为一种关系勾连的“媒介”，可以从几个维度进行划分。要厘清这个问题就还要从我们生活世界的复合结构说起。本文已经引述过于克斯库尔的关于生物主观世界的讨论，然而如上文所述，这种理论直接用在人类社会中是有缺陷的：于克斯库尔认为动物的心相世界由它们的生理结构决定的，一个物种一个心相世界；然而人的意识活动是多样化的，将全人类归纳到一个主观世界明显不合适。赵毅衡在于克斯库尔的基础上对人的意义世界进行了重新阐述，提出人生活的世界是复合的，且是复数的。[①] 人生活在意义世界和物世界形成的复合世界中，两个世界是相对独立的。物世界是外在于人而实际存有的，也是唯一的；意义世界则是人通过符号活动构建出来的思维意识世界。细分下去，其中物世界与意义世界的重合部分就是意义与物共同作用的“实践意义世界”；而物世界中不属于实践的部分是“自在物世界”，是存在于物世界中而未曾进入我们的意识中的，未知或是不可知的部分。而“思维世界”是意识世界中与实践脱离的部分，是纯思维活动构成的世界。并且，每一个释义社群都拥有一个相对独立的意义世界，个体则生活在其所属若干个社群意义世界的交叠部分。[②]借助这种划分，我们就能对媒介的作用进行下一个层次的划分。

一般认为劳动实践是人对物质世界的改造，是物理或化学意义上的运动过程，与传播活动或意义活动无关。然而，我们能够进行实践活动的世界必然是被赋予了意义的世界。实践意义世界由人对实在物的认知识别、理解判断和改造取效生成[③]，这三种活动都可能借助技术的帮助。人只有对实在物进行认知（无论这种认知是对是错）之后，才能在实在的物世界中展开实践活动，哪怕物理层面的实践操作也必然伴随计划和目的。也就是说，一种实践技术的使用过程，哪怕它作用于物质，也必然会影响到我们对世界的认知和意义生成。在这个层面上，专门承载符号文本的技术（即狭义的载具的媒介）与一般的技术没有本质区别，它们都影响着我们认知对象的意义活动。

---

① 赵毅衡. 意义世界的复数性与复合性［J］. 贵州社会科学，2017（08）：148－153.

② 赵毅衡. 意义世界的复数性与复合性［J］. 贵州社会科学，2017（08）：148－153.

③ 赵毅衡. 实践意义世界是如何从物世界生成的［J］. 南京社会科学，2017（06）：15－21.

一般的实践技术作用于实践意义世界，专用以承载符号的传播技术（狭义“传播媒介”）则还能通过其承载的符号文本直接作用于人的思维，以最为直接的方式影响意义活动。

此类技术则更为复杂，因为它呈现出一种嵌合结构，层层相套。内容文本的构成本身就是一个复杂的结构，如果要算上媒介的影响则更为复杂。以印刷书籍为例：印刷术在一定程度上制约了文字的表达方式，这是最外层的结构；而文字又是语言的组织形式，它为内容文本添加了又一层结构；最后语言本身也是一种组织，如沃尔夫-萨丕尔假说所言，不同的语言结构影响了人们对世界的认识方式。这也正是麦克卢汉所说的：“一种媒介的内容实际是另一种媒介。”①

综上所述，理解广义的媒介同时涉及思维及实践两大维度：首先是在实践层次，一切的人造物，包括狭义的媒介，都在实践过程中参与了我们意义世界的生成。它们通过参与我们对物质世界的改造、我们与他者的互动而为我们提供了认知、理解外部世界的方式，进而作用于我们的思维意义世界。正是在此意义上，万物皆媒，“媒介”又回到了广义上“中介”的意涵。其次，在众多技术中，又专有一类技术可以用于承载以某种语言形式为基础的符号文本，这些内容在一定程度上脱离了对实物的指涉而直接作用于我们的思维意识层次。

思维活动层次与实践层次相互联系，实践活动必将反映到思维意识层面，体现在文化中，而思维的活动最终将落实到实践中。也即是说，对任何一种媒介的考察，都必将同时涉及两个维度，媒介的影响是一种持续发展的循环过程。

从这个角度可以说，媒介载具论的局限就在于割裂了这两个层次。一方面，它无视传播与社会实践的联系，直接将内容与效果相联系；另一方面它又无视实践活动与意义活动的联系，将一众实践行为及其工具剔出传播讨论。学界诸多批评者已经证明，这种观点对传播活动解释力有限，根本原因在于我们生活的世界是一个立体的、多维度符合的意义世界，孤立任何一个层面都无法对其做出有效解释。

现实中媒介技术的革新远远比理论发展得要快，当我们还纠结于术语的纠

① ［加］麦克卢汉．理解媒介：论人的延伸［M］．何道宽译．北京：商务印书馆，2000：35.

缠、学派的对立、范式的冲突的时候，现实的发展早已一骑绝尘，将研究者远远甩在身后。行百里者半九十。本书尝试对现有媒介观念做出梳理，然而这距离真正理解“媒介”还有相当远的距离。对前人理论的回顾，不是为了争论孰对孰错，而是期望拾起前人在此道路上散落的点点理论光芒，为我们照亮前路，让我们走得更远。

第三章　媒介发展与“身体”的嬗变

媒介技术的发展会改变人们利用媒介进行交往的活动，媒介技术的变革对社会生活的发展乃至人类文明的演进都会产生不容忽视的影响。由此，传播学者们对于媒介技术发展、传播过程乃至产生影响都进行了多方面的研究，却往往忽视了在媒介技术中一直沉默着的最基础的存在——人的身体。正如前文所述，身体既是人与环境打交道的最基础的媒介，又是一切外部技术物的节点。

纵观当下关于媒介技术的传播学研究，对于身体问题的讨论不久前才逐渐兴起，这纵然有传播学研究沿革以来的历史因素，但以往缺乏具体理论的切入点，也是一个重要原因，这需要研究者跨出学科去寻找新的视角，来弥补现有理论的不足。

一、传播中的“身体”问题

人类历史上每一次新媒介技术的出现都使其传播的时空范围不断扩展，传播关系发生深刻变化，并不断推动人类文化的发展。在此过程中，人类社会也在不断对各种媒介技术进行总结和优化，以期能够更好地完善自身，以指导社会实践活动取得更理想的效果。假若将媒介传播理解为一种普遍的社会活动，那么现阶段所研究的媒介技术与人的身体关系之间就不再是简单的思想观念方面的关系，而是一种新型的社会身体性实践。①

① 孙玮. 交流者的身体：传播与在场——意识主体、身体-主体、智能主体的演变［J］. 国际新闻界，2018，40（12）：83-103.

（一）身体问题的凸显

作为批判传统主客二元论的产物，身体概念有着深刻的哲学渊源，这一概念的核心议题，无疑是肉身与灵魂的关系问题。从古希腊时期开始，哲学家们就从肉身与灵魂两个方面对身体进行了明确的划分，并赋予了灵魂崇高的地位，且将肉身摆在了一个较低的层次中。苏格拉底推崇“知识即美德”的命题，认为美德存在于人的灵魂之中，而灵魂又被人的肉身禁锢，灵魂摆脱肉身后才能获得对世界的认识。柏拉图继承其思想，担忧人的肉身会成为追求真理的阻碍。他在《理想国》中仍旧不断提醒人们，“肉身与灵魂是两个极端的存在”①。

直至早期现代哲学，解释身体概念时才具有了明显的身心二分论思想。勒内·笛卡尔（Rene Descartes）提出了“我思故我在”的哲学观点，引领了近代的西方哲学观，认为个体可以被看作一个思维、精神、理性的东西。② 笛卡尔将肉身与心灵二元并列对待，认为心灵属于思维，肉身属于广延，二者彼此独立，他将身心定义为互不相同的实体，从定义上切断了两方面人类经验的联系。

从柏拉图到笛卡尔，身体可以被分为物质态身体和精神态身体，物质态身体是表现身体客观存在的一种外在表征形式，强调构成身体生理特征的肉身机制，精神态身体则是内在于物质态身体的意识、思维、理性等精神内核，是控制物质态身体行为的内在驱动力。物质态身体应该被摆脱和超越，不能作为认识的主体，且会成为认识的累赘和障碍，而只有精神态身体才能够真正有效地认识事物及真理。

现代哲学出现了抑心尊身的趋势，意识主体和理性主体遭到严厉批判，身体概念在一定程度上摆脱了很多争议。在哲学研究新时期，亨利·柏格森（Henri Bergson）、埃德蒙德·胡塞尔（Edmund Husserl）等一批学者开始对身心结合问题进行了不同程度的研究，他们认为应该将个体的思维、情感、意志与肉身相结合来解释身体的意义。德国哲学家马丁·海德格尔（Martin

① ［古希腊］柏拉图．理想国［M］．郭斌和，张竹明译．北京：商务印书馆，1996：375.

② ［法］笛卡尔．第一哲学沉思集［M］．庞景仁译．北京：商务印书馆，1998：26.

Heidegger）曾意欲利用“存在”（Being-in-the-world）来重新解答以往的二元划分问题：存在是在世界中的存在，区别于将主体和客体进行划分，这里主客的界限是模糊的，个体从自身出发与其他物体进行合适的互动，且在互动的过程中，个体的意志思维会逐渐发生相应的转变，从而整合对世界的认识。[①]

法国身体现象学的代表人物莫里斯·梅洛-庞蒂（Maurice Merleau-Ponty）对身心二元对立论进行了挑战，他认为人的存在即是指以身体为基础的在世存在，而真正的身体应该是指肉身与心灵以运动机能动态结合起来的产物。缺少心灵的肉身就是行尸走肉，而缺少肉身的心灵是无法独立存在的，只有二者结合以后才能以灵肉的形式形成身体图式，由此建造一个围绕身体的空间，身体寓居于空间之中，不再单独以灵或者肉来进行评价。

梅洛-庞蒂提出了“身体－主体”的革命性概念，他主张知觉的主体是身体，身体是身心合一的混合体，身体嵌入世界之中正如心脏嵌入身体之中，知觉、身体和世界是一个统一体，“人只有在世界上才能认识自己”[②]。由此，身体逐渐从笛卡尔的二元对立思维中摆脱出来。梅洛-庞蒂的观点将以往哲学中意识主体观念发展为身体主体观念，并将身体放在哲学研究的核心位置，对于身体概念做出了较具普遍性的解答。

认知心理学于20世纪50年代在西方兴起，并于70年代在西方心理学研究中占据主流。起初，符号加工范式（以计算机模拟及类比为基础）在研究中占据了主导性地位，但随着研究不断深入，联结主义范式（以神经的网状结构及并行加工原理为基础）后来者居上。与行为主义相比，这两种范式都将关注的焦点先后转移至身体内部心理变化过程的研究方面，意欲以此来识别出认知机制的调控机制，故被称为“认知主义”（cognitivism）。但是随着认知主义局限性的不断加深，代表当代认知科学研究新纲领及身体取向的第二代具身认知（embodied cognition）[③] 观念登上舞台。

认知心理学的符号加工范式认为认知的实质就是计算，是进行加工和操纵

---

① ［德］海德格尔. 存在与时间［M］. 陈嘉映，王庆节译. 北京：生活·读书·新知三联书店，2014：33.

② ［法］梅洛-庞蒂. 知觉现象学［M］. 姜志辉译. 北京：商务印书馆，2001：5.

③ Goldman，A.，& de Vignemont，F.（2009）. Is social cognition embodies［J］. Cognitive Sciences，13（4），154－159.

符号的形式系统，认知过程是以个体所默认的理性规则为依据，通过具体的运行方式来对自身所接收到的信息进行配对处理。传统认知主义同时也认为，认知作为一种特定功能是独立的，其并不依靠身体而存在，假若将大脑比喻为计算机中的硬件设施，那么身体的认知则属于计算机中的软件系统，而软件系统的功能是独立于硬件设施的。

认知心理学的联结主义范式则认为人脑是由数十亿的生物形式神经元互联形成的亚符号性、连续性、平行加工和分布式的信息处理系统，即“人工神经网络”，而认知涌现（emergence）于这个信息处理系统的复杂联结与分工计算之中。[①] 虽然联结主义范式和符号加工范式形式相异，但其本质都是相同的，都认为认知是不依赖于身体，通过计算而获得的，体现出强烈的离身性。这种离身的认知观念遭到了部分学者的异议。特沃斯基·芭芭拉（Tversky Barbara）和哈德·马丁（Hard Martin）认为，“心智被封印在肉体之中，不管是处于何种境遇，心智都会保有一个特殊时空，有其自身独特的发展方向”[②]。“心智会被认定为具身的，是因为心智形成的过程是以神经活动为前提基础，而个体的感知行为则是建立在具身心智的基础之上。”[③] 他们认为认知并非独立于身体而是与之相互联系的，且明确地表示在感知行为背后还是存在“心智”的。[④] 换一种说法，心智同样也是身体的心智，个体的认知就是身体的认知，当个体缺失身体以后，那么认知与心智则不复存在。

国内心理学家叶浩生系统地总结了这种具身的认知观念，认为其受到了身体、头脑以及社会环境这三个因素的相互作用[⑤]，通过以上因素之间的交互影响进而形成一个有机组织化的动力系统。个体的身体行为与实践体验会在很大程度上决定他们对于这个世界的看法，其认知程度总是在不断实践过程中产生特定变化的。传统的认知观念将身体理解为一种可以对外部刺激行为予以反应

---

① 李其维. “认知革命”与“第二代认知科学”刍议［J］. 心理学报，2008，40（12）：1306－1327.

② Tversky，B. & Hard，M.（2008）. Embodied and disembodied cognition：Spatial Perspective-taking［J］. Cognition，110（1），124－129.

③ Anderson，M. L.（2003）. Embodied cognition：A field guide［J］. Artificial Intelligence，149，91－130.

④ Nemirovsky，R. & Ferrara，F.（2009）. Mathematical imagination and embodied cognition［J］. Educational Studies in Mathematics，70（2），159－174.

⑤ 叶浩生. 有关具身认知思潮的理论心理学思考［J］. 心理学报，2011，43（05）：589－598.

的感官器具，第二代认知观念则强调了身体是以中枢的作用去决定认知的结果与意义，并且通过认知诠释中彰显身体活动于社会实践中的重要性。[①]

综上所述，对于身体与认知的关系可以从这三个方面解释。一是认知的形式流程由身体的物理特性而定，如知觉的阈值对个人认知的影响。二是认知的内容是基于身体活动产生的。个体的思维基本上都是借助隐喻推理[②]来获得对事物的认知，也就是借助自身对熟悉实物的认知来辅助理解自身不了解的实物。三是认知是通过身体与环境相互作用而产生的一种主观思想，其存在于个体大脑之中，身体属于环境而大脑属于身体，认知过程如同一个“混血儿”[③]，由身体内外部共同操作。另外，第二代认知科学研究还提出了身体的“认知”与“被认知”[④] 这两个具体的概念，进一步强调了认知过程中发挥人的主体性作用的重要性。

（二）传播与身体

以往，传播学中对于身体的研究处于不断摸索的状态。1997 年，詹斯·洛恩霍夫（Jens Loenhoff）曾在《身体与社会》中讽刺地指出了传播理论研究中对于身体的否定（the negation of the body）。[⑤] 西方社会学及传播学中关于生物社会、身心、自然文化等分裂对立的二分法思想根深蒂固。克里斯·希林（Chris Shilling）曾明确地指出，非具身的（disembodied，或称离身的）观念一直都遍布于社会学研究内容中。[⑥] 这一类型的问题也广泛存在于传播学研究活动中，但甚至连其讨论者也较缺乏。身体的脆弱性与局限性，导致传播学理论无法有效地将之纳入研究活动中。学者们清楚地认识到，物质性的身体不但会受到自身结构与功能的约束，同时还会受到时间、空间的抑制，而这些存在

① 叶浩生. 具身认知：认知心理学的新取向［J］. 心理科学进展，2010，18（05）：705—710.

② Lakoff，G. & Johnson，M.（1980）. Metaphors We Live By［M］. Chicago & London：University of Chicago Press.

③ Mark，R.（2009）. Extended cognition and the mark of the cognitive［J］. Philosophical Psychology，22（1），1—19.

④ 陈波，陈巍，丁峻. 具身认知观：认知科学研究的身体主题回归［J］. 心理研究，2010，3（4）：3—12.

⑤ Loenhoff，J.（1997）. The Negation of the Body—A Problem of Communication Theory［J］. Body & Society，3（2），67—82.

⑥［英］希林. 身体与社会理论［M］. 李康译. 北京：北京大学出版社，2010：18.

的事实显现在各位学者眼前，导致学术界往往容易忽略传播研究中身体性因素的重要性，成了传播学身体研究发展道路上的阻碍。由此，在场的身体在研究中逐渐沦为缺席的存在，但传播无法摆脱身体是一个无须争辩的事实。[①]

作为原初的媒介，身体在传播过程中有着不可替代的作用。个体的身体实践往往成为传播的中介，将抽象概念转化为大众共识，并借助社会文化体系来进行社会时间层面上的维系，以此构成人类文明发展的历史。身体在传播学中既显性又隐性，如在构成传播过程的五种基本要素即“5W”中，身体无处不在：“Who（谁）”其实就是身体的拥有者，“Says What（传播了什么）”是在身体基础上进行的表达，“In Which Channel（通过什么渠道）”借助身体作为中介的链接，“To Whom（向谁传播）”面向他者的身体，“With What Effect（有什么效果）”最终将在身体上得到体现。即便如此，身体在过去很少成为传播学者的直接研究对象，主流传播学一直将大众媒介视为主要经验场域，由此较少将具体的身体维度划入研究取向中。无论是芝加哥学派的大众媒介研究，还是哥伦比亚学派的媒介效果研究，或者是各种常见的媒介理论假设（如议程设置、使用与满足等理论），主要关注于探讨媒介、社会与人之间关系及影响，其中对于“人”的研究侧重于思考价值认同、态度和意见等议题，而不是真正对人的身体及身体观念的内涵与延展进行探讨。

对于主流传播学来说，去身体化的观点作为一个未经检视的基本预设由来已久，因为基于大众传媒的实践活动必须要巧妙地克服身体因素的影响。[②] 身体往往被看作困顿于特定时空内的消极因素，学界曾认为要实现媒介技术的远距离传播效果，就必须要逃离源自身体的桎梏。当然以往传播学中还是存在一些关注身体的研究论述，笔者这里选择了其中三个方面的研究内容列出。

首先，麦克卢汉在其“媒介延伸论”中认为媒介是基于身体发展的延伸，从而形成了传播学中一个对于身体的深层次研究方向。“所有类型的媒介全部都应该经过处理后转化为身体的认知能力”，这属于一种积极性的隐喻，可以

---

① 刘海龙. 传播中的身体问题与传播研究的未来［J］. 国际新闻界，2018，40（02）：37－46.

② 孙玮. 交流者的身体：传播与在场——意识主体、身体－主体、智能主体的演变［J］. 国际新闻界，2018，40（12）：83－103.

有效反映出位于媒介技术层面的问题。[①] 结合实际情况来看，人类将在媒介环境下实现的真实体验中获得个人认知。麦克卢汉在解释任何发明或技术都是人体的延伸或自我截除的现象时，一直将中枢神经系统的作用放置于中心的地位，由此点明身体的重要性，进而与之后基特勒的观点形成鲜明对比。

其次，基特勒的媒介考古学说提供了一个另外的展现视角——个体可以通过自身所持有的资源来进行数据传播或是存储[②]，个体对于身体的认知以及与媒介技术之间的相互作用，能够对自身的整体认知造成巨大的影响。基于新媒介的飞速发展，媒介技术开始被理解为机械化世界中身体的镜像，从“人”的角度出发区分开信息技术与生理结构[③]。基特勒就此提出“信息唯物主义”（information materialism），认为新媒介同时颠覆和构成了人类存在，促使人体与机械之间的定义变得模糊，而身体也逐渐降低为技术层面的客体，媒介技术会在很大程度上转变传统的传播系统与模式，且对身体的主体性会造成一定影响。[④]

再者，约翰·杜翰姆·彼得斯（John Durham Peters）在《对空言说》中明确指出了对话（dialogue）、撒播（dispersion）这两种观点的本质，身体视角作为一种特殊的线索，将对话与撒播紧紧绑在一起，传统传播理论中遭遇忽视的身体观念逐渐浮出水面，于是身体在交流过程中可以保持多大程度的缺席成为一个被广泛探讨的问题。[⑤] 媒介中的身体成为现代传播中一个核心的两难问题。诚如彼得斯所言，虽然交流观念中的隐喻内涵已经确定，但身体的地位在整个理论学说中仍不断下降。彼得斯在对传播观念史的研究中，对于身体问题持一种矛盾态度：一方面推崇心的交流，另一方面又将交流具身在场奉为理想。他考察了西方世界不同时期交流观念的嬗变，并将人类传播模式总结为以苏格拉底和孔子为代表的对话与以耶稣为代表的撒播。随着媒介技术的发展，

---

① ［加］麦克卢汉. 理解媒介：论人的延伸［M］. 何道宽译. 南京：译林出版社，2011：85，61.

② Kittler，F. （1999）. Gramphone，Film，Typewriter. Stanford［M］. CA：Stanford University Press.

③ ［德］基特勒. 留声机　电影　打字机［M］. 邢春丽译. 上海：复旦大学出版社，2017：16－17.

④ 张昱辰. 走向后人文主义的媒介技术论：弗里德里希·基特勒媒介思想解读［J］. 现代传播（中国传媒大学学报），2014，36（09）：22－25.

⑤ 刘海龙. 传播中的身体问题与传播研究的未来［J］. 国际新闻界，2018，40（02）：37－46.

身体之间的距离越来越远，原本心灵的完美沟通则被无差别的意义撒播所代替，对话逐渐成为人类不可实现的交流梦想。他感叹过去交流成功的标志是触摸灵魂，现在却是触摸肉体。[①]人类一直保持着害怕受到媒介技术影响的焦虑感，渴望天使般的交流，但是实际上个体在交流的过程中往往会忽视身体的主体地位[②]，这无疑会对媒介技术的未来发展以及传播学中的身体研究产生影响。

二、“具身”概念与媒介

（一）具身的含义

具身性（embodiment）又被称为涉身性、体验性、具身化等，这是当代认知科学研究中一个重要的理论纲领和框架，其基本内涵可解释为：处境中的身体塑成心灵（the situated body shapes the mind）。[③]

身体是具身的源泉，从身体到具身，实际是一个将身体从对象变为状态的“悬置”过程。具身的英语单词 embody 是 body 的动词变体，前缀为 em（en 的变体），根据牛津英语词源字典，其意思直接翻译过来为“投入身体之中（put into a body）”，在认知语言学释义网站 WordNet 上，embody 也被解释为“以身体的形式体现（represent in bodily form）”。国内相关文献多把 embody 翻译为“具身”（也有译作涉身、寓身、居身等，但在文献中使用相对较少），其中“具”在《说文解字》中被解释为“具，备也，办也”[④]，表现出一种主动的倾向，“身”即上文中的身体。

必须提到的是 embodiment 的翻译问题。Embodiment 作为认知语言学术语，是动词 embody 的名词形式（前缀 em-是 en-的变体，其意义为“使处于……状态”“使成为”），目前主要有“涉身性”“体验性”以及“具身性”这

---

① ［美］彼得斯．交流的无奈：传播思想史［M］．何道宽译．北京：华夏出版社，2003：205．

② ［美］彼得斯．对空言说：传播的观念史［M］．邓建国译．上海：上海译文出版社，2017：11．

③ 孟伟．Embodiment 概念辨析［J］．科学技术与辩证法，2007（01）：44－48＋111．

④ 许慎．说文解字［M］．北京：中华书局，1998：125．

三种译语。一方面，在心理学领域，使用“具身性”译语的学者更多，使用“体验性”译语的学者较少；在语言学领域，虽然这三种译语并存，但使用“体验性”译语的占绝对优势；在艺术学领域，多译为“体验性”或“具身性”，“涉身性”使用较少。在哲学领域，几乎不译成“体验性”，多译成“具身性”；另外，在传播学相关文献中，以刘海龙为代表的学者们大多都选择了以“具身性”为译名。基于术语学原理，这种情况下应该要澄清“embodiment”概念的“源”与“流”，而心理学作为“embodiment”的源学科，其译语使用情况值得参考；“embodiment”在专业文献中经常见到的译法是“具身性”，中国知网的研究数据也表明，研究者对“具身性”的接受程度最高；[①] 且立足于本书的传播研究视角。综上所述，本书中“embodiment”采用了“具身性”这一译法。

认知心理学首先对具身性在学科上做出了较为明确且统一的定义，认为具身性指身体在认知活动中具有核心作用，是通过身体对环境体验及其活动方式形成的，具身性强调身体与环境的交互关系在认知活动中的关键作用。美国学者劳伦斯·夏皮罗（Lawrence Shapiro）总结认为，具身性主要涉及三方面核心内容。一是概念化，诚然，一个有机整体会对自身周围的场景或是社会形成独特的见解，但这种理解会受自身知觉类型影响，主体身体的属性会在一定程度上限制其对于世界概念的体验，进而导致不同属性的身体对于世界的看法存在差异。二是替代，这是指身体在与环境进行作用的过程中被认定为认知核心的表征活动，认知过程的核心在于主体和环境的交互而不是表征和算法操作。[②] 三是构成，在身体认知形成的过程中，身体、世界在结构体系中所扮演的角色会随着自身的因果关系不同而存在。以上内容展现了具身性的交互性特征，具身性并不是因单向的传播活动而产生的，其存在是主客双方互动的结果，其意义是相互流动的。

具身概念明显不同于身体概念之处，在于其意指为由物质的、精神的和社会的有机体构成的统一整体与其环境之间结成的有机组织，可理解为一种结构

① 张丽芳. 从信息技术视角看术语翻译的接受度——以认知语言学术语 embodiment 为例 [J]. 安徽文学（下半月），2017（01）：87－88＋101.

② ［美］夏皮罗. 具身认知［M］. 李恒威，董达译. 北京：华夏出版社，2014：4－5.

化存在。[①] 在认知语义学中，具身含义被直接解释为“人对身体的体验”[②]；根据认知心理学的观点，具身体现了个体的身体与内界外界环境之间的交互，即人的身心整体对环境的适应、利用、改造等状态或过程。具身的意义是多维的，对于具身的理解，学界有着从生物性、社会性、个体性、物质、精神等多个方面展开的认识，本章的讨论立足于这样一个前提：具身源于身体，具有物质与精神的双重内涵，具身既面向社会与个体，也面向体外与体内，其产生过程与个人的在场和体验息息相关。

立足于传播学的基础，笔者在本书中对具身性暂时做一个简单的界定：具身性即传播过程中身体在场、体验、延伸程度及其功能意义的综合，强调身体在传播活动中的主体性、交互性特征，是从身体出发的传播认知、思维、行为等活动运作的基础。

（二）媒介的具身性

在进行媒介技术具身性的概念界定之前，需要首先厘清何为媒介技术的具身性。笔者在阅览文献时发现常常有这样的说法：媒介技术体现具身性，媒介技术具有具身性，媒介技术的具身性特征……毫无疑问具身性是属于人的特征，即便学界存在一些将技术具身性与工具嵌入性（embeddedness）放在一起讨论，更加重视技术而非人性，强调技术对身体与世界反作用的观点[③]，但立足于哲学、认知心理学的具身研究中，身体是一切问题的出发点，无论是对肉身与心智或者是对大脑与认知机制的探讨，最终都回归到了身体的物质性存在这类思考上，人的主体性被不断强调，由此具身性一直被视作人的属性。那么媒介技术的具身性是指什么呢？可以理解为是媒介技术的一种性质特征吗？或者只是媒介技术与具身性这两种概念的简单叠加，两者有何关系？

关于以上问题的解答，从不同研究角度可能会有多种看法，笔者在此认为，当人们提到媒介技术体现、具有具身性时（如感叹 VR 的逼真效果），其实仍旧在谈论自身的认知体验。媒介技术是人类媒介认知能力发展到某一阶段

---

① 陈相光．具身：语义的身体发生逻辑及其意涵——基于身体的现象界说与阐释［J］．广东社会科学，2019（05）：61－67．

② 牛保义．认知语法的具身性［J］．外语教学，2016，37（06）：1－6．

③ 叶浩生．心智具身性：来自不同学科的证据［J］．社会科学，2013（05）：117－128．

的创造物，是人类在媒介环境下具身延伸的结果，而具身性则是由始至终根植于人体的一种基础功能性质，通过身体与环境的交互而体现。具身性可以被用来作为媒介技术的解释词，但具身性并不是在本质上从属于媒介技术的一种性质。具身性是媒介技术与身体之间的中介物，具身性将媒介技术与身体紧密联系起来，媒介技术可运用具身性来体现其与身体之间的关系。

因此，媒介技术的具身性其实可以理解为媒介技术（对）具身性（这一属于人的性质）的呈现，其意义并不是指媒介技术与具身性两个概念的简单相加，而是将这两个概念相互融合交汇，最终用以解答媒介技术与身体的关系问题。综上所述，本书暂将媒介技术具身性界定为传播过程中媒介技术对身体在场、体验、延伸程度及其功能意义的综合呈现，强调身体在媒介技术中的主体性、交互性特征，是从身体出发的媒介技术运作的基础。

在此前提下，媒介技术具身性又可视作一个整体性概念，媒介技术和具身性是组成其存在的要素条件，其对媒介技术与身体都具有交互作用，具体内容将在后文进行阐释。需要注意的是，除非有进行特别标明，后文中的具身性皆直指媒介技术的具身性。

概念中的“强调身体在媒介技术中的主体性”，其贯穿于媒介技术具身性的意义之中，可理解为身体的存在虽然在媒介技术中被尽可能地隐藏起来，但实际仍处于中心位置，能够有意识地对传播活动造成影响，所以身体对于技术的重要性不言而喻。“交互性”则是体现媒介技术使用过程中身体介入环境之中，并与环境产生交互关系。媒介技术具身性是“从身体出发的媒介技术运作的基础”，则体现了媒介技术运作过程中具身在场、体验是具身延伸（可视作另一意义上的媒介技术）的前提，先有具身在场的存在，在身体获得体验后，才会进行后续的延伸活动。这种延伸活动有时会呈现出显性的即刻表现，有时也呈现为隐性的存在趋势。

三、传播与媒介技术的具身性三层次

在认知科学领域，莱考夫和约翰逊曾将人的具身性划分为神经、现象学、认知潜意识这三个经典层次进行解读，其中神经层次被视作参与事物概念以及思维认知活动的物质生理机制；现象学层次被视作存在于世的人类可进行感知的一切事物，如声音、色彩、味道、触觉等；认知潜意识层次被视作有意识的体验后续实现活动，如人类在进行沟通活动后对语言的创造和使用。[①] 与之对应，传播活动中的具身性主要可从三个阶段来进行解读——在场、体验、延伸，而媒介技术的在场性、体验性和延伸性则使此三个层次得以实现。这三个层次贯穿于媒介技术具身性概念的所有内容之中。

（一）在场

传播阶段中“具身性”的第一阶段是在场（presence），只有身体在场，才能展开具身的过程。在场，是指主体的在场，是此时此刻存在的自我呈现。它与时间和空间密切相关，是哲学本体论的一个重要概念。拆分“在场”一词突出了两个重要信息：第一，“在”是指主体的在场状态，假若主体缺失，那么则说明未在场或是缺席；第二，“场”是针对空间而存在的一种表现。特定空间的存在才有效地构成了主体在场的传播环境以及其合理性，其他人也包含在这个环境或事件中。在现有使用媒介技术的过程中，人始终是在场的，并且处于掌握终端的位置，由此实现具身，例如人们想要和他人进行视频通话时，必须由本人亲自使用手机电脑等终端才能够实现操作，主体的在场是必要条件，但是使用不同媒介技术的区别在于其对主体感知觉（人脑对作用于感觉器官的客观事物的反映）比率的协调，目的是实现主客双方时空的同步。

海德格尔追求古希腊的在场思想，认为“此在在世存在”，而“存在”是事物在世界上的自我呈现[②]；梅洛-庞蒂进一步主张身体进入世界实现其自我性，进一步将生物的“主体－世界”模式还原为“身体－世界”模式[③]；皮埃尔·布迪厄（Pierre Bourdieu）提出“场域”理论，认为身体会无时无刻处于社会世界之中，同时社会世界又时刻处于身体之中。[④] 以上几点都指出了在场所具备的身体性、时间性和空间性，这也是具身所体现的特质。媒介技术的发展促使了虚拟在场的流行，人们可以不用再实在在场于每一次交流活动，其依

---

① Lakoff, G. & Johnson, M. (1999). Philosophy in the Flesh : The Embodied Mind and Its Challenge to Western Thought [M]. New York : Basic Books.

② 陈晓明. 拆除在场：德里达的解构策略 [J]. 当代电影，1990（05）：39—54.

③ [法] 梅洛-庞蒂：《知觉现象学》[M]. 姜志辉译. 北京：商务印书馆，2012：511.

④ [法] 布迪厄，[美] 华康德. 实践与反思：反思社会学导引 [M]. 李猛，李康译. 北京：中央编译出版社，1998：71.

靠媒介技术创造替代性身体来实现传播过程，身体在场越来越呈现为一种“中介化”在场，但同时也可以满足以上特质，在此过程中身体的感知觉比率不断得以协调（包括视觉、听觉、嗅觉、味觉、触觉所获得的客观事物的形状、色彩、声音、气味、味道等内容），以补足虚拟在场的感官缺失。

进一步理解，在场不仅可以反映出身体的一种存在状态，还可以强调身体和传播现场的“场”之间的关系，它是直接出现在媒介环境中的人和事物，是显现存在的。身体所在的场是身体自身事件发生和进行的地方，身体在现场并面对着事物本身。它在时间上是直接的当时，在空间上是直接的当地，在这个时候这个地方正在发生，强调主客双方在时间空间上的同步要求。无论是借助虚拟在场还是实在在场，身体都可以对媒介环境做出反应，整个空间都包含在身体的感知觉当中。在认知心理学中，在场强调人的身心与环境的统一，体现为一种“具身认知”，例如，它可以体现在直播者与观众以及媒介平台之间的沉浸式互动中，当观众借助媒介平台进入直播之时，便处于特定的“场”中，从而被提供一个主体与客体相结合、身心相统一，双方可以相互建构、相互影响的认知环境。

再者，在场不仅可以体现出身体和场的具身关系，而且可以反映身体对场的影响。身体在场说明身体会对周围产生影响，且这种影响甚至可能会改变周围的环境或是事物本质。一方面，身体的在场意味着其能够作用于其他身体，甚至能够以直接或是间接的方式操控其他在场，并对其他身体产生影响和刺激。另一方面，在场也能够说明一种主体间相互作用的关联性存在。但是当身体呈现为缺席的状态时，相互作用会立即停止，且身体的影响力也会随着身体状态的波动而发生相应的变化。

就具身与在场的关系而言，具身的前提与基础是在场，在场是具身的必要环节，没有身体在场，具身就无法实现。极端一点解释，也可以将在场理解为一种特殊的具身，因为在场必定会造成身体对时空环境的介入与影响，但若无后续发展，这种具身状态对于事物环境的影响来说可能会是微乎其微的存在。另外，“在场”不仅是个时空感知概念，也是一个场景概念：确定一个人是否在场的关键在于身体是否对场景（无论虚拟或实在）产生了认知，具备影响媒介环境的能力，成为传播的主体。在媒介环境中，在场主体是人受媒介化影响的身体（可虚拟可实在），具身与场景息息相关，不能离开场景中的具身来空谈“在场”。比如说你使用智能手机主动登录了一个社交应用平台，然后将应用挂在后台转而去另一个游戏应用平台玩游戏，你的社交账号可以接收他人的信息，但你本人却沉浸在游戏中对此一无所知，不受他人信息影响也反馈不了信息给他人，此时你在社交虚拟空间中只是一种伪在场。

媒介的“在场性”即媒介技术对具身在场的程度及功能意义的综合呈现，是媒介技术具身性的基本属性，直接限制和影响媒介技术中具身性的强弱，可对应莱考夫和约翰逊提出的具身性的神经层次，在场性是媒介技术具身性中的生理机制。

其中，具身在场的程度立足于媒介技术对身体感知觉（人脑对作用于感觉器官的客观事物的反应）比率协调性的实现上，包括对身体视觉、听觉、嗅觉、味觉、触觉所获得的客观事物形状、色彩、声音、气味、味道等内容的协调，目的是让身体忽视实在在场与虚拟在场的差别，陷入沉浸式的在场状态。具身在场的功能意义呈现立足于媒介技术对身体双方时空同步性的实现上，这里所谓的身体双方是指人在使用媒介技术时总是同时面临两个身体，一个是自我的身体，另一个是媒介技术中隐含的他者身体。媒介技术一直致力于实现两者在时间空间上的连接同步，由此实现在场的沟通效果。例如人们在阅读书籍时，作者的虚拟身体在场于字里行间，通过阅读书籍，人们根据文字符号意义在想象中对具体情境进行模拟构建，可以被暂时性地链接进入作者所在的时空之中，形成与作者相似的行文视角，从而获得阅读的意义。

具身在场的程度决定具身在场的功能意义，只有在身体陷入沉浸式的在场之后，才能更好地完成对两个存在的身体时空同步性的调节，具身在场的程度呈现越高，其具身在场的功能意义越能得以实现，具身在场性越强，接收的媒介信息越多、越及时，身体对于媒介环境的认知能力越强，其影响环境的能力也越强。

（二）体验

传播第二个具身阶段是体验（experience）。人处于在场阶段之后，其所接收到的事物环境信息将给予其认知体验，并且引发对于身体内外经验的反馈。体验这一概念起源于哲学，随后进入心理学领域，当前其研究成果在教育领域应用最为广泛。对体验进行哲学意义上的探讨始于德国，狄尔泰作为第一个将体验概念纳入哲学理论中进行分析的学者，认为生命的发展就是个体向前发展的过程，但是个体的以往经验仍然会作用于现在，而不是失去作为一种力量的意义，生命的意义在“现在”中形成的一个最小的单位，即“体验”。[①]

梅洛-庞蒂对于体验的解释较为直观，“体验是对过去、世界、身体和他人无间隔的呈现”，他认为体验是个体对自身以往经历的一种回顾。[②] 身体在多种媒介环境下不同体验的相互作用中，提升了内在经验感知，强化了外在经验表达，建立起身体内外的传播联系，为世界创造价值意义，所以体验被看作推进客观世界发展的重要影响因素，如人类只有在对媒介技术的不断体验过程中，才能获取成功或者失败的经验，由此决定下一步的发展路径。

关于体验的概念界定众多，以哲学领域而言，体验主要是用来强调个体的身体经历，突出的是价值意义的存在。而认知科学领域所强调的体验核心内容是关于具身性与认知性的结合，二者都是推动社会向前发展的力量。还有学者提出，在体验活动中身体所扮演的角色更多的是载体[③]，身体既承受体验也向外传播体验。综上所述，体验无疑也是从身体出发的一种概念，对身体而言，体验总是亲身在场，是身体对媒介环境的感知觉综合，身体在传播过程中获得的信息与经验是体验的源泉，会影响个人体验的要素是主体经验与获得信息的适配程度，并由此调节主体内外对于传播信息的反馈度。

就具身与体验的关系而言，体验也可理解为具身的功能，是具身受到所处媒介环境影响以及实现对所处媒介环境种种影响的中介处理器。其与世界的交互过程可简单理解为身体通过介入媒介环境获得信息，在体内联系以往经验，将这些信息进行分析处理形成认知感受，最后向内界外界给予意义上的反馈，往往体现为对内积累经验，对外展示评价。简而言之，体验需要通过主体经验的适配度来完成主体内外的反馈。具身可以通过体验功能获得完成信息交互过程后的意义统一体，且这种获得可以是历时性的，后续可能会有延伸的结果。例如人在收听一首歌曲时，首先由听觉获取词曲音调，再由神经组织调动头脑中以往的经验信息匹配评价，由此形成个人的实时认知感受；当然这种体验也可能在其听完歌曲的一段时间后受某种契机启发而突然再次出现，而其在体验

① 李红宇．狄尔泰的体验概念［J］．史学理论研究，2001（01）：88－99．

② ［法］梅洛-庞蒂．知觉现象学［M］．姜志辉译．北京：商务印书馆，2001：1；83；153．

③ 张鹏程，卢家楣．体验概念的界定与辨析［J］．心理学探新，2012，32（06）：489－493．

之后才会有身体延伸的可能性，例如记录歌词、学唱歌曲等。

媒介技术的体验性即对具身体验的程度和功能意义的综合呈现，是使用媒介技术过程中存在于身体内外的经验交互现象，可对应莱考夫和约翰逊提出的具身性的现象学层次，体验性是媒介技术具身性的功能体现。

其中，具身体验的程度呈现立足于媒介技术对身体经验适配度的实现上，通过对现有经验的适配调取总结，媒介技术与身体在某些经验上实现了共通，媒介技术化作经验融入身体当中，使身体完成了更好的体验过程。具身体验的功能意义呈现立足于媒介技术对身体经验反馈性的实现上，一方面媒介技术会根据身体经验被不断完善，另一方面媒介技术的发展会对已有的身体经验产生影响，例如人工智能技术的发展就是在不断向使用者的经验学习以及潜移默化培养使用者的经验这一体验性过程中得以实现的，各种语言、图像、模式等识别理解处理技术系统都是在经验性的程序设计中逐渐建立成型的，并且在广泛采集、分析、反馈使用者的实践数据中不断完善更新。

具身体验的程度决定具身体验的功能意义，媒介技术对身体经验的适配度越高，媒介技术融入身体的程度越深。通过对身体功能性的培养，其对身体经验的反馈性越强，具身体验性则越强，媒介传播过程中的传受双方相互理解程度更高，由此可以减少媒介资源的浪费，同时使媒介传播产生更符合预期的效果。

（三）延伸

传播第三个具身阶段是延伸（extension）。延伸是具身体验后的影响效应，其本质为体验经验的外在技术化，但并不是每次具身过程都会有明确的延伸结果，许多延伸结果都是经过长时间积累打磨得到的。关于延伸一词，近来在传播学与技术哲学领域都被热烈探讨，其研究往往体现出一种对具身关系的思考。早在 1934 年，刘易斯·芒福德就提出了与“人体延伸”相似的观点，表示个体生产、生活过程中所使用的工具，实质上就是其自身的一种技能化延续，人体本身就是一台无与伦比的机械。[①] 包括媒介技术在内的所有技术都是

① ［美］芒福德．技术与文明［M］．陈允明，王克仁，李华山译．北京：中国建筑工业出版社，2009：32－33.

具身延伸的结果，具身延伸也体现了身体技能化延续的过程，具身延伸的媒介技术以不断提升传播的精确性、实现其时空超越性而得以推行。

麦克卢汉的延伸观点侧重于强调媒介技术对个体感官的影响，例如强化个人感官或是放大影响的效应，并借助人体的感知方式来阐述媒介的传播特点，在此过程中媒介技术的精确性不断升级。结合其观点来看，媒介不再仅指传播信息的手段，麦克卢汉认为万物皆媒介，例如衣服、汽车、高楼大厦、江河湖泊等都可以被列入媒介的范畴。[①] 计算机应用技术被理解为大脑的延伸，而物质技术则被理解为肉体的延伸，它们不断实现超越时空、扩大传播效果的目标。麦克卢汉站在媒介技术的层面，点明了传播过程中直接或是间接的具身延伸结果的重要作用。

麦克卢汉曾经预言，电子媒介为人类社会进入最后一个延伸阶段（从技术上模拟意识）开辟了道路。凯文·凯利（Kevin Kelly）在麦克卢汉预言的基础上提出了个人观点，“技术是个体的认知思想延伸所形成的”[②]。她还表示媒介技术按照目前的发展速度，有很大可能会成为超越人类附属品的角色。作为社会统治工具的高新技术可能将不断触碰人类的底线，人类的思维被牢牢控制，智能化设备甚至完全可以取代世界上任何顶尖力量。凯文·凯利将“人体延伸论”上升至一个崭新的高度[③]，认为媒介技术在与人类发展保持同步的同时，还具有彻底超越人类，摆脱时空桎梏，逐渐发展成为一种新的生命类型的可能性。由此看来，具身延伸的边界问题值得警惕。

延伸在英语中的释义为“扩大/延长”（making something longer/larger），“增加影响”（increasing influence），结合上文，这里可将具身的延伸阶段理解为身体的扩展与影响阶段。对于具身而言，身体是延伸的基石，延伸可视作身体的义肢，延伸是具身过程中萌发的外延影响力。就具身与延伸的关系而言，延伸是具身的影响结果，经过具身在场、体验的传播阶段过后，延伸作为后续反馈的实际影响，能够使身体及世界做出改变，且可以将影响力不断扩大。当然，这种影响往往可能不是立刻显现的，需要经过较长一段时间的积累打磨，

---

① 何道宽. 加拿大传播学派的双星：伊尼斯与麦克卢汉［J］. 深圳大学学报（人文社会科学版），2002（5）：93-99.

② Kevin，K.（2010）. What Technology Wants［M］. New York：Penguin Group Press.

③ 王英. 凯文·凯利的自主技术论及其比较研究［J］. 自然辩证法研究，2017，33（10）：22-27.

如在人们目的性需求下各种媒介技术不断变革的漫长发展历程。延伸性即媒介技术对具身延伸的程度及功能意义的综合呈现，构成了传播中的联系链条，可对应莱考夫和约翰逊提出的具身性的认知潜意识层次，延伸性是媒介技术具身性的潜在影响。

这其中，具身延伸的程度呈现立足于媒介技术对精确性的实现，具身延伸功能意义的呈现立足于媒介技术对时空超越性的实现。伊尼斯的媒介偏向论提出了这样的观点：不同特质的媒介技术具有时空偏向性，偏向空间的媒介往往轻便，易于传输，扩张性强（例如信纸、文字、印刷品），偏向时间的媒介往往牢固不易损毁，连续性强（例如石碑、黏土、羊皮纸）。[①] 本书与其相似但又有所不同的观点是：媒介技术具有时空超越性，越具精确性的媒介技术，内容越复杂丰富，内容越复杂丰富的媒介技术时空超越性越强，由此获得了更广泛及更长时间的使用。

以信纸与石碑为例，相较于石碑，信纸能够包含更复杂丰富的内容，更易超越时空实现更好的传播效果。如在相同尺寸的信纸和石碑上进行书写，信纸能够书写更多信息且速度更快，石碑则因为需要雕刻，不仅更花费时间，还存在被刻坏的可能性，所以无法承载过量的信息；信纸可以通过被改变存在的状态来传递信息，例如信纸通过某种方式折叠即有“不要随便观看”的内涵，而石碑则很难改变自身的形态，因为稍有不慎就可能损毁携带的信息。所以石碑逐渐被社会淘汰，而信纸则得以实现大众化使用。但在新媒体时代，信纸又逐渐被交往中更具精确性的电话、手机等电子媒介取代。

四、媒介技术具身性的交互关系

媒介技术与其具身性之间存在交互关系，媒介技术作为中介物，可以通过对人的感知觉进行调节转化，改变人类对世界的实践经验，并在被使用的过程中以其特性与身体融合，共同对世界产生后续作用。媒介技术可作为一个特殊的部分融入具身性当中，具身性则融入人的身体经验，人通过身体的经验来进行感知觉，并利用媒介技术转化自身的感知觉，由此循环往复。媒介技术通过

---

① ［加］伊尼斯．传播的偏向［M］．何道宽译．北京：中国人民大学出版社，2003：13-27．

具身性，在嵌入身体经验后，媒介技术具身性形成了融合互动，双方在共融共生中，产生相互影响作用，由此对两者的关系研究都不能逃离交互影响关系这一问题，下文将对两者的交互影响关系进行一些解读。

（一）媒介技术的具身性差异

基特勒认为媒介技术不仅是“完全独立于个人的乃至于集体的身体”，其发展结果将反过来对人类的身体器官感知产生十分重要的影响[①]，媒介技术对具身性的影响不容小觑。回顾上文，媒介技术的概念界定为在主观能动性影响下，人在形成媒介认知的基础上，利用媒介工具开展的改造媒介环境的动态整合系统，核心表现为人对于各种传播技术要素构成的知识、能力与物质手段的运用。而媒介技术具身性界定为传播过程中媒介技术对身体在场、体验、延伸程度及其功能意义的综合呈现，强调身体在媒介技术中的主体性、交互性特征，是从身体出发的媒介技术运作的基础。两者都体现了人的主观能动性作用与媒介环境的交互过程，人的身体是其根本来源。技术哲学中强调技术对具身性的补偿，按照这样一种思路，媒介技术与具身性的交互关系可以从其概念层次的角度来讨论，下文将先从具身在场性、体验性、延伸性这三个层次具体分析媒介技术对其具身性的补偿关系。

1. 媒介技术追求在场性

人类补偿性需求引导媒介技术形式发生变化，其变化最终的目的在于实现人类身体感知觉平衡协调以及弥补时空不同步带来的感知差异，其根本体现则表现为媒介技术对身体在场性（具身在场的程度及功能意义呈现）的追求。在媒介技术的发明改进过程中，追求身体在场性不仅能够更有效地支持沟通交往，还能够让人的身体自发性地对环境认知进行补充，人的主体性寓于其中。

例如，当今网友喜爱使用各种各样的“表情包”来交流，其实也是为了追求一种在场的互动感，以表情包的形式发送给交流另一方，使其能够通过表情包的视觉形象敏感地感知到发送者的情绪及氛围。作为一种在场性体现，表情符号可以使人们通过观察抽象文本的展演，借助神经系统联系记忆与情感，从而想象发送者的在场表现，补足实际身体不在场所缺失的视知觉感受，提升感

① Kittler，F.（2009）. Optical Media [M]. Malden：Polity Press.

知觉比率的协调性，实现交流双方的时空同步性链接，进一步刺激使用者的认知体验。由此，表情包互动成为互联网技术环境下最受欢迎的交流方式之一。

从身体的物理属性和所属场所空间区别出发，使用现实身体，活动在现实空间即为实在在场，使用虚拟身体活动在虚拟空间即为虚拟在场，身体的在场性可视作虚拟在场性与实在在场性两种类别的总和。① 学者常说面对面交流的实在在场是沟通交流的梦想，但实际上在运用媒介技术（尤其是以计算机网络为代表的新媒介技术）时，虚拟在场已经统治了人类大部分的交流生活，并且成为实在在场与交流者的中介，主体的身体（包括其姿态、动作、表情等）在虚拟空间是缺席的，空间存在的是信息语言符号以及对符号意义的追求，这种新型的“在场”形式，不再与身体有紧密的逻辑跳转，而被赋予了更深的概念外延。但不论“在场”的形式如何，作为肉身与心智一体的身体，作为知觉及意义生成场所的身体仍是存在的，人位于传播底层的身体，其实依旧是具身交互的基础。

虽然媒介技术一直想要协调实在在场缺失引发的感知觉失衡与时空错位，但目前看来这只是一个朴实无华的美好梦想，即便当今社会各种科学技术都在设法更好地追求这一梦想，但其实现依旧遥遥无期。目前媒介技术所追求偏向的虚拟在场性与此时此地的真实存在的实在在场性有着本质区别②，前者由数据构成，后者由身体实现。连接网络，人们可以通过和他人连线实现自己在交流中的虚拟在场，媒介技术尽可能地使这些在场为人们带去便捷与舒适的知觉感受，但始终存在各种各样的缺陷——如果信号出现问题，双方的数据传输就可能中断，感知觉随即失衡，交流时空的同步性被阻断，而实在在场则不会有这种风险。

有一个问题值得考虑，即便现实中存在偏向，媒介技术根本追求的到底是实在在场性还是虚拟在场性呢？这仍是一个难解之谜，因为虚拟在场性因补偿实在在场性而生，在技术浪潮之下，实在在场性终将走向虚拟在场性，媒介技术只能不断追寻它们的脚步，借由多种传播要素的发展去实现在场性的统一，

---

① 赵建国．身体在场与不在场的传播意义［J］．现代传播（中国传媒大学学报），2015，37(08)：58－62．

② 彭兰．移动互联网时代的“现场”与“在场”［J］．湖南师范大学社会科学学报，2017，46(03)：142－149．

而真正主导这一切的还是人，或者说是人的主体性。

2. 媒介技术模拟体验性

人类体验的需求促使技术的产生发展，如耳朵想要听取远方新闻的需求促使广播媒介的出现；眼睛想要观看广阔世界的需求诱发电视媒介的诞生；鼻子想要闻到不同地域美食香味的需求催生 VR 技术的发展。人类的感官系统借由媒介技术模拟而出，只为满足身体对同种情境的体验性需求，媒介技术作为经验“化入”身体之中。[①] 当人们进行体验时，身体通过介入环境获得对世界的感知觉综合，并在体内适配个体经验对这种感知觉进行分析处理，最后向内外界给予意义上的反馈。媒介技术则通过对各种传播技术要素构成的知识、能力与物质手段的运用，模拟人类身体体验的过程情境，诱发个体以往的感知觉经验，并渴望得到积极的与过去相同或者超越过去体验的反馈。

新加坡国立大学的电气工程师团队“Taste+”研究出了一种名为“数码味觉接口”的高科技金属片[②]，号称可以让使用者体验味觉的享受，但结果金属片鲜有人问津，团队逐渐意识到让使用者选择把金属片放在舌头上是愚蠢与不可思议的，而可以含在嘴里的真实棒棒糖才能满足使用者心理与生理上的人性化体验。即便科学家实现了金属片的味觉模拟效果，但用户还是期望品味与自身经验相符且不会招致异样眼光的真实棒棒糖的滋味。这也从侧面反映了追求真实与再现，提升了对身体经验的适配度与内外的反馈性，是媒介技术模拟身体体验性的最终方向。

媒介技术具身体验表现为融入人类身体经验，但这种融入是可识别的。[③] 即便媒介技术发展到现如今的先进水平，其对所有的体验都还停留在人类可以凭借自身经验轻松识别谎言的模拟阶段：即便能够模拟出视觉体验，今日看见的颜色仍易被发现失真的细节；即便能够模拟出触觉体验，这种感受仍旧不同于爱人真实的拥抱。媒介技术对身体体验性的模拟一直处于不断精进的过程，但结局只是仿真，使身体经验的适配度以及身体内外的反馈性难以达到高水

---

① 谭雪芳．图形化身、数字孪生与具身性在场：身体—技术关系模式下的传播新视野［J］．现代传播（中国传媒大学学报），2019（8）：64—70．

② 何志荣．延伸与回归：传播具身性在媒介技术中的嵌入［J］．编辑之友，2019（12）：66—70．

③ 孙玮．交流者的身体：传播与在场——意识主体、身体—主体、智能主体的演变［J］．国际新闻界，2018（12）：83—103．

平，从而不能完全满足人类心中模拟真实体验的欲望。仿真的模拟体验诱发了无数新媒介技术的变革发展。终有一天，假如媒介技术与人体完全实现合二为一，模拟将会转变为创造，媒介技术具身性的呈现方式也将产生颠覆性变化。

3. 媒介技术实现延伸性

身体是延伸的基石，延伸可视作身体的义肢，延伸是身体中萌发的外延影响力。各种媒介技术逐步出现，是以不断延伸人体的器官或感官为表现的，如媒介技术可以作为眼睛、鼻子、舌头、肌肤等器官的延伸，同时也是视觉、嗅觉、味觉、触觉等感官的延伸，它们彼此之间也相互关联与影响，以求满足媒介技术的在场性与体验性，媒介技术的精确性由此不断提升。在麦克卢汉的理论中，媒介技术即人体的延伸，媒介技术一直是具身的体现，媒介技术的发展实际上实现了身体延伸性，各种传播技术要素构成的知识、能力与物质手段都是身体延伸性统筹的结果，这些结果彼此关联、相互影响，由此形成了人类所处的媒介环境与世界。

延伸性作为具身性的潜在影响，是对身体诉求的反应，如果媒介技术能够很好地应对这种影响，那么媒介技术就会变得越来越有具身性，从而获得人们的认可。比如说人们对于面对面在场的强烈渴求，源于自身感知体系的比率失衡，那么唯有通过提升媒介技术去弥补这份失衡，才能满足身体延伸的需要。媒介技术的每一次新生，都是对身体延伸的实现，媒介技术的强弱对比也可以从延伸的角度来度量，如相较于音频技术，视频技术实现了多感延伸并能使人沉浸其中，能够传播更精确的信息，那么可以认为相较而言视频技术是较强一些的媒介技术。

伊尼斯将媒介技术对延伸性的实现划分为两种不同类型：一是基于时间层面的延伸性；二是基于空间层面的延伸性。[①] 本书则认为媒介技术延伸性体现在其精确性上，并具有实现时空超越性的功能意义，媒介内容丰富度不同的媒介技术所产生的延伸结果也会有差异，这种差异即体现在对时间与空间的超越上。例如古希腊的《荷马史诗》通过口语媒介的精确性促使信息实现大范围传播，让史诗突破时空限制，延伸留存得更为长远。但与文字媒介相比，口语媒介承载的内容转瞬即逝、错漏百出，由此可见，文字媒介的延伸性更加稳定，

---

① ［加］伊尼斯. 传播的偏向［M］. 何道宽译. 北京：中国人民大学出版社，2003：6.

其媒介内容更加经久不衰，并在积累中愈发丰富复杂。

但媒介技术对身体延伸性的实现，会为人类带来类似“截肢”的后果。比如说广播延伸了人类的听觉，但同时也仿佛对双耳进行了截除；惟妙惟肖的摄影技术延伸了记忆与视觉的享受，但同时让动作声音和部分色彩做出了牺牲。媒介技术的过度延伸无疑会为人类带来巨大威胁。随着媒介技术的发展，无论是物质肉体，还是精神意识都正在逐渐从人类的身体剥离，但人类的反应却是麻木的、驯服的。随着人体与技术的结合愈发紧密，媒介技术开始深入主宰人的生活轨迹，人的主体性意识却在缓缓下沉。新媒介技术如果能够无限扩张身体延伸性，那么就有机会对整个社会机体进行集体“截肢”，从而可能将整个社会延伸成为它的奴隶①，所以身体延伸性的边界问题，一直都值得人类深省。

（二）具身性对媒介技术的影响

媒介技术被界定为在人的主观能动性影响下，以人的目的支配为导向，由各种传播技术要素构成的动态整合系统，其核心表现即是由人积极主动地综合运用媒介知识、物质手段和能力。进一步解释，这里的媒介知识可以理解为媒介技术的认知层次，比如说在传播过程中对信息的编码、解码等思维技巧的掌握，是媒介技术开展的前提条件；物质手段可理解为媒介工具层次，媒介工具是媒介技术的普遍物质载体；能力可延展为媒介环境层次，人的媒介能力的实现必将塑造媒介环境，媒介环境是媒介技术能力发展运用到极致而必然产生的社会现象。

换句话说，媒介技术也可视作人在形成媒介认知的基础上，利用媒介工具开展的改造媒介环境的动态系统。综合以上对媒介技术概念的界定阐释，本书将媒介技术划分为媒介认知、媒介工具、媒介环境这三个层次，其中媒介认知是媒介技术的思维内核，媒介工具是媒介技术的物质内核，媒介环境是媒介技术的现象内核。下文将从具身性对媒介技术这三个层次的影响出发，展开进一步的论述。

---

① 彭兰. 智能时代人的数字化生存——可分离的“虚拟实体”、“数字化元件”与不会消失的“具身性”[J]. 新闻记者，2019（12）：4-12.

1. 具身性启发媒介认知

学界将媒介认知定义为能够运用不同的媒介方式获取、分析、评价和传播不同形式信息的思维能力，进一步可划分为媒介信息认知与媒介社会认知这两个层面。[①] 其中媒体方式即众多沟通交流方式的集合体，例如个体的口语交流、书面语言，还包括各种视听语言，如电影、电视表演等艺术形式。本书中的媒介认知作为媒介技术思维实践的具体体现，通过不断的实践经验才形成，其获取、分析、评价和传播不同形式信息的过程就是不断经验的过程，以上四要素经常融为一体、相辅相成。

具身性启发媒介认知主要通过促使媒介认知经验化来实现。媒介认知的经验化与海德格尔所提到的“上手”概念的本质很相似，当人类长时间使用某种媒介技术以后，其形成了强烈的媒介认知，对媒介技术掌握熟练度逐渐提高，仿佛其是本属于身体的一部分。[②] 具身经验融入媒介认知中去，并在其获取、分析、评价和传播不同形式传播信息时自然浮现，无须其主动驱动意识。如当你接听电话时，可以不用特意测量，就能摆放出电话距离耳朵的合适位置。具身性通过在场、体验、延伸的具身过程促使媒介认知经验化，使其也成为个体的知觉系统中的重要组成元素，从而形成一种主观知觉能力，对整体媒介技术产生影响。

媒介认知能力也并非局限于对某一种能力的经验化，还涉及社会大众对特定媒介事物的认知水平及过程，包括对媒介技术的生产活动、受众接受过程以及媒介传播活动的社会历史语境的经验认知等。[③] 无论是处于媒介社会认知还是媒介信息认知经验中，人们对自己的身体知觉变化都会逐渐形成“反射”效应。[④] 倘若在个体的体验活动中缺失媒介认知因素的影响，个体的感知器官就会变得更为简单化，在实际的运用场景中，媒介技术可以通过提升具身性将媒介认知增强并融入个人的身体在场体验延伸中，以此来强化身体的感知程度。

---

① 蔡骐．论媒介认知能力的建构与发展［J］．国际新闻界，2001（05）：56－61.

② ［德］胡塞尔．生活世界现象学［M］．［德］黑尔德编．倪梁康，张廷国译．上海：上海译文出版社，2005：13.

③ 郑保卫，叶俊．从印刷、电报到互联网——论马克思主义媒介技术观的历史演变［J］．新闻大学，2016（02）：20－28＋147.

④ 韩宁，刘晓鹏．虚拟现实的身心关系解读——基于唐·伊德技术现象学的分析［J］．齐齐哈尔大学学报（哲学社会科学版），2018（02）：38－41.

但媒介认知的经验化并无法完全成为人类的实在经验[①]，其获取、分析、评价和传播不同信息形成经验的同时也存在被误导的可能性。这也是身体与媒介技术认知的差异点，具身性作为中介会不断对其进行调适，以求实现技术具身的仿真效果。另外媒介认知经验是真实存在的，实际上个体在接电话的过程中，不用再通过层层鉴别探索就可以直接与对方交流，这并非仅仅是一种感官经验，更是一种先验能力，还是媒介技术具身性影响下的基础思维经验。

2. 具身性创新媒介工具

信息的交流与分享肯定都需要通过媒介工具这一中介物，媒介工具是传播行为在进行过程中不可缺少的重要组成元素。[②] 结合传统观念来看，大众往往会将物质性与思维性的媒介工具结合到一起进行理解。[③] 但本书界定的媒介工具意义将仅仅限定为媒介技术范畴内的一种物质性技术，是媒介技术的实际载体，并不会涉及相关媒介知识或者技艺体系的内涵。[④] 其可分为物质实体和物理功能，其中物质实体是指通信设备、印刷品等看得见、摸得着的实物；而物理功能则是指实现信息传播的一种无形状态存在的物质，例如电波、声波、光波等经过验证存在却不被人类直接看见的物理现象，如微信语音虽然没有形态，但其实是由声波和电磁波传播的。

具身性创新媒介工具主要通过增强媒介工具的透明性来实现。媒介工具的透明性这一说法可溯源于唐·伊德提出的“人－技术关系现象”观点，其认为人与技术之间主要是有四种不同的关系存在：一是具身关系；二是诠释学关系；三是异化关系；四是背景关系。[⑤] 其中具身关系是指技术已经有效地融入个人的身体之中，人可以通过技术来加强对这个世界或是社会的认知，在这种情况下，技术就成了人与世界之间的介质，成为某种被穿过的东西，且具有一

① 吴国林. 后现象学及其进展：唐·伊德技术现象学述评［J］. 哲学动态，2009（04）：70－76.

② 李曦珍，楚雪，胡辰. 传播之“路”上的媒介技术进化与媒介形态演变［J］. 新闻与传播研究，2012，19（01）：23－33＋108－109.

③ 李庆林. 论媒介技术的功能演进［J］. 中国科技信息，2005（17）：202－212.

④ 胡翼青. 为媒介技术决定论正名：兼论传播思想史的新视角［J］. 现代传播（中国传媒大学学报），2017，39（01）：51－56.

⑤ 吴宁宁. 对伊德“人－技术关系现象学”的辨析［J］. 自然辩证法通讯，2015，37（03）：145－151.

种“透明性”[①]。

媒介工具作为一种特殊技术，根据唐伊德的观点，有两个特点。一是通过将媒介工具融入人体而获得的透明性。具身性促使媒介技术的透明性不断提高，达到一定程度时相应的媒介工具会“抽身离开”，身体可以借助媒介工具来强化自身的感知反应能力。二是技术本身与身体感知的差异，也可理解为媒介技术具身性与身体具身性的差别。虽然媒介具身性可以实现媒介工具在潜意识几乎完全隐蔽，但是个体仍然可以借助身体具身性来对媒介工具进行甄别，因为身体具身性是更加本源性的认知体验。从这个角度看，媒介工具的透明性实际应该被理解为准透明性。[②]

通常情况下，学者往往会对第一个特点更感兴趣，产生媒介工具将会完全透明地加入个体的体验活动这样较理想化的技术假设。但实际上，在具身性引导下，媒介工具本质上就无法拥有完全的透明性。由此看来，第二个特点才是更具有探讨性的。当然，具身性一直促使媒介工具尽力消除这种差别，媒介工具被作为调节工具来促进人类与媒体环境的互动，增强人们的具身性参与，使他们获得更身临其境的身体感知体验，帮助人类为周围世界建构意义；同时，随着时代进步发展，媒介工具不断实现人们的身体感知和思维过程可视化，为具身性的自身调节和指导提供更客观的参考，同时完成自身内部的调试创新。

3. 具身性塑造媒介环境

媒介环境从人类的角度看，可以理解为一种生活环境和传播环境；从媒介自身的角度看，则是一种生态环境，即媒介的生态环境。[③] 本书中界定的媒介环境，主要是指媒介的传播环境，即指存在于传播活动周围所特有的情境与条件的总和，也就是将媒介技术本身视作一种环境结构。媒介环境是由各种媒介技术效果共同营造出的一种社会情境，在此情境下，媒介环境与媒介技术表现为相辅相成、相互挟制的共生关系。媒介环境是媒介技术得以发展的前提与必备条件，媒介环境的发展是媒介技术能力的直接体现，媒介技术的使用形成一

---

① 周丽昀. 唐·伊德的身体理论探析：涉身、知觉与行动［J］. 科学技术哲学研究，2010，27（05）：60—65.

② 刘铮. 虚拟现实不具身吗？——以唐·伊德《技术中的身体》为例［J］. 科学技术哲学研究，2019，36（01）：88—93.

③ 崔保国. 媒介是条鱼——关于媒介生态学的若干思考［J］. 媒介观察，2003：10—19.

定范围并产生社会影响就会转化成较为稳定的媒介环境状态，可以被理解为一个存在的“场所”“容器”或是“载体”。[①]

具身性塑造媒介环境主要通过增强媒介环境沉浸度来实现。其中“沉浸”一词源于心理学，原指一种忽视其他无关知觉、全神贯注的心理状态，后逐渐用于媒介研究中。[②] 唐·伊德在其具身理论中详细地解释了这种沉浸度的意涵。他将现象学所理解的活动的、知觉的、有感情的和在世存在的身体视为身体一；将社会的和文化意义上的身体视为身体二；将穿越身体一和身体二维度的第三个身体视为身体三，即“技术的身体”。他认为身体一不能说明社会文化的影响，也不可能受技术的影响；身体二则其受技术的影响过大，缺乏一般稳定的内容，两者都存在缺陷。[③] 身体三的概念扬长避短，将技术的身体视作可以被体验感知的身体，同时还是能够实现社会及文化建构的身体，这种身体的存在是媒介环境形成的基石。[④] 媒介环境其实可视作以具身性为中介的一种知觉环境，媒介环境既能与人化为一体，也是形成世界的一部分。[⑤]

具身性对媒介环境沉浸度的调节过程可被描述为一种“放大”或者“缩小”的结构。[⑥] 杰西卡·林德姆（Jessica Lindblom）曾指出具身性涉及身体与媒介环境之间的交互补偿。[⑦]“具身关系同时扩大（或增强）和减少（或简化）了通过这些关系所经历的事物。”[⑧] 下面举例说明以上观点：如果有人想要体验虚拟现实中的游戏生活，那么就必须借助 VR 眼镜的具身性作用。一方面，VR 眼镜可以使人暂时摆脱身体的桎梏，清楚直接地沉浸到游戏的环境中去，因为它可以保持处于媒介环境中的人的沉浸感受，对人的视知觉功能进行放大。另一方面，人们使用 VR 眼镜进行虚拟体验时，本质仍然是透过双眼去看

---

① 邵培仁等. 媒介生态学：媒介作为绿色生态的研究［M］. 北京：中国传媒大学出版社，2008：51.

② 李沁. 媒介化生存：沉浸传播的理论与实践［M］. 北京：中国人民大学出版社，2019：14.

③ 杨庆峰. 物质身体、文化身体与技术身体——唐·伊德的“三个身体”理论之简析［J］. 上海大学学报（社会科学版），2007（01）：12-17.

④ 吴国林. 后现象学及其进展：唐·伊德技术现象学述评［J］. 哲学动态，2009（04）：70-76.

⑤ 叶浩生. 具身认知：认知心理学的新取向［J］. 心理科学进展，2010（05）：705-710.

⑥ 曹继东. 唐·伊德的后现象学研究［J］. 哲学动态，2010（06）：104-110.

⑦ Lindblom，J. （2015）. Embodied Social Cognition［M］. New York：Springer International Publishing.

⑧ ［美］伊德. 技术与生活世界：从伊甸园到尘世［M］. 韩连庆译. 北京：北京大学出版社，2012：76-81.

而不是亲身置于游戏场景之中，而日常生活中人们在观看时往往会调动听觉、触觉、嗅觉等多种感知能力去获取舒适的体验，由此，可以说 VR 眼镜“缩小”了其他感知觉功能对沉浸的影响。

再如智能手机的具身性让人可以和其他人进行跨地域远程交流沟通，人们通过智能手机进行交谈时，双方沉迷于交流的媒介环境中，而手机媒介本身就抽身离去，媒介环境的沉浸度在这里被增强了；在进行电话沟通过程中，沟通双方是以声音的形式沟通，而实际面对的场景并不会发生任何变化。由此看来，电话沟通作为面对面沟通的缩小功能，人们必须借用对方的言语才能想象其他感知维度，以媒介技术具身性塑造更深层次的媒介环境沉浸度，以实现更加完美的沟通。

第四章　媒介具身性的二元划分及其演变

一、媒介具身性的二元划分

唐·伊德提到技术发展过程中存在一种完全具身的最高状态，在这种状态下，人们忘记了技术的存在，技术在感知觉上被完美隐藏。如果想要达到这种状态，人类需要不断磨合与技术的关系，使自己在使用技术时获得舒适的感受。技术存在双重限制阻碍这种最高状态的实现：一为主动限制，即具身的不完全性限制；二为被动限制，即技术异化限制。唐·伊德进一步提出如果想要摆脱技术的物质性限制，可以通过追求具身透明度的纯粹性来实现。媒介技术被经验的过程必须是透明的，可以实现其物理特性的穷尽，在这一过程中，媒介技术因其具身性达到抽身而去的效果，但是这种效果必须在人类感知觉可控范围之内存在。①

由此可以进行推测，媒介技术具身性本身存在程度上的差异，由此可以反映不同媒介技术的经验化、透明性以及沉浸感的差异。麦克卢汉曾经创造性地将媒介类型划分为"冷媒介"与"热媒介"两种类型，他认为清晰度低、卷入感官程度高的媒介技术属于冷媒介，清晰度高、卷入感官程度低的媒介技术属于热媒介，为媒介技术的划分提供了基于冷热感知的标准。② 在此基础上，笔者尝试将媒介技术的具身性进行二元划分，将其分为强与弱两个标准，其与麦克卢汉冷热媒介思想的相似之处在于媒介技术的强弱具身性划分也是一个比较

---

① ［美］伊德. 技术与生活世界：从伊甸园到尘世［M］. 韩连庆译. 北京：北京大学出版社，2012：88.

② ［加］麦克卢汉. 理解媒介：论人的延伸［M］. 何道宽译. 南京：译林出版社，2011：76.

而言的概念，需要在有参照物与参照背景的情况下，通过对不同媒介技术的对比来区分。

立足于前一章对媒介技术具身性的概念辨析的结果，可知在场性、体验性、延伸性这三个层次成为具身性强弱划分指标的标准。在场性是体验性与延伸性发生的基础条件，在场性的存在必定引发体验性与延伸性的存在。媒介技术运作过程中具身在场、体验是具身延伸（可视作另一意义上的媒介技术）的前提，先有具身在场的存在，在身体获得体验后，再进行后续的延伸活动，这种延伸活动有时会呈现出显性的即刻表现，有时又呈现为隐性的存在趋势。在一般情况下，在场性影响体验性，在场性与体验性共同影响延伸性，在场性与体验性强弱程度呈正相关，在场性、体验性与延伸性强弱程度不呈正相关，延伸性可视作对在场性、体验性的补足。

由此，笔者建立媒介技术具身性的二元划分标准如下：一为在场性，其程度呈现为媒介技术对身体感知觉（人脑对作用于感觉器官的客观事物的反应）比率的协调性，媒介技术对身体感知觉比率的协调性越高，其在场性越强；二为体验性，其程度呈现为媒介技术对身体经验的适配度，媒介技术对身体经验的适配度越高，其体验性越强。另外前面提到，在场性与体验性这两个指标属于正相关关系，两者共生共长。

这里暂时未纳入延伸性这一指标：首先延伸性是具身性的影响结果，在具身在场、体验的传播阶段过后，延伸作为后续反馈的实际影响，能够对身体及世界做出改变。媒介技术作为身体的延伸结果，而延伸性作为具身延伸的程度及功能意义的综合呈现，两者实际上本出同源，都为具身最后阶段产物及属性，将延伸性加入媒介技术具身性划分标准则可能存在重复讨论的嫌疑。另外，媒介技术的延伸性实际上一直处于不断积累的过程，正如一种新媒介技术的内容是旧媒介技术，延伸性依照逻辑将会保持由弱到强的发展态势（但是延伸性也存在中断的特殊情况，比如说人们会将古埃及金字塔、复活节岛石像想象为外星人留下的文字媒介，但这种媒介技术在时间里中断了延伸的过程，所以人们哪怕通过图像技术观测到它们的全貌，依旧不能理解其传递的真实信息），其应该被衡量的是增长的差值，但这一点暂时无法实现明确的量化，所以不将其纳入划分标准，因此延伸性没有被纳入划分指标。

为了更好地理解这种二元划分，下文将利用由媒介技术具身性中的在场性与体验性两个层次建立起的衡量指标，对不同媒介时代主要媒介技术时代中的具身性进行强与弱的二元划分，并由此对人类传播史中前语言－口语传播、文字印刷传播、电子传播这三个时代的媒介技术具身性的演变情况展开论述。

二、媒介技术具身性的历史演变

具身活动必须是能够通过学习了解并实践的，换成现象学的术语来解释，即具身必须是建构的，其原初的状态具有含糊性，是一个不断成长的过程。媒介技术的具身性呈现存在一个从无到有、渐强渐弱的过程，只有通过具体的具身实践活动才得以凸显。人使用媒介技术的过程就是人与媒介技术具身的过程，为了理解人类的本质与规约，媒介技术可以视作人的存在方式，媒介技术的发展普及使人类在历史演变过程中进化出区别于其他物种的具身性，媒介技术具身性的历史演变是一个值得探讨的问题。

在口语诞生之前的前语言时代，人类之间的身体互动是最重要的传播方式。在此时期之后，麦克卢汉根据人类媒介技术的发展进程将人类历史分为三个阶段：口语传播时代（部落化阶段），人类在群居的生活状态下依靠口语方式亲身交往传播；文字印刷传播时代（非部落化阶段），人类在个体的生活状态下利用文字印刷技术进行传播；电子传播时代（重新部落化阶段），人类重返“部落化”，借助电子技术缩短彼此之间的距离，在“地球村”中共同生活。基于媒介技术的传播效果，本书暂将前语言时代与口语传播时代相结合（媒介技术并未发生突破式创新，其传播影响边界并未显著提升，仍受视觉听觉桎梏），把人类传播史划分为前语言－口语传播、文字印刷传播、电子传播这三个时代。

为了方便对比，本书将以上三个时代分为前语言－口语传播到文字印刷传播时代、文字印刷传播到电子传播时代这两个阶段；然后根据媒介技术具身性的强弱二元划分将以上三个时代的主要媒介技术进行比较，分析阶段内具身性的发展趋势；最后根据上述对比结果，对媒介技术具身性进行历史分期。

（一）阶段一：强具身性转向弱具身性

1. 肢体语言及口头语言媒介技术

阶段一为前语言－口语传播至文字印刷传播时代。前语言－口语传播时代的主要媒介技术为肢体语言（简称肢语）及口语媒介技术。其中肢体语言一直根植于人类的身体之上，它先于口语存在。关于口语具体起源和发展，学者桑德拉·鲍尔曾在研究中提出，“人类使用了符号传播或信号传播之后，口语就产生了”①。罗杰·菲德勒的研究表明，根据原始人头盖骨化石上分解的数据信息可以确定，早在万年之前或者说在更早之前，人类就已经有了表达能力。很多考古资料也证实了早期家族内部存在使用固定肢体语言进行沟通的情况，口头语言的早期形式就是在肢体语言的漫长实践过程中形成的。口语的出现打破了身体原有的感知平衡，重新组织了身体器官的感知比率，不同于前语言时期身体的视觉、听觉、嗅觉、触觉等感知比率的相对平衡，听觉的感知比例大大增加。在不断的交往实践中，口语与肢语媒介技术相融合，逐渐进化到能表达抽象事物和具有简单的语法结构的程度，其具有符号功能，能促进思维的发展，辅助进行思想的表达。

肢语口语的产生标志着人类在记忆传递知识、表达思想观念的能力方面有了巨大的进步，其特征为以身体行为为载体，并借助人类的身体器官来完成沟通，通过身体动作和声音使信息得以传播，直观形象，生动易懂。它是人类媒介技术的最初形态，因人类传播交流信息的需要而形成，对人类传播活动和媒介技术的产生与发展，乃至整个人类的进步具有根本性意义。这种传播方式从人们先天具备的能力出发，每一个人通过不断锻炼提升口语和肢语传播能力传递信息、表达思想，从而满足自我需求。虽然还有部分学者表示不能将肢体语言或口头语言视为人类媒介载体②，但在笔者看来，作为区分人类与动物生存生活状态的重要标准，肢语及口语都属于媒介技术，自然不能被排除在媒介之外。另外，口头语言发挥的媒介效果明显高于肢体语言，它在促进人类社会发

---

① ［美］德弗勒，鲍尔-洛基奇．大众传播学诸论［M］．杜力平译．北京：新华出版社，1990：17.

② 鲍立泉．数字传播技术发展与媒介融合演进［D］．武汉：华中科技大学，2010.

展中起着重要作用，是其他一切媒介进化发展的基础，即使在拥有众多现代媒介技术手段的当下，口语媒介技术仍占有不可替代的重要地位。

2. 文字及印刷媒介技术

文字印刷传播时代的主要媒介技术为文字及印刷媒介技术，其特征为以宏观物质实体为载体，是媒介技术发展的第二个阶段。距今约 5200 年前，生活在底格里斯河和幼发拉底河流域的苏美尔人创造了人类最古老的图形文字即楔形文字。根据相关历史资料记载，我国在伏羲氏统治的时候就开始画八卦造书契。[①] 大约在商周时代，还出现了甲骨文，它被称为汉字的雏形，是根据上古时期符号衍生而来的，并经过不断演变延续至今。文字的出现为文化的远距离传播提供了可能，是人类传播发展史上浓墨重彩的一笔，人类历史进入符号化传播阶段，媒介技术被人们更加广泛地关注和使用。人类在使用文字媒介的过程中，通过掌握文字记录的系统方法促使与其有关的媒介技术不断产生，如书写技术、印刷技术、排版技术等均随着文字出现而被发明。媒介技术通过外部载体形成了传播路径，它与原有的传播不同，并不是借助身体某一器官功能，而是通过竹、绵、丝等物质记载信息，拓展人与人之间的传播可能性，让传播的时空范围不断扩大。

文字的发明进一步推动了媒介技术的发展，部分补充了口语传播的短板，信息传播从个体传播逐渐迈向大众传播。为满足扩大的社会交往需求，印刷媒介技术应运而生，经历了早期手工印刷媒介技术、后期机器印刷媒介技术这两个阶段。公元 627 年后，唐代发明了雕版印刷技术，1040 年后又在此基础上创新了活字印刷术。公元 1450 年印刷技术传入德国，戈登堡迅速发展了金属活字印刷术，自此人类文明发展又向前迈进了一大步。印刷术使文字符号在较短时间内被大量机械复制成为可能，身体传播逐步隐退，物质实体传播渐渐成为传播的主导，文字印刷媒介由此不断增殖膨胀，撒播成为传播的主要方式，具身在场的释义被油墨间隐藏的“幽灵”所替代。[②]

彼得斯在《交流的无奈》中表示，当身体与身体的直接联系被隔断，身体在交流场景中逐步被文字符号取代，交流从双向沟通变为单向传播。虽然孔

① 张明林．四书五经大系：第一卷［M］．北京：中央民族大学出版社，2002：3.
② 邵鹏．媒介作为人类记忆的研究——以媒介记忆理论为视角［D］．杭州：浙江大学，2014.

子、苏格拉底和耶稣等都对采用记录性的书写符号保存思想持反对态度，但文字的撒播仍成为传播的主要方式，思想开始寄托于符号之上，其真正释义被个人的“再理解”代替。当交流被符号化传播主导以后，传播不断超越时间和空间限制，身体开始从交流中逐渐解放出来。媒介技术从身体器官功能中延伸而出，如视觉被延伸为文字，脱离身体而存在，印刷技术的机械式复制使这种延伸不断加剧，突破了人类文明中以肢语、口语传播为标志的面对面在场的传播方式。身体器官功能的延伸促使原有社会关系网络分离，从而重组社会关系，变革社会基础结构。

（二）阶段二：弱具身性转向强具身性

1. 主要媒介技术概述

阶段二为文字印刷传播到电子传播时代，因为文字印刷媒介在前文已经概述过了，这里仅对电子传播时代的主要媒介技术——电子媒介技术进行概述。作为依托微观粒子能量为载体的媒介，电子媒介技术涵盖了所有以电磁波及电流传播为载体的技术。[①] 19 世纪，电磁力学的发展促进了电报、电话、广播等技术以及今天人们所熟悉的计算机技术、光纤技术、卫星通信技术的发展，在信息传播过程中发挥了重要作用，实现了技术升级和拓展，新一代技术功能性大大超越了上一代技术。如电视媒介需要通过发射塔完成信号发射，中转基站接收信号之后，再经过中转传递给电视机，通过以上过程，信息传播范围得以拓展，传播速度和效率极大提升，传播形式也变得更加灵活。电子媒介技术的高速发展带动了信息传播的“飞跃”进化，再次超越了时间和空间的界限，实现了真正的变革。[②]

当下的电子媒介技术具有如下特征。其一，传播具有时效性，电子媒介技术依托的载体电波运行速度能够达到每秒数十万公里，远超以往的媒介技术。其二，传播具有广泛性，电子媒介技术能够传播声音、图像等多种信息，面向的接收者广泛，在其传播过程中几乎不会受到空间限制，只要受众拥有对应的

---

① 沈默．论媒介技术的本质与历史演变特征［D］．沈阳：东北大学，2008.

② 鲍立泉．数字传播技术发展与媒介融合演进——以媒介记忆理论为视角［D］．武汉：华中科技大学，2010.

终端设备基本就能获得传播体验。其三，传播具有技术性，从人类发展历史中不难发现，科学技术总体发展水平越高，其下的媒介技术含量越高，则传播技术性越强，而电子媒介技术产生于电力革命时期，汲取了第二次科技革命的养分，经过历代变革，成果丰硕。其四，传播具有生动性，信息资源通过电子媒介技术可以被传播得更生动，如在传播过程中声音的张力和表现力并不会受到传播路径的影响，能够较真实完整地被还原。

2. 主要媒介技术的具身性划分

要对两种媒介技术的具身性进行划分，首先要对其在场性进行对比。在电子媒介技术发展初期，电话、电报等技术是最早的传播方式，学术领域中电磁效应、光电理论等实证研究为电子媒介技术的发展奠定了基础，电力技术发展为电子媒介技术提供了保障，融合这些技术实现了信息载体改变，人们可以将信息捆绑在电能上，使传播信息的手段和载体都发生质的飞跃。当使用电子媒介技术成为主流，更多在线屏幕窗口被开启，人类面对多个交流对象，却不需要与其在场于同一时空之下，哪怕相隔于千里之外，人们也能通过虚拟身体在虚拟时空获取想要的信息，媒介技术的实在在场性通过虚拟在场性被部分补足，主体感知觉比例协调性及主客双方时空同步性较文字印刷时代有所提升，其中视觉感知比例获得超强提升，听觉、嗅觉、触觉也通过技术模拟回归到感知过程，此时既是图像时代更是超感时代，由此，电子媒介技术在场性强于文字印刷媒介技术。

其次要对其体验性进行对比。在大众传媒无所不在的当下，媒介技术也成了国家统治的机器，是传播统治阶级思想意志的工具，谁能掌控相应的电子媒介技术手段，谁就有导向社会舆论认知的能力，由此限制了真正的身体体验。多种信息占据了整个信息平台，受众亲身获得的经验越来越少，人们获取的信息都是经过人为加工和处理的，如复杂政治信息、宏观经济信息等，有些信息已经严重失真或经过人为美化，呈现给观众虚假的情景设置。但相较于文字印刷，电子面向更广的经验体系并配备了相应的检索系统来完成经验适配，借助广泛的交流平台，身体的内外反馈性也有所提升，这使电子媒介技术的体验性强于文字印刷媒介技术。

根据上文对比，文字印刷媒介以其弱在场性、弱体验性被划分为弱具身性的媒介技术，电子媒介以其强在场性、强体验性被划分为强具身性的媒介技术，从文字印刷时代至电子传播时代，媒介技术具身性呈现由弱转强的整体趋势。

（三）全阶段：具身性的历史分期

由上文可知，肢语口语技术具身性强于文字印刷技术具身性，文字印刷技术具身性弱于电子技术的具身性，要从媒介技术史的全阶段（即前语言-口语至电子传播时代）来对其具身性进行分期，还需将肢语口语技术与电子技术的具身性进行强弱对比。

肢语口语技术在传播过程中，传受双方身体保持实在在场，传播时空同步性高，身体的各种组织及感官系统都担当了符号中介的角色，感知觉协调性强；电子技术通过虚拟在场性部分补足其实在在场性的缺失，其对感知觉的协调极力追求肢语口语天然具备的实在在场的真实感，由此其在场性是弱于肢语口语技术的。

肢语口语技术在传播过程中，传播对象在信息交流中的时空位置相符，传播者与接收者理解能力规约性强，身体经验适配度高，与之相比，人们在使用电子技术接收理解海量传播信息的同时，也是被操纵蒙蔽限制的对象，碎片化的信息获取、分析、评价和传播影响了传播效果，海量信息极大压迫了人体所能承受的认知极限，令其无法对信息做出有效反应，由此身体经验的适配度较低，所以电子技术体验性也弱于肢语口语技术。

根据上文对比，肢语口语媒介以其强在场性、强体验性被划分为强具身性的媒介技术，电子媒介以其弱在场性、弱体验性被划分为弱具身性的媒介技术，在前语言-口语至电子传播时代，媒介技术具身性呈现由强转弱的整体趋势。

所以经过综合对比，从媒介技术具身性方面对媒介技术史分期，立足于不同时代主要媒介技术具身性的强弱对比结果（肢语口语技术强于电子媒介技术，又强于文字印刷技术），最后将前语言-口语传播时代视为强具身性时期，将文字印刷传播时代视为弱具身性时期，将电子传播时代视为中具身性时期。

需要点明的是，这里媒介技术具身性的强中弱分期是一个立足本书逻辑在内部相互比较后的划分结果，并非说明媒介技术史中其具身性所有分期具有如此固定的强弱划分标准。

三、媒介技术具身性的发展趋势及反思

（一）媒介技术具身性的发展趋势

目前人类所采用的主要媒介技术仍以电子媒介为载体，整体来看，当下的媒介社会生活仍处在中具身性时期，但发展的趋势隐藏其中，如若电子媒介技术对人类社会的统治还将持续很长一段时间，媒介技术不断更新换代，那么其呈现的具身性也存在变化的可能性。

1. 媒介技术重返强具身性

从前语言到如今的新媒体时代，人类依旧不断想要超越自身在物质身体与思想智能上的局限性，随着媒介认知的提升，人类对于媒介工具的使用不断升级，媒介环境由人与机器共同塑造，“赛博格”（cyborg）思想不断发展，为新时期媒介技术具身性的转向提供了理论参考。

第二次世界大战之后迅速发展的控制论科学是赛博格思想的来源，1985年，唐娜·哈拉维（Donna Harrway）在其论文《赛博格宣言：20世纪晚期的科学、技术和社会主义的女性主义》中正式提出了著名的“赛博格”思想：赛博格就是可以进行自动调整的人类机器系统，由神经机械装置（cybernetic device）和有机体（organism）组合而成（例如安装了假肢的身体）。[①] 从“赛博格”思想出发，随着科学技术的迅猛发展（尤其是网络信息技术、电子数码科技和生化技术），人与媒介技术的关系变得更为密切与广泛，人类的生物机体系统与媒介系统相联系，并在机体层面被进行部分或全面改造，乃至与媒介技术共生共栖，人类的生活已经离不开各种媒介技术与机器，社会逐渐转变为真正意义上的“赛博格”社会。

根据媒介技术对身体的“嵌入性”，赛博格社会可分为三个阶段。[②] 第一个阶段，身体与媒介技术之间的结合是外在显现的组合关系，信息的通信是结

---

① 李建会，苏湛. 哈拉维及其“赛博格”神话［J］. 自然辩证法研究，2005（03）：18－22+36.

② 李恒威，王昊晟. 赛博格与（后）人类主义——从混合1.0到混合3.0［J］. 社会科学战线，2020（01）：21－29.

合的前提。此时身体并没有受到电子元件的植入或侵入，依旧保持作为生物机体的完整性。媒介技术类似一种外部接口，通过具身性对身体的认知、思维、行为活动进行部分调节。身体与其组合则成为一个暂时的“赛博格”，但这种改变并不会让人的肉身或心智发生根本性的变化，人类对其具有绝对的掌控权，可以决定其开始与结束，如人类对电视、电脑的操控运用。

第二个阶段，身体与媒介技术的结合实现了在人类生理机能与心智上的初级嵌入，两者形成了一个具有交互紧密性的整体系统，媒介技术需要与身体紧密贴合甚至进入身体。此时媒介技术通过具身性调节身体的认知、思维、行为活动的能力大大提升，不断满足人类对于在场、体验、延伸的渴望，人类对于媒介技术的一部分掌控权被转嫁给媒介技术本身。例如虚拟现实技术的应用，人类必须正确佩戴相应的装置设备，并保持身体与设备的紧密接触才能进入完美的模拟状态，获得沉浸式的感知体验，并依照其运行规则进行传播活动。在上一章中总结的历史中的电子媒介时代，便主要处于赛博格社会的第一、二阶段。

第三个阶段，身体与媒介技术的结合实现了在人类生理机能与心智上的深度嵌入乃至交融，人类的大脑与神经系统对于媒介技术完全放开限制，媒介技术具有直接影响人的心智的能力，可通过具身性对其认知、思维、行为活动进行控制，而人类对于媒介技术的掌控权则受到严重限制。此时，媒介技术对于身体具身在场性、体验性、延伸性的实现达到极致，人类甚至可能根本无法区分虚拟与现实，其生存本质完全媒介化，人类也不再是媒介技术与具身性之间的中介物，反而成为单向被影响的对象。此阶段往往被学者描述为未来媒介技术的演进方向与归宿，例如在未来人们可能足不出户，其社会生活完美复刻接入网络空间，智能媒介系统为其存在建构意义。

通过以上三个阶段可以发现，电子传播时代媒介技术的进步逐渐实现了虚拟在场对生理机制的束缚的突破，具身性效果将逐渐与实在在场的效果等同，越来越全面地完成对主体感知觉比例的协调，进一步提升了主客双方时空的同步性，在场性持续转强；并且越来越恰当地实现对主体经验的适配，拓展主体内外的反馈性，对于人类体验的满足逐渐超越能被一眼识别谎言的情况，并将仿真转变为人类生活的“真实”，体验性也继续转强；其延伸性不断拓宽边界，促使媒介技术的精确性、时空超越性发生飞跃。

由上，媒介技术所呈现的中具身性逐渐向强具身性变化，这里的强具身性与前语言－口语时代媒介技术的强具身性的区别在于：实在在场被虚拟在场完全代替。在此情况下，身体作为物质性的存在不再是人类传播的必要条件，身体作为原初媒介的功能因无法跟进社会发展的效率要求而被逐渐搁置，其不得不创造、调试、进化其虚拟化身以应对媒介技术具身性的发展，并逐渐开始长时间地寓居于媒介技术形成的数字空间之中。

2. 媒介技术转向后具身性

作为典型的后人类（posthuman）形象，赛博格的出现对人的定义提出了新的挑战，并重新为审视人类的本质提供了哲学思考的角度。实现人机结合的赛博格人成为一种新的本体论意义上的后人类，有部分学者开始质疑此时媒介技术具身性存在的可能性，媒介技术的强具身性或许并不是其发展的终点。未来人类的生存状态可被总结为两种。一种是指身体与智能机器共存的生存状态，借以适应社会环境的变化。这种方式其实今天已经初见端倪，如残疾人会为自己装上义肢来支撑行走，这里的义肢是为了补偿人身体功能的不足，而未来的“义肢”[①] 会被视作身体原本的一部分，并且是对人正常身体能力的延伸。另一种生存状态则较为极端，可以说是触及具身延伸的边界：人的物质性身体（肉体）被彻底抛弃，其精神意义上的身体（心智）被截除为最终的延伸符号进入赛博格空间——一个基于信息、包含互联网和电磁领域的新型时空域。[②] 曾有科学家设想，人可以化为智能程序上传至软件系统，可以任意选择一个虚拟的身体永远生存在赛博格空间内，实现灵魂的“永生”。

此时媒介技术的具身性逐渐被重塑，人的身体经由机械化改造后开始最大限度地触及各类感官知觉延伸的极限，并使这些感知数字化符号化，重塑的结果就是人类的“全赛博格化”，身体彻底获得“解放”。媒介技术最终突破身体的限制，拥有超越身体、将身体完全解除的能力，有学者认为此时媒介技术的具身性转向了“非具身性（disembodiment）”，没有了身体的存在，任何具身

① 欧阳灿灿．“无我的身体”：赛博格身体思想［J］．广西师范大学学报（哲学社会科学版），2015，51（02）：60－66．

② 阮云星，高英策．赛博格人类学：信息时代的“控制论有机体”隐喻与智识生产［J］．开放时代，2020（01）：162－175＋9．

性都不复存在。[①] 媒介技术真正成为人类完全不可控制的对象，在数字化的催生下，赛博格空间成为人类新的生存领域，承担起运转人类政治、经济、文化的社会生活使命。但笔者认为，人类此时真正抛却的是部分肉体而不是整个身体，只要人类的主体意识依旧从身体上萌发而保持存在，媒介技术的具身性就依旧存在，此时的媒介技术可被认为处于“后具身性”的时期。

要理解“后具身性”一词，需要将其与后人类放在一起理解。后人类的概念最早出现在19世纪，俄国布伦瓦斯基夫人出版的《秘密教义》一书中首先提出了“后人类”一词，发展至20世纪80年代后期，美国学者斯蒂夫·尼克尔斯发表了《后人类宣言》，后人类概念才正式进入人们视野。[②] 后人类可理解为超越了人类现有的身体机能的人类，“后人类”的“后”其实是对比当下“人类”的概念的“后”，由此推导，“后具身性”的概念可理解为是针对已经存在的“具身性”概念而言的新型具身性概念，表示超越了现有的具身性释义与分类，蕴含了对未知未来的展望。凯瑟琳·海勒在《我们何以成为后人类》一书中提到，后人类时代里传播的信息模式重要于其物质形式，所谓的具身性可视作一个历史的意外而不是智能生命存在的必要决定条件。[③] 通过基因改造、数字化技术、遗传工程、人工智能等手段，人类可以完成从自然人向赛博格式的后人类的进化，但事物都具有双面性，媒介技术的发展可以拓展人类身体机能、提高智力水平甚至实现“永生”，但它也可能使人丧失主体性而沦为技术的奴隶。人类对此喜忧参半，不断试图寻找安全且符合伦理道德的后人类主义技术视角，维护人类中心的主体性，这与媒介技术的后具身性仍具备的主体性特征相对应。

如果“后具身性”得以实现，媒介技术原本的强在场性将转向后在场性，即新型主体在场性，主体感知觉比率通过自身就可以实现协调，主客双方时空的同步性可以通过程序代码进行调节；强体验性转向后体验性，主体经验的适配度、主体内外的反馈性将由数据统计来实现；而其延伸性也将转向后延伸

---

① 周丽昀．身体：符号，隐喻与跨界——唐娜·哈拉维“技科学”的主体解析［J］．科学技术哲学研究，2011，28（05）：62－67．

② 高丽燕．后人类影像中的身心关系及其反思［J］．当代电影，2018（12）：128－131．

③［美］海勒．我们何以成为后人类：文学、信息科学和控制论中的虚拟身体［M］．刘宇清译．北京：北京大学出版社，2017：19．

性，人类主体与媒介技术共为一体，媒介技术的精确性、时空超越性将不再成为困扰人们的问题。

随着控制理论及人工智能理论的深入研究，人们普遍认为必定会见证后人类时代的到来，身体已经能够适应被科技进行各种改造，生命形态逐步转向多元化发展，脱离肉体的心智存在也许可以通过技术改造成为被认可的新型人类。基于媒介技术的主导，新的进化历史被创建，从而支配了人们的生产和生活，脱离肉体的心智可以附身于其他形式的身体，如新型数字化身体，身体根本性质的变化对于媒介技术的认知、工具、环境必定产生影响。数字化的身体与媒介技术再次实现前语言时代身体与媒介技术的同一，由此也为整个社会带来不一样的“后具身性”特征。

此时人类对于对话与撒播的交流追求或许都会逐渐逝去，新的交流梦想应时而生，成为传播未来发展的线索。对于新型人类来说，重返具身性，再次触摸到真实肉体上原本温热的肌肤已成为遥不可及的奢望。或许在未来之未来，随着媒介技术的发展，会出现更为高级的身体模式，指引人类媒介技术发展过程中的具身性转向，彼时后人类社会的发展将越来越远离人类曾经的现实生活，如何认识新的媒介技术具身性，将是未来之传播学中一个不断被继续讨论的问题。

（二）对媒介技术具身性发展的反思

1. 媒介技术具身性的交互性危机

媒介技术具身性在身体实践中得以呈现，强调身体与媒介环境的交互关系在认知活动中的关键作用：具身认知过程的核心在于主体和环境的交互而不是表征和算法操作[①]，具身性并不是由单向的传播活动而产生的，其存在是主客双方交互的结果，其意义是相互流动的。然而媒介技术具身性在不断发展的当下正面临着交互性危机。

人类社会最开始使用媒介技术是为了监控环境[②]，并将有效信息传递给人们。此时媒介技术的身份更像是信息搬运者，但是人们并不满足此功能，而是

① ［美］夏皮罗．具身认知［M］．李恒威，董达译．北京：华夏出版社，2014：4—5．
② 袁军．新闻媒介通论．［M］．北京：北京广播学院出版社．2000：252．

通过各种方法转化了媒介技术，使其功能提升为在监视环境的同时也监视人类自身，正如人只要使用网络就必定留下痕迹，且痕迹保留的时限逐渐变长，其根本目的就是保持对人虚拟在场“监视”[①]。在利益推动下，媒介技术还对个人隐私进行侵犯，甚至达到无法控制的地步，原本是为生活便利而衍生的技术，如今成了侵犯隐私的偷窥者，给人们生活带来威胁，并逐渐建筑起囚禁人类的“全景监狱”。

福柯对全景监狱的理解可以对媒介技术具身性的交互性危机何以产生做出一些说明。全景监狱（panopticon）是建筑大师边沁（Bentham）提出的概念，它属于全景开放建筑形式的一种，其环形风格及匹配的瞭望塔能够便于监狱的监督和管理。[②] 全景监狱的外围被建造为一种环形建筑，其中有数个囚禁被监控者的房间；其中心伫立着作为监视器的瞭望塔，瞭望塔的周围安装上用于监视的窗户。每个囚室配备两扇窗户，一扇朝向瞭望塔，另一扇朝向外面，由此囚室内光线明亮。通过逆光效应，全景监狱只需在瞭望塔安排极少数的监视者，就可以在瞭望塔内从与光源相反的视角监视周围囚室里无法逃离的被“观看”的监视对象。全景监狱将监控者对监控下身体施加的权力抽象为一种普遍的、离身的规则，当被监控者的身体行将消失于媒介技术之中时，媒介技术具身性也就被隐藏起来了。被监控者身体的物质性特点在媒介技术中逐渐消失，并成为由媒介技术和实践监管的统一模式下具有普遍性的身体模式，这种对身体建构的过程往往是通过掩盖具身交互性特征的身体实践而实现的，当全景监狱仅仅被抽象为一种普遍机制时，具身交互性就被媒介技术逐渐解构了，最终实现了全景监狱的设计目的——自我规训。[③]

基于新媒体技术发展，人们被赤裸裸地投放到电脑和手机屏幕中，毫无隐私可言，如同进入“全景监狱”的囚徒，人们的生活、工作乃至学习都会在媒介技术的监视规训下进行。赛博格社会中，媒体环境进入了沉浸式状态，任何人都不能脱离，传播过程中身体介入环境并与环境产生交互关系的交互性特征

---

① 顾理平，王飔濛．社会治理与公民隐私权的冲突——从超级全景监狱理论看公共视频监控［J］．现代传播（中国传媒大学学报），2017，39（06）：34－38．

② 喻国明．媒体变革：从“全景监狱”到“共景监狱”［J］．人民论坛，2009（15）：21．

③ ［法］福柯．规训与惩罚－监狱的诞生［M］．刘北成，杨远婴译．北京：生活·读书·新知三联书店，2003：179．

已成为骗局，交互被设定为模拟好的程序，身体并非主动去与环境进行交互，而是被动接受各种骚扰与规训。在未来，福柯强调的“超级全景监狱”将会逐步构建和实现，一旦成立后人们将永远处于媒介技术的“囚禁”之中。

目前的全景监狱对于具身交互性的破坏主要体现在以下几点：

一是数字化监视时刻监控具身在场。媒体技术基于大数据技术实现了互联网与物联网的融合，媒介场景逐渐取代真实的生活场景，人们的工作生活逐步被虚拟化，智能电子设备成了最常见的沉浸式场景载体。[①] 在此媒介场景中，人们每次虚拟在场，无论是浏览网页、购买物品还是点击视频都会被媒体记录，其监控方法为通过 0 和 1 的组合，实现对用户的监控和锁定。[②]

二是隐蔽化监视时刻监控具身体验。在媒介环境中，监控并非像监狱监控一样，需要有明确的监视器与监控者，但它们在用户体验过程中无处不在。身处网络世界，任何人只需要一台电脑或一部连接 Wi-Fi 的手机就能监视特定用户的举动，这让被监控者无处可逃。用户使用的媒介就是监视工具，其监视器甚至可以完美隐藏在屏幕后面不被察觉。如目前在智能手机上使用各种应用程序需要打开隐私权限，一旦开启程序应用，不论用户是否愿意体验，其所有的隐私信息都会即时而持续地暴露给软件运营商。

三是全方位监视时刻监控具身延伸。所有使用过电脑搜索引擎的用户也许都会有这样的感受，当你搜索了某些物品或小说后，再次打开浏览器时，电脑系统会自动弹出相关信息窗口，如同类型物品的购买链接窗口或者小说的更新提示窗口等；当其打开另一个购物 App 时，类似的产品信息依旧会推送给用户，用户甚至还会受到相关的电子邮件、推广短信等骚扰，这些现象出现是由于用户在浏览过程中所有延伸行为都受到媒介监视并被定位了信息，监控者通过大数据技术了解到用户的消费偏好、阅读喜好等，进而通过软件程序间的数据共享将相关信息多方位地推送给用户。

在赛博格时代，人机交互混合促使用户的信息行为被赤裸展现于后台数据库中已经是一种普遍的现象，甚至有些网站还会在规则外恶意安装监视设备或

---

① 李沁，熊澄宇．沉浸传播与“第三媒介时代”［J］．新闻与传播研究，2013，20（02）：34－43＋126－127.

② 杨子飞．作为媒介的监控与“安保主义”——论“监控社会”的安全文化［J］．华中科技大学学报（社会科学版），2017，31（02）：129－134＋140.

书写特殊的程序代码设定来获取信息，媒介化身体在与网络世界的交互关系中失去了认知的平等地位。无数新媒介技术在给人们带来便利的同时，也无时无刻不在掌控着普通人的物质与精神生活，其交互性变为无限监控与规训下的谎言，人的身体再一次成为被剥削的对象。但人们往往因为对各种媒介技术的依赖，就将这种交互性危机置之脑后，实际上人们应该更加重视个人在赛博格空间的人权诉求，并且积极寻求保护个人权益的合法方式。

2. 媒介技术具身性的主体性危机

主体性对于具身性来说，是一个重要且无法脱离的特征，具身性寓于主体性之中，主体性为具身性的存在前提。媒介技术的变革导致赛博格时代的来临，人们日常生活的各个领域都与新媒介技术产生了密不可分的联系，新媒介技术的出现和普及成为社会良好运转的主动力，但由于其使人们转化为数字主体，引发其媒介焦虑（也称数字主体焦虑）乃至异化，在人的数字化生存模式中影响了媒介技术的具身性发展。赫拉利曾在《未来简史》中提出，在人工智能和大数据技术飞速发展下成长起来的数字媒介，其识别、分析、记忆等各种功能模式的能力不断模拟并超越人类，媒介技术逐渐获得主体性地位，她预测在未来绝大多数人将沦为无用阶级。[①] 由此，在未来社会，人类不得不面临这样一些问题，比如人类的自我价值在何处？人类该如何寻找自己的生存意义？笔者认为，实际上媒介技术的具身性本质是对人的主体性呈现，人的主体性危机无疑将引发媒介技术具身性的主体性危机。

在媒介化的社会中，人们对世界的认知理解都是通过媒介技术获取的，媒介技术随时随地都在潜移默化地影响人们的行为和思维，特别是在赛博格时代，新型“媒介人”就是这一时期的产物。马克・波斯特（Mark Poster）在研究中提出了“新型媒介人”概念，并将其定义诠释为“数字主体”[②]，即由强大信息网络所颠覆的，与笛卡尔式的理性主体有明显区别的新主体，其内涵可以从两个方面理解：一方面，主体形态受到信息方式影响，电子媒介技术的出现及成熟发展已经彻底改变原有主体，重新塑造了新主体；另一方面，新型主体具有多重性、分散性以及去中心化的特征。因此，“数字主体”在本质上

① ［以色列］赫拉利．未来简史：从智人到智神［M］．林俊宏译．北京：中信出版社，2017：18．
② ［美］波斯特．第二媒介时代［M］．范静哗译．南京：南京大学出版社，2001：155．

成为“人”这一主体的媒介化的最终形态，即“数字化了的人”[①]。

随着媒介技术具身性的发展，数字媒介焦虑逐渐成为引发其主体性危机的一大源泉。截至目前，对于焦虑的概念还没有统一界定，从心理学角度看，焦虑是个体感受危险产生的应激情感状态[②]，也可以解释为社会主体对当前或未来表现的复杂情绪，如紧张、压抑、恐慌等。克尔凯郭尔相关研究也对焦虑进行了解释，焦虑是人体特殊存在的状态，它随着主体存在而存在。[③] 基于上述研究基础，本书所提到的“媒介焦虑”仅仅指在经历了媒介技术迅速变革之后的数字主体，在面对新媒介环境和自身的变化时，所表现出的过度不确定性、不适应感以及恐惧的反应[④]，它是媒介化社会中普遍存在的现象。从当下人们与媒介技术的关系而言，只要数字化生存模式和新技术还在发挥重要作用，数字主体对媒介的恐慌就无可避免，传统的人类中心主义遭到质疑，媒介技术具身性所面临的主体性问题也无可避免。

媒介焦虑的突出表现是对媒介技术的过度依赖，并由此带来的恐慌情绪。媒介技术既是维持数字主体生命周期的重要基础，更是推动主体生产和生活的中介力量，技术革命让数字主体进入了悖论，数字主体与媒介技术逐渐融合，难分难舍，同时又在恐慌对媒介的依赖。人类深知媒介技术虽然能够带来便利，又深谙无法完全掌控媒介技术的更新换代而表现出危机感和不适应感，且人类明白媒介技术具身性的持续发展可能使人丧失主体性，沦为媒介技术的奴隶。因此，由这种矛盾引发了两种媒介焦虑形式：“媒介依存症”与“媒介恐惧症”[⑤]。

从源头来看，正因为人们对媒介技术保持着神秘的想象，在美好滤镜的加持下，人们似乎逐渐给予了媒介技术主宰一切的力量。正是这样片面的推崇导致了数字主体的主体性失衡危机，人们在此过程中愈发依赖网络生存，最终沉

---

① 孟建，赵元珂．媒介融合：作为一种媒介发展理论的阐释［J］．新闻传播，2007，2：77－79.

② ［法］格拉齐亚尼．焦虑与焦虑性障碍［M］．邹媛媛，李俊仙，译．天津：天津人民出版社，2010：63.

③ 陈坚，王东宇．存在焦虑的研究述评［J］．心理科学进展，2009，17（1）：121－127.

④ 金新．第二媒介时代网络传播方式对主体自我构成的重构——兼论马克·波斯特的媒介思想［J］.兰州学刊，2007（06）：174－176.

⑤ 刘涛．互联网中的主体与身体——马克·波斯特“数字主体”思想论析［J］．西南民族大学学报（人文社科版），2010，31（11）：198－201.

迷在网络世界中。随着网络的神秘面纱被逐渐揭开，潜藏在便利之下的危害逐渐浮出水面：信息传播速度和范围已经超越了人类的判断极限，大家根本无法认知哪些信息是真实的，哪些信息是虚假的；全天候线上服务带来了用户网络成瘾，多元并存的社交网络虚假地遮蔽了沟通交往中的实践性和丰富度；超越时空的窗口画面成为人们心灵沟通的平台，造成了心理距离拉近的假象，物质性的身体却沉入传播底层。

文森特·莫斯可在《数字化崇拜：迷思、权力与赛博空间》中批判了网络迷思的现象[①]，叹息新媒介技术给予人类主体性的冲击。这警示每一个“数字化了的人”都应该认识到媒介技术具身性所遭遇的主体性危机，不一味沉醉于网络的精神世界中，及时学会用“旁观者视角”让自己脱离网络世界，以健全人格的姿态去看待评价网络现象，对于新媒介技术应该一直保持清醒认知与理性态度，除此之外还应避免其具身性的“异化”。

“异化”这一词语是根据拉丁文 alienation 翻译而来的，黑格尔在其哲学论述中将异化诠释为中性词语，表示作为人的主体被自身创造的客体控制的现象。马克思论述中提出了“异化劳动”的概念，并对资本主义的异化进行反思和批判。[②] 马克思的研究为其他学者的研究带来了启发，如法兰克福学派将异化界定为“技术异化”，表示统治层运用技术手段统治社会群体的心理，从而改变其行为。媒介环境学派研究继承了马克思批判性研究，解释了何为异化，即主体进化发展过程中，自身活动逐渐偏离最初的目标，从而产生与之对立的客体，且客体对主体产生巨大反作用，表现为运用异化力量刺激主体自身的过程。

媒介技术具身性的主体性危机另一大根源，便是人类在使用媒介技术的过程中逐渐异化，成为媒介技术的从属，从而对媒介技术具身性形成影响。根据上述解释，人类作为切实存在的主体，其所创造的工具、技术等均为客体，而媒介技术作为创造出来的客体之一发展至今，已经逐渐不再被人们控制，技术转向了人的对立面，甚至还会给主体性发展带来威胁。媒介技术促使人的异

---

① ［加］莫斯可. 数字化崇拜：迷思、权力与赛博空间［M］. 黄典林译. 北京：北京大学出版社，2010：5.

② ［德］马克思，恩格斯. 马克思恩格斯全集（第 46 卷下册）［M］. 北京：人民出版社，1980：210.

化，导致人体自身功能被媒介技术取代和覆盖，人类对媒介技术过分依赖，且随着技术升级发展，依赖程度强化，其生存空间持续被转移，自我认知也陷入迷思之中。新媒介时代的一个明显特征即为人类沉迷于媒介技术之中无法自拔，媒介化社会人的异化成为普遍可见的传播现象。

马克思在论述中表示人是自然发展过程形成的产物，人是自然存在的主体。① 人与自然界的关系是紧密和谐的，彼此相互依存，相互发展。随着媒介技术的发展，人类对于自然界的认知正在慢慢地中介化，人与自然开始逐步脱节，人们脑海中的自然被媒介技术变为冰冷的图像素材或是没有温度的视频影像。身体对于真实感受和触摸自然的体验已经逐步淡出，具身性作为从身体出发的传播认知、思维、行为等现象运作的基础，其感知觉也慢慢被无处不在的媒介技术侵蚀和取代。基于赛博格社会中媒介技术对主体生存空间重新构建（主要体现在信息环境构建上），随着信息技术井喷式发展，媒介技术正在逐步改变主体现实空间的各个角落，它能够通过具身性发展延伸人体感官，建构出虚拟世界，在潜移默化过程中让人们不知不觉地习惯媒介化生活，媒介技术具身性逐渐实现对人类本身功能的取代，使其自我逐渐完全丧失，个人生活被机器操作代替、虚拟世界完全入侵现实世界中的异化现象盛行。

媒介技术具身性越来越反作用于人的身体，媒介信息更加泛滥，它们代替了人们具身感知自然所获得信息的方式，在此情况下人们只需打开电脑随机点击就能获得海量信息。长期网络社交改变了人们的心理状态，其认知功能和体验功能开始下滑，情感由此变得淡薄，人们很难再感受到以往热情的交往与沟通，便利的信息沟通渠道反而让人与人之间的关系变得冷漠。社交软件中存储着的聊天记录、语音影像等资料使人们的记忆能力越发下降，记忆失去了真实生存空间，就连思考能力和判断能力都在逐步弱化。原本群居的主体变为龟缩在网络世界中的个体，相互之间失去了实在联络和情感沟通。在网络媒介催化下，人类受到媒介技术影响的自身存在发生了异化，演变成为一个迷失自我的机器奴隶。②

基于以上问题分析和讨论，人们应该重新审视媒介技术，学会运用理性客

① ［德］马克思．1844 年经济学哲学手稿［M］．北京：人民出版社．2008：105.

② 王思鸿．马克思异化理论的历史生成与当代价值［D］．天津：南开大学，2014.

观的态度思考媒介技术具身性的发展，不能片面或盲目地信任“媒介技术会创建美好世界”的宣言，而需要带着批判和反思的眼光看待媒介技术，唯有如此，才能规避媒介技术具身性发展带来的潜在威胁，减少自我异化的困扰。彭兰指出：“我们既已无法逃避技术，就只有提高我们对技术的理解与驾驭能力，才能避免未来成为机器的奴隶。”[①] 虽然媒介技术的变革永无止境，身体始终压力重重，困扰也无法完全消除，但充分发挥人作为技术主导者的主观能动性，正确地认识媒介技术及其具身性呈现，不断调适身体的媒介认知、思维、行为，以合理、健康的心态地运用媒介技术，才是目前较为合理的处理办法。

---

① 彭兰. 智媒化：未来媒体浪潮——新媒体发展趋势报告 [J]. 国际新闻界，2016 (11)：6-24.

第五章　肉体之外：逝者的媒介化生存

死亡是我们日常生活中常见又避之不及的议题，我们身边以及媒介中每天都充斥着大量的死亡意象。有学者指出，当死亡发生时，生者和逝者之间的关系和依恋，如果不是情感上的断裂，就是身体上的切断。[①] 事实果真如此吗？答案恐怕未必。随着各种新媒介的兴起与演变，我们生活在一个被媒介裹挟的数字时代，尽管互联网和电子存储设备提高了整个人类文明的记忆能力，但对个人而言，我们每天所接触的信息浩如烟海，记忆成本的骤降在某种程度上也加速了个人的遗忘。然而奇怪的是，在这样一个加速遗忘的时代，人们对逝者的纪念却变得比以前更长久，这在为用户提供了与他人建立联系、分享日常生活、制作个人在线资料的社交媒体平台上表现得尤为突出。随着社交媒体平台日益融入我们生活中的日常事件和重大事件，社交媒体平台围绕死亡的实践也逐渐出现。比较典型的表现之一是逝者虽已逝世，人们仍会持续活跃在逝者生前的社交媒体账号下，以此来纪念与哀悼。与此同时，在逝者的社交媒体平台账户，生者可以通过逝者留下的视频、图片和文章，了解逝者的生平故事，甚至在评论区中与他们继续“谈天说地”。

从情感上来说，为逝者建立叙述身份是生者缓解悲痛的重要方式。[②] 在逝者去世后，生者对他们往往会产生一种永不消散的情感依恋，这种依恋通常会寄托于丧葬文化、哀悼仪式抑或对逝者遗物的纪念。中华文明有着历史悠久的

① Unruh, D. R. (1983). Death and personal history: strategies of identity preservation [J]. Social Problems (3), 340-351.

② Harvey, J. H., Carlson, H. R., Huff, T. M., & Green, M. A. (2001). Embracing their memory: The construction of accounts of loss and hope [J]. American Psychological Association, 213.

丧葬文化，在前数字媒介时代，人们想要悼念逝者，必须身体亲自在场才能实现，因此会选择一个固定的时间去扫墓。现如今社会正在渐渐挤压和减少祭祀的时间与空间，尤其是受媒介技术发展的影响，传统的祭祀仪式正在被重塑，人们对逝者的纪念与缅怀也被重新书写。从逝者遗留的社交媒体账号下的日常互动，到网上纪念馆和网络祠堂的兴起，生者对逝者的缅怀变得触手可及，也日趋常态化。这种常态化的发展显然不是割裂生者和逝者的情感，反而加强了生者和逝者之间的情感联结。

从身体层面来说，肉身的死亡并不意味着这个主体存在的终结，即使逝者在生活中已经缺席，但逝者生前和他人在人际传播或者其他传播过程中形成的信息也存在被铭刻和被继续传播的可能，从而使逝者在媒介上实现永久在场。古往今来，逝去的人可以通过文字、图像、影像等媒介形式留存于世，处于不同时空维度的人们可以借助媒介，了解和倾听逝者。在被各种数据裹挟的数字时代，越来越多的信息会以数字化的形式呈现，逝者去世后，仍然会以“数字灵魂”的形式存在于网络中，逝者在生活中的身体缺席可以借助数据的形式实现媒介上的永远在场。可以说，在模糊了生死界限的网络上，逝者生前在网络上的媒介化生存，使其在逝世后也能以另类的方式继续“存活”在网络中，甚至在未来可能实现数字化符号化永生。

基于此，本章立足于媒介化生存这一核心概念，思考数字时代逝者的媒介化生存有什么样的表征和倾向。为了解答这一问题，首先要在理论工具层面搭建框架，明晰媒介化生存的内涵是什么以及逝者何以在媒介化中生存。在此基础上，历史长河中生者大致都通过哪些媒介来纪念逝者？数字时代逝者的媒介化生存有着什么样的演化趋势？进入数字社会，数据化存储、人工智能等技术的发展是否也让人提出另一种永生的可能？数字时代各种各样的新媒介技术如何构筑逝者的媒介化生存？这些都是下面旨在探讨的问题。

一、媒介化生存：对生存方式的拓展

（一）媒介化生存

数字时代，人们的日常生活无时无刻不与媒介紧密联系在一起，通过媒介进行互动交流已经成为社会的基本生活方式。从瑞典媒介学家爱普首次提出媒介化（Medialization）的概念以来，媒介化的内涵不断丰富，出现了“Mediation”“Mediatisierung”“Mediatization”等术语，但无论术语多么丰富，这些概念背后都指出媒介化是一种社会发展与变迁的进程。① 目前来看，虽然学界尚未对媒介化形成统一的、普遍接受的定义，但人们对媒介化的内涵有着较为一致的看法，即认为媒介化既包含媒介、社会和人三者间相互作用的微观过程，也包括媒介本身发生变化的元过程。比如学者施蒂格·夏瓦区分了中介化和媒介化的概念，其中明确指出媒介化指涉的是一个长期的过程，重点是媒介在当代文化和社会中的作用及其长期转变。②

在万物皆媒的社会环境中，媒介化逐渐实现从表层到深层、从社会到个体的全方位、多层次渗透。“媒介已成为现代人不可缺少的一种器官性存在”③。部分学者提出媒介化生存的概念，以此揭示了人们不仅利用和使用媒介，而且还生存在媒介中的事实。赵瑞华就明确指出，我们目前所处的信息社会是媒介化生存的社会，而所谓的媒介化生存主要是人对媒介的一种高度依赖。沿着技术哲学的思想，孙玮指出媒介化生存是在媒介技术的全面渗透下，媒介嵌入主体，成为人类的整体生存方式与日常生活状态。这也就意味着人与媒介的区隔逐渐消弭，人类自身将成为终极媒介。④

谈及媒介化生存，离不开对数字化生存这一概念的探讨。前文对媒介化生存的内涵进行溯源时提到，目前大多数学者普遍认为媒介化生存的前身是尼葛洛庞帝所提出的数字化生存这一概念。20 世纪 90 年代，互联网和计算机的广泛使用，宣告人类进入了数字化生存阶段，在这一过程当中，社会的生产方式、人的生活方式、行为和思维模式都将重新以数字化的形式展现出来。⑤ 其内涵指涉出人类会利用数字技术在一个虚拟的、数字化的活动空间中生存，

---

① 张宏莹．“媒介化”词源探析［J］．青年记者，2013（27）：48－49.

② ［丹麦］夏瓦．文化与社会的媒介化［M］．刘君，李鑫，漆俊邑译．上海：复旦大学出版社，2018：23.

③ 严玲．微信：媒介化生存的新物种［J］．现代传播（中国传媒大学学报），2016，38（02）：140－143.

④ 孙玮．媒介化生存：文明转型与新型人类的诞生［J］．探索与争鸣，2020（06）：15－17＋157.

⑤ ［美］尼葛洛庞帝．数字化生存［M］．胡泳，范海燕译．海口：海南出版社，1997：4.

“数字化生存的个体是脱离现实的一种虚拟存在，也是一种纯粹的符号化生存。”① 也就是说，这是一种以数字化形式显现的社会生存状态，当有更多诸如可穿戴设备这样的智能媒介作用于人体时，我们的行为活动、身体状态以及个性化的需求都会被这些设备采集成数据，这些数据也会反过来映射人本身。究其内涵，我们也可以将数字化生存看作媒介化生存的表现之一。与此同时，尼葛洛庞帝所提出来的数字化生存这一概念更多带有社会学层面的意思，而本书旨在从媒介学和媒介本体论的角度去看待人如何在媒介世界里的存续问题，因此采用更加贴切的媒介化生存这一概念。

随着智能手表等可穿戴设备全景式渗入人类社会和日常生活，人与媒介的距离日渐模糊，甚至朝着一种透明的方向发展，这种趋势促使学者重新审视人与技术的关系。学者刘宏宇和张怡然认为人类文明进程的发展朝着媒介化和信息化的趋势不断发展，在这个进程当中，“人自身也是媒介化的产物”②。无论是人类文明的发源，抑或是人的起源，都是媒介化的产物，媒介蕴含着文化属性，我们可以将媒介化生存另一个表征看作文明化生存。无论是数字化生存还是文明化生存，从现有的研究来看，学界普遍认为媒介化生存是媒介渗透到人类生活各个方面的一种生存状态以及以媒介为中心的一种生活方式，是媒介高度发展之后的产物。

随着媒介的不断发展，人们的日常生活朝着一种媒介化的趋势发展，媒介不再局限为一种传播手段，更是为人们带来了一种新的生存方式。在媒介化研究中，有学者指出：“媒介化使现实空间与虚构空间之间的差异变得复杂化和模糊化。”③ 这在一定程度上也模糊了生者和逝者的界限，逝者生前媒介化生存中所留下的痕迹，在其去世后有时候也会在现实世界继续存在，并被人们感知。也就是说，媒介化的内涵不仅影响着生者的具体生存方式以及生存状态，而且媒介可以作为自我和身体的中介，促使逝者成为媒介化的存在，媒介化消弭了人们与世界的时空界限，同时也日渐模糊了在场与缺席的界限。媒介会左

---

① 彭兰. 智能时代人的数字化生存——可分离的“虚拟实体”、“数字化元件”与不会消失的“具身性”[J]. 新闻记者，2019（12）：4－12.

② 刘宏宇，张怡然. 虚拟媒介观开启的媒介人类学研究进路［J］. 当代传播，2021（04）：61－65＋68.

③ ［丹麦］夏瓦. 文化与社会的媒介化［M］，刘君，李鑫，漆俊邑译. 上海：复旦大学出版社，2018：19.

右人们的认知，这也使人们对逝者的认知处于一种被媒介支配的地位。人逝世后，也就意味着将会脱离物质态的生存而形成一种符号化生存，这种符号化生存使逝者在肉身离场之后，通过对媒介的高度依赖形成一种生存方式。在这种媒介透明化的话语系统中，媒介化生存的内涵或许可以适度扩大，而不局限于生者的生存；同时媒介成为连接生者与逝者的中介空间，在某种程度上也影响了逝者的现实生存和生者的媒介表达，从而实现逝者的一种媒介化生存状态（如图 5—1）。

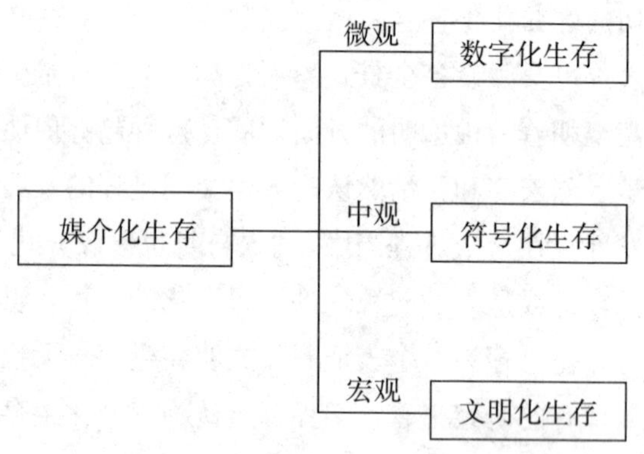

图 5—1　媒介化生存的概念分解

整体而言，媒介化生存是一个涵盖了数字化生存、符号化生存、文明化生存的总体概念。基于此，本书所指的媒介化生存一方面形容的是数字媒介时代“人”存在的一种社会生存状态，是一切数字化、网络化、信息化行为的总和，代表了人类在数字化环境中所发生的一切行为、体验以及感受。另一方面指的是人在逝世后仍会以一种数字化的形式存在于世。数字时代的到来使媒介化生存变得更加普遍，在不同的发展阶段，人们媒介化生存依赖不同手段，或者说，生存形式有所不同。

（二）逝者媒介化生存的多重意涵

研究人的生存问题，是哲学领域一个极为重要的课题，相关研究通过深刻反思人的生存状态，最终实现对人本身的人文关怀。生命终将走向死亡，这是不可避免的结局。按常理来说，尤其是从语义层面来说，生和死是一对矛盾的概念，逝者又何以能实现媒介化生存呢？通过梳理生存和媒介化生存的意涵可以发现，逝者的媒介化生存实际上并不是一个悖论。在传统意义上，身体的死亡意味着自然生命的终结，然而在媒介世界里，人并不会因为身体的死亡而终极消亡。早在20世纪60年代，著名学者麦克卢汉就提出“媒介即人的延伸”这一著名论断，也就是说媒介会强化人的器官以及感官。这一论断暗含了一种泛媒介观，同时隐含人是由“身”和“心”两部分所组成之意，“身”指代的是人的生理层面，“心”表示的即思维能力。在麦克卢汉的论述当中，他所强调的是媒介会延伸人的生理组织，但“实际上媒介不仅存在着物理层面的延伸作用，也存在着精神层面的塑造作用”①。因此，媒介同样能成为人体精神的延伸，成为逝者身体永久缺席后还能存在于世界的一种延续方式。也就是说，在媒介化世界里，人存在方式的分化导致了生命延续方式的多重性，这为逝者实现媒介化生存提供了前提条件。

基于此，研究数字时代逝者的媒介化生存，一方面需要明确逝者为什么能够在媒介化中生存，也就是需要梳理逝者实现媒介化生存的具体要素。另一方面逝者的媒介化生存本质上也是媒介对逝者生存方式的一种延伸。因此，我们也需要从历史的角度去梳理前数字时代是否存在作为逝者延续方式的媒介，通过溯源的方式，为数字时代逝者的媒介化生存的形态做铺垫。古往今来，哲学家从不同的角度和不同的领域去阐释生存这一概念。以狄尔泰、柏格森、齐美尔等为典型代表的生命哲学家们，把“生命之流”或“绵延”当作最直接、最真实的存在；以弗洛伊德为代表的学者则从生物学的角度出发，理解人和社会的本质；以雅斯贝尔斯、海德格尔等人为代表的存在主义哲学家们则对个体的生存给予高度关注，他们将研究视点聚焦于人的存在本身。比如雅斯贝尔斯立足于生存哲学的视角，从人的主观性出发，认为人的存在是对未来可能性的自我设想与实现。他指出：“生存不是如此存在，而是能够存在，就是说，我不是生存，而是可能的生存。我没有自我，而是达到自我。”② 这一观点指出生存是一个持续突破局限、走向未来的自由超越过程。对于人的存在本身，海德格尔也认为生存是一种未被规定的可能之在。

马克思认为人是具有自然和社会双重属性的存在。也就是说人的生存内涵有着多维性，不仅包含着自然存在物和社会存在物的统一，而且还是一种具有

① 郑玄，吴玮琦．延伸与截除：智媒时代的泛媒介化存在［J］．青年记者，2021（18）：101－102．
② ［德］萨内尔．雅斯贝尔斯［M］．程志民等译．北京：中国社会科学出版社，1992：162．

超越性的精神存在物，在不断超越与被超越的过程中获得新的生存形态与方式。这反映出“生存”实际上是一个总体性概念，在某种意义上，人的生存不仅是动物性的生命存活，还包括人肉身离场后，在精神维度上的继续存在。尽管一个人的肉身已经消逝，但他的观点、思想和影像却能变成永恒的存在，在这个层面上，逝者实现媒介化生存获得了一个前提条件。

媒介化生存一词兼顾了媒介化和生存这两个核心观念。媒介能够再现社会并重塑我们的生存环境，媒介化的社会和社会的媒介化正在以一种潜移默化的方式改变人们的生活方式、思维模式，甚至影响着人主体的生存状态以及人类社会的未来走向。麦克卢汉曾指出，技术承担着“点金石”[①] 的作用，新技术的出现会带来社会中其他功能的改变。媒介技术的发展改变了个体思维观念以及行动观念，这充分彰显出媒介的魔力。事实上，观念本身也会影响社会实践发生对应的改变，比如说，网上购物、数字出行、线上办理业务等正在成为现代社会中的一种普遍需要，人工智能等高科技将人们的媒介化生存带向了前所未有的道路。电子邮件、数码照片、即时聊天信息记录等也正在成为逝者新的延伸方式，廉价的存储载体让我们的数字灵魂不朽有了可能。

从与生存相对立、与逝者相关联的死亡这一概念出发，死亡同样也是一个兼顾世俗意义和象征意义的双重概念。从世俗意义来说，人的死亡意味着人生命体征的消失和社会角色的终结。而象征性意义则牵涉涂尔干对世界的凡俗领域和神圣领域的二分，他认为，人死后，即会从俗域进入圣域，在神圣的遐想空间中，哀伤具有被稀释的可能。这种现象的直接表现就是在日常生活中，生者会借助特定的方式与逝者沟通交流。比如说，活着的人可以借助遗像去倾诉日常、表达哀思，也可以在清明等纪念日为逝者扫墓，以此来缅怀逝者。

从人生存和死亡的多重内涵出发，本书所谓的逝者的媒介化生存，一是想表示生理意义上肉身的死亡并不表示人真正的消亡，而遗忘才是永恒的消亡。在这个层面上，逝者的媒介化生存带有浓烈的记忆属性。埃尔曾提过：“记忆是实现历史性和时间延续性的器官。”[②] 即使一个人的肉身死亡，因为记忆机制的影响，他的生存痕迹会留在媒介中，逝者传扬于世的作品、精神品质能得

① ［加］麦克卢汉．理解媒介：论人的延伸［M］．何道宽译．北京：商务印书馆，2000：34.

② ［德］埃尔．文化记忆理论读本［M］．冯亚琳编，余传玲译．北京：北京大学出版社，2012：21.

以流传。也就是说，人在肉身离场之后，仍会以一种被纪念的方式在生者的认知和心目中存续。正如拉康镜像阶段理论所认为的那样，自我观念被他者的认同建构，这种建构基于想象维度完成，但又呈现出一种独立的、外在性的特征。在这个意义上，记忆机制的他者性和支配性使逝者在肉身走向消亡后也能生存，实现以一种精神观念或者生者回忆存在于世的目的。

二是在书写过去记忆的同时，技术的发展也为逝者的媒介化生存提供了永恒契机，使逝者的媒介化生存带有强烈的媒介属性。早在 20 世纪中叶，麦克卢汉就关注到电子媒介具有超越物理限制，实现无限延伸的能力。自 20 世纪 70 年代之后，生物工程和人工智能等技术飞速发展，在人类的进化过程中留下了浓墨重彩的一笔，使人的生命朝着“自然+技术”综合体的方向发展。伴随着媒介技术高速地、全面地侵入主体，日常生活中对媒介的高度依赖是人们的基本存在方式，人类文明进入了“媒介化生存”阶段。目前这种媒介化生存的现象随着互联网的普及越演越烈。CNNIC 发布的报告显示，截至 2021 年 12 月，我国网民规模现已经达到 10.32 亿，互联网普及率也高达 73.0%。[①] 这一数据揭示了互联网的飞速发展和普遍介入，现实场景中的人类正面临着深度的媒介化生存状态。

随着数字时代的到来，人的媒介化生存更是迈上了新台阶。在数字时代，文本可以转换为二进制的数字信号被存储和传输，逝者的媒介化生存形态正在被数字生态以一种亘古未有的形式重塑。数字化的外延彰显出人与媒介在交互过程中形成的一种同构性，抽象的数据成为社会人相互了解主体存在的重要参照物。在某种程度上也可以说，媒介正在影响和改变着人的生存方式。正如哈佛大学生物学家 S. 高尔顿曾提到的：人类为了生存，不仅发明创造了新事物、新战略，而且人类创造出来的这些东西，也会反过来加速创造人类自身，并改变人的进化过程。[②] 在逝者的媒介化生存中，主体和客体不再只是一种非黑即白、非此即彼的对立关系，随着新媒介技术对日常生活的全面渗透，技术不仅构成了人主体的一部分，而且也会通过嵌入、交融等方式增强和延伸我们的身体机能，从而塑造出一种新型主体。正如学者苏涛所指出的：“技术建构了人

---

① 光明日报. 第 49 次《中国互联网络发展状况统计报告》发布[EB/OL]. (2022−03−02)[2022−03−02]. http://www.cinic.org.cn/xw/tjsj/1249702.html.

② 张之沧. “后人类”进化 [J]. 江海学刊，2004 (06)：5−10+222.

的本质。"[①] 我们可以以媒介是人的延伸来理解人与媒介的关系，媒介中的各种数据、文本则成为逝者灵魂的延伸。如果转换视角，把人看作媒介的延伸，那么逝者媒介化生存的过程就是：将身体数据化，为技术系统提供生物终端。

三是从媒介化生存的定义和性质来看，逝者的媒介化生存超越了物理的羁绊，更多强调的是个体符号隐匿在媒介中的一种生存方式。逝者的媒介化生存所形成时空的延续性，某种程度上也可以看作一种文本生存的不朽。[②] 古往今来，人们从未停止过与逝者交流的探索，基特勒聚焦于留声机带来的"逝者在场的幻象"，认为能录制声音的留声机，使逝者可以跨越历史长河，以真实的声音存在，代替过去"电影摄影"带来的永生效果。[③] 彼得斯提出当代媒介可以储存死者的亡灵，比如电影可以回放逝者生前的影像。从某种意义上说，在充满逝者幻象的媒介空间中，我们可以与"亡灵"对话。现如今我们也可以很容易与逝者过去在媒介上的传播痕迹交融，一切媒介都可以用于与逝者进行沟通、交流。尤其是新媒介兴起之初带来的新奇异象，一开始会让人们无法理解，并且会被一些"别有用心"之人当作与逝者沟通的灵媒。比如说因为失误而造成的曝光过度的照片以及因为信号不好而导致模糊不清的电报都曾起过这种效果。从这个意义上说，媒介上的逝者幻象无处不在，并通过图像、文字、声音、视频等形式永存且可以无限回放。

随着媒介技术的发展，人的生存环境被各种各样的数据裹挟，现代社会呈现出全方位、多层次的数字模型结构。在信息交汇而成的数字城堡中，个体习惯被做了一种符号化、数字化的处理，人与媒介、生活环境的融合也朝着符码化的方向发展，使人在去世后能通过符号再现。无论是如今人们通过刷卡来进行消费，还是在社交媒体平台发布自己生活的点滴，这些都证明了个体正在以一种数字化的形式存在，在其死后，这样的一种数字化存在仍会得以延续。逝者的形象和存在是由他们留下的数字痕迹或在他人的描述中建构出来的。在这个层面上，逝者的生存表现为他的作品、他生前的遗存物等在媒介上的延伸，

---

① 苏涛，彭兰. 技术与人文：疫情危机下的数字化生存否思——2020 年新媒体研究述评［J］. 国际新闻界，2021，43（01）：49-66.

② 孙玮. 媒介化生存：文明转型与新型人类的诞生［J］. 探索与争鸣，2020（06）：15－17+157.

③［德］基特勒. 留声机 电影 打字机［M］. 邢春丽译，上海：复旦大学出版社，2017：60.

是一种文本化、符号化的生存。

二、逝者媒介化生存的可能性

时空性是规约人类存在方式的基础性要素。[①] 学者林文刚在其著作中指出：媒介环境学派的一个关键命题是传播媒介具有偏向性。作为媒介环境学派的第一任代表，哈罗德·英尼斯早在20世纪50年代就指出传播媒介具有时间偏向和空间偏向，不同的偏向会影响知识的传递，从而导致人类文明发生不同的偏向。英尼斯认为帝国或文明是人类社会经验的形式，社会经验只有实现跨越空间共享与时间传承的平衡，才能实现一种永远的时空存续。[②] 英尼斯还指出媒介提供了一种技术资源，使其成为人类思想与外界交互的中介场所。[③] 也就是说，社会经验的传递以媒介为载体，人们通过媒介来了解社会经验，并将其内化为心灵经验，而心灵经验也可以借助媒介得以记录和传承，使其成为一种社会经验。

如果说英尼斯通过时间偏向和空间偏向的划分，为我们奠定了一个基础理论框架，那么德布雷的媒介学则更加强调注意媒介所带来的一种"时间传承向度"。他认为："媒介是物质载体和符号讯息的多重结合，同时也会叠加不同层次的记录载体、流通设备、符号表示过程和社会交流规范。"[④] 媒介技术在传播中能构建出各种意义。[⑤] 人或者事物通过媒介化后可以再现。而技术具有的多重属性，使其能在时空维度成为人们代际传承的重要尺度，跨越时间的持久性也就成了逝者媒介化生存的必要条件。具体而言，评价逝者是否处于媒介化生存状态需要具有如下要素。

---

① 孙玮．媒介化生存：文明转型与新型人类的诞生［J］．探索与争鸣，2020（06）：15－17＋157．

② 吕冬青．人的媒介化存在——梅罗维茨媒介思想史研究［D］．济南：山东大学，2018．

③ ［加］伊尼斯．传播的偏向［M］．何道宽译．北京：中国人民大学出版社，2003：27．

④ ［法］德布雷．媒介学引论［M］．刘文玲，陈卫星译．北京：中国传媒大学出版社，2014：37－38．

⑤ 全燕，申凡．媒介化生存下"风险社会"的重构与反思［J］．国际新闻界，2011，33（08）：63－67．

（一）传承媒介带来时间延续性

德布雷指出，人类思想活动的再现与传承始终和媒介载体紧密相连，而且需要借助媒介技术来记录、传递和储存。[①] 德布雷将历史纪念物视为一种传承媒介，在具体的阐述中，他认为纪念物的留存可以实现代际的沟通和认识，并以此成为集体内部的黏合剂。也就是说纪念物这一记忆载体能够实现来自时间向度的传承与延续。这也从另一个角度阐释了逝者的媒介化生存本质上也是一种记忆的传承。因为对于认知者而言，媒介通过符号文本再现逝者，逝者是以一种被纪念的方式在我们的认知和心目中存续，他的生存表现为他的作品以及他在各种媒介上的延伸，比如说他生前写了一首诗，生者读到此文本的时候，所产生的情感共鸣，也可以视为生者与逝者所进行的心理对话。

技术手段是实现逝者的媒介化生存的必备要素，尤其是在记忆的时间维系层面起着重要作用，不同的媒介域也会导致建构记忆方式的差异化。比如网络传播中的超链接性衍生出了一种全新的主体交流模式，这种交流模式强调网络应该是一种人文价值的负载，“那些看似感性、直观的交流过程实际凝结着对人存在的终极探索，使易逝的个体生命实现永恒的存续”[②]。从传承媒介的角度来看，纪念维系同时代以及不同代际生者与逝者的集体关系，在此种状态下，逝者的媒介化生存不是一种故步自封的存在，而是一直处于与外界、与生者的开放联系和持续变动的情境之中。记忆媒介的变化会导致逝者延续条件的改变，媒介不只是对信息进行一种即时的、跨地域的传播，同时也是对信息进行记录与存储，在连接过去与现在过程中形成一种延续性，这样的延续性也就奠定了逝者媒介化生存的可能与可为。数字时代创造了崭新的时间和权力关系，媒介化生存正在深刻影响互动机制和哀悼文化，扩大个体在时空上的沟通能力，创造出新型的纪念活动，并通过媒介中介化机制使生者与逝者之间的双向互动交流成为可能，进而影响逝者媒介化生存的状态。

---

① ［法］德布雷．普通媒介学教程［M］．陈卫星，王杨译．北京：清华大学出版社，2014：291．

② 王卓斐．网络交流的审美反思［J］．福建师范大学学报（哲学社会科学版），2007（01）：148－154．

（二）媒介嵌入造就空间拓展性

在社会学的相关研究中，空间是一个重要的研究命题，受到广泛关注。学者李彬指出："社会性是空间的本质属性。"① 空间距离在很大程度上会阻碍信息的传播，因此人们致力于通过媒介技术的发展去消弭空间距离，纵观人类发展史，人们所生活的实体空间总是离不开媒介的嵌入。媒介空间也成了空间体系中的重要组成部分，也正是因为有了媒介的嵌入，人们能感知的范围才不断拓展，由媒介所构建出来的基于社会关系的虚拟空间，也成了人们认同的一种生存状态。

霍尔在空间关系学中指出，身体的感知空间与关系空间联系在一起，其中既有身体的成分，也有物质的成分。人去世也就意味着身体在现实感知空间中永远缺席，然而逝者可以一直留存在媒介空间当中，使其脱离身体也可以实现在媒介中的生存，成为一种符码化的生存。一直以来，逝者生前留下的物品、墓碑以及遗像等都是人们与逝者交流的媒介，生者可以通过这些物质表露对逝者的哀思，而逝者因为这些物质而实现媒介在场，确保不被遗忘。声音、文字以及图像文本等都成了逝者身体的复刻，而这些文本也被赋予灵魂，成为逝者身体鲜活的再现，也是逝者所留下来文本的"具身化"。现实空间和虚拟空间之间日渐模糊的边界，为逝者的媒介化生存提供了一个可供生者纪念的文本空间，在这个被高度符号化的空间中，生存世界和死亡的边界也逐步被消弭，正如麦克卢汉所指出的："在电力时代，我们越来越多地转化为信息的形式，越来越接近意识的技术延伸，人们也越来越能够将自己转化为其他的超越自我的形式。"② 技术的发展让数字化自我得以存在，也让逝者的媒介化生存正逐渐变为现实。

（三）媒介矩阵与情景互动性

美国社会心理学家托马斯作为第一个提出情境问题的人，将情境定义为人

---

① 李彬，关琮严．空间媒介化与媒介空间化——论媒介进化及其研究的空间转向［J］．国际新闻界，2012，34（05）：38－42．

② ［加］马歇尔·麦克卢汉．理解媒介：论人的延伸［M］．何道宽译，北京：商务印书馆，2000：77．

们在自发行动前的审视与思考阶段。也就是说，人们面对外部信息并不是简单被动地接受，而是会根据主观选择的情境来定义，并以此来指导自己的行为。情境是人类社会中一个复杂的事件，它包括物理环境、社会事实、社会行为等。可以说，情境的存在是人类社会存在的基本要素之一。戈夫曼则将情境这一概念置于静态的观点中，他从人际关系互动的角度出发，将情境视为由被认知的边界限制的一个区域，据此他将人际交往划分为前台和后台，位于不同情境的人们会采取不同的展演手段。受戈夫曼的启发，梅罗维茨将研究视角放到媒介、人与情境的关系中，在他的媒介情境论中隐含着一种动态的过程。新媒介的出现会重组且转变旧情境，并催生出一种新形式的情境。与此同时，梅罗维茨还提出了媒介矩阵这一概念，他认为媒体变革不会造成旧有媒体的彻底消失，反而会产生全新结构的媒体矩阵。在数字时代，逝者的媒介化生存往往不会依赖于单一的媒介，而是与其他媒介情境共同出现。

情境贯穿了整个传播过程，是对传播行为产生影响的元素统称，既包括实际的地理环境，也包括制度规章等文化环境。在许多情形下，传播情境由于可能产生符号自身并不具备的新含义，因此对符号含义形成了约束。可以说，情境不仅是逝者媒介化生存过程的重要场域与承受者，而且是逝者媒介化生存的空间容器和时间尺度。想要实现的逝者媒介化生存，离不开作为时空平衡统一体的媒介。在数字时代，媒介情境突破了扁平化的一维时间观念，逝者的媒介化生存的关系转变为一种双向的、共时的关系。概言之，时间是逝者媒介化生存的内在尺度，空间是评价逝者媒介化生存的外在尺度，而情境则存在于时空的结合体当中。

三、数字时代逝者媒介化生存的历史溯源

逝者的媒介化生存是数字时代出现的一种新的生存方式，但在前数字媒介时代，人的思想活动便会借助媒介技术记录、传递和存储，这为逝者的媒介化生存或者说是逝者的不朽记忆提供了一个重要的前提。在追溯逝者的媒介化生存时我们首先要思考两个问题：一是记忆主体是谁。我们可以发现，大到种族和民族国家，小到家庭场所，人们都在对逝者进行一种记忆建构和延续。二是如何记忆。如何记忆也是逝者媒介化生存的一种渠道和机制。因此有必要对前

数字时代中媒介对逝者的延续方式进行梳理。

郭庆光把媒介发展演变史划分为口语传播、文字传播、印刷传播以及电子传播时代四个阶段。[①] 德布雷则创造性地提出了媒介域的概念，并将人类文明史划分为逻各斯域、书写域和图像域。[②] 无论是郭庆光对人类传播史的四阶段说还是德布雷的三个不同媒介域的说法，在不同的阶段，都有一种占据主导地位的媒介文本形式。从原始社会到现在，人们借助口语、墓碑、文字、电影直至现在的互联网来描绘和呈现逝者形象，不同时代的媒介共同展现出逝者幻象，然而媒介的不同特性也使逝者的社会存在感有所区别。从某种意义上来说，“媒介”作为人灵魂的延伸，是一种调节生者与逝者、人与神之间的中介（如表5－1）。

表5－1　前数字媒介时代媒介对逝者的延续

文本形式	媒介载体	代表形式
口语	身体媒介	祭祀仪式、名号、诗歌
文字	体外媒介	墓碑、陶器、青铜器、讣闻报道
图像		壁画、战国帛画、汉代画像砖

纵观媒介发展史，在广播电视出现之前，信息的传播主要借助口语、文字以及图像这三种媒介文本，即使到了电子传播时代，也仍是口语、文字、图像这三种文本的结合变形，比如电视是融合了口语和图像而出现的一种新的传播方式，媒介文本是传播所承载的重要对象的记忆永恒体。技术的发展会给社会带来变革，但既往的媒介文本不会消弭，也就是说媒介文本具有时空延续性。纵观历史长河，可以看到人们对逝者的纪念方式与媒介的发展变迁史相辅相成，在计算机等数字媒介出现之前，人们对逝者的纪念主要是借助身体媒介抑或是体外媒介，通过口语文本、文字文本或者是图像文本这三者来实现。

（一）借助身体媒介的口语文本

远古时期人们对死亡的认知经历了从不知道死亡为何物，到重新认知死亡

① 郭庆光. 传播学教程［M］. 北京：中国人民大学出版社，2011：34.

② 陈卫星. 传播与媒介域：另一种历史阐释［J］. 全球传媒学刊，2015（01）：21.

并创造了一系列复杂的丧葬仪式的过程，人们的这种认知变化也逐步为逝者的媒介化生存提供了前提条件。在生产力发展比较低下的社会初期，人类忙于和大自然斗争，对死亡的认识比较模糊，这一点可以在一些古籍记载中得到考证。比如《孟子·滕文公上》记载了早期人们对逝者的态度：只是简单地将逝者丢弃到野外。随着古人思维意识的不断发展，人们的生死观也发生了变化，人们害怕死亡并渴望长生不老，于是通过把思想转移到壁画、石头这样的不死之物上，来实现精神世界的延续。根据考古学家提供的资料，我们也可以看到至少在旧石器时代中期就有了墓葬仪式。比如在法国多尔多涅的下洛格勒厄以及尚瑟拉德等墓葬中，逝者一般都是侧身屈肢，身旁放置着死者生前用过的若干东西或者一些劳动工具。除此之外，在旧石器时代的墓葬中，逝者尸身上大多还洒有红赭石或赤矿粉粒。考古学家指出这是一种有意识的安排和仪式，说明原始人类对死亡已经有了某种解释："红色是人体内流动血液的颜色，在丧葬仪式中使用红色物品，实际上是寄希望于逝者的继续生存。"[①] 也就是说，从原始人对死亡产生意识的时候起，逝者的媒介化生存也初现苗头。

媒介化生存的重要属性之一是记忆，而记忆活动的具体表现之一即为记事。学者刘文英指出在原始社会时期，原始人的记事方式可以按照信息的存储器划分为头脑记事和体外记事两种，其中，头脑记事占据着主导的地位。[②] 在媒介技术不发达的口语传播时代，身体是传播活动的主要媒介和记忆的天然存储器，发挥着解说、展演、延续逝者的作用。人们的其他传播活动往往也会借助身体媒介，在此基础上，通过体化实践再现逝者，并通过体化实践的方式形成有效的纪念系统。这一阶段人们主要是依靠口口相传的方式进行信息传播，身体媒介作为最自然的技术工具，通过口语媒介文本可以跨越时空，为不同时代的人所知，实现逝者的符号化自我呈现。

彼得斯认为在口语时代，不朽是通过祭师们口头解释传统和纪念性仪式来实现的。[③] 在中国传统历史文化观念中，祖先是一种存在于遥远天边的灵魂形式。在古代，人们会通过各种各样的祭祀形式与祖先沟通和交流，在这个过程

---

① 贾兰坡，甄朔南．原始墓葬［J］．史学月刊，1985（01）：15－19．

② 刘文英．漫长的历史源头：原始思维与原始文化新探［M］．北京：中国社会科学出版社，1996．

③ ［美］彼得斯．奇云：媒介即存有［M］．邓建国译，上海：复旦大学出版社，2020：314．

中又形成了丰富的祭祀文化。一方面，原始社会中后期巫风日渐浓厚，出现了与天、神沟通的专职人员，通过祭祀仪式聆听上天的旨意并向人们传达。比如三皇五帝时期承载着沟通天地人神功能的巫觋。在进行巫觋仪式活动时，古人相信会有一种逝者灵魂附身状态的外在表象，巫觋成为生者与神灵沟通的媒介。另一方面，夏商周时期帝王没有尸骨，但可以通过口口相传的名号留存于世，名号也成为逝者的延续方式之一。

此外，以《诗经》为代表的诗歌也成为逝者在媒介中的延续方式。历史研究学者江林昌指出诗的起源与巫术息息相关，在施巫作法的时候，巫师口中常常念一些咒语。“这些巫术咒语，具备诗歌特征，成为了最早出现的诗歌。”① 古代许多用于吟唱的诗歌，多出自祭祀的祷词。如果说这些巫术咒语大多为祈求丰收或寄托愿望，尚不是对逝者形象的再现，那么到了五帝时期中后期，出现了早期的国家形态，诗歌也不断发展变化，出现了一些由贵族阶级传承下来的氏族史诗。如《天问》《商颂》《大雅》当中都曾有相关诗句记载始祖的出身和功绩，同时也有许多记载告祭的诗歌，开创了悼亡诗先河。口语强调的是听觉形象，其依赖的记录介质是相对短暂和非物质化的。在口语时代，不朽主要是通过祭师延续至今的口头解释传统和纪念性仪式来实现的②；通过诗歌吟唱抑或口头叙述言说的内容大多是人们亲身经历的，或在地域中有着密切联系的部落名人事迹，这种参与感和认同感加深了人们的记忆。

总体来说，在前数字时代，逝者的继续存在往往依靠身体媒介存在于生者的头脑中，在与他人的沟通传播中实现一种口语化身。口语记忆是一种借助人的身体记忆，虽然具有一定的稳定性和较强的表达力，但由于语言缺乏耐久性，转瞬即逝的声音需要不停地复述才能够暂时地保留和传播，因此导致了口语传播时代需要一些额外的辅助记忆手段。在没有借助其他物质媒介时，通常只能持续几个世纪，难以在时间长河中保存。加之口语媒介文本的持续是相对短暂和非物质性的，受逝者的社会地位、知识能力以及思想水平等因素的影响，因此能被受众广泛认识的人寥寥无几，逝者在媒介上的延续很多时候是一种私人的、小众的延续，纪念对象的有限性与记忆媒介的单一性共同制约着逝

① 江林昌．诗的源起及其早期发展变化：兼论中国古代巫术与宗教有关问题［J］．中国社会科学，2010（04）：193－219＋224．

② ［美］彼得斯．奇云：媒介即存有［M］．邓建国译，上海：复旦大学出版社，2020：314．

者媒介化生存的发展。

（二）借助体外媒介的文字文本

社会生产力的提高改变了原始社会时期人们的生死观，为了更好地生存，人们开始借助一些体外媒介。同时，为了让记忆能实现一种永久的时空延续性，人们开始借助体外记忆存储工具，其中比较具有代表性的就是结绳记事。据考证，结绳记事最早出现在原始时代。因生活所需，原始人在实践的过程中逐渐建立起系统的结绳方法以及繁复的结绳规则，文化信息和先人经验折射并被物化在这些绳结中，绳结成为触发记忆的符号，并且也是记忆和文化叙事的辅助工具。

文字在中国有着漫长悠久的历史，它的出现加快了利用体外媒介系统的进程。那些记录在龟甲、兽骨以及青铜器上的卜辞、纪颂可以跨越历史长河，为今天的人们所知。商代妇好墓出土的随葬品中铭刻了商王妃妇好的铭文，这些铭文记载了她卓越的功绩，使她的精神象征得以延续至今。可以说，承载着特定语义的文字也成了纪念逝者的一种重要媒介，讣告、墓志铭、哀祭文作为体现出中国传统丧葬文化的特殊文体，也承载着寄托哀思的意义功能。相比人体本身头脑的记忆存储来说，逝者的文字化身带有很强的物质性。古往今来，文字的载体丰富多元，从早期的龟甲、兽骨、青铜器，到后来的竹简、木简、丝帛，再到轻薄的纸张，文字的载体不停地更新换代，而人类生前在这些媒介中留下的文字文本也会成为其延伸，为后人所知并留存于世。从形式上来说，文字作为一种文化符号，它的出现使越来越复杂的记忆内容能够被保存与传播，促进了逝者的形象在不同文本的指涉中交互生成。

人们生产实践进一步发展，将文字文本物化到一些物质载体上。一方面，器物在使用过程中凝聚了群体记忆，使之具有纪念功能。比如，在相关古籍和出土文物中可以看到，先人们也非常重视实现人生价值，有尺寸之功，就会铭刻在器物之上。其中，古人尤为喜欢在青铜器上刻铸先人相关的事迹以及追悼祖先的铭文。在原始社会时期的祭祀场所中，青铜器和陶器是礼仪中与神明沟通的器具，祭祀者对这些器物赋予了符号象征意义，在意义的动态赋予中实现在时间长河中的延续。“有了书写，心灵则可以外显为多种物化形式了。”[①] 另一方面，人生命体征的终止并不代表着人的消逝，生者会对逝者进行一种持续的纪念，通过赋予特定物品象征意义，形成固定的祭祀流程纪念逝者。而这些被赋予意义的物质载体会成为一种隐喻，连接生者世界和逝者世界。比如墓碑既是丧葬文化的重要物质载体，也是人类历史最经久不衰的媒体之一，如同逝者的一张名片，在对逝者的延伸中也是浓墨重彩的一笔。彼得斯认为墓碑是储存纪念意义的重要载体，也是想象中逝者永存的体现和整个人类永恒存在的象征物。

印刷术的发明提高了人们大批量、高速度复制信息的能力，书籍记载和文字传播在很大程度上代替了大脑记忆和口头传播。书籍和报纸作为印刷时代极为重要的传播媒介，也成为逝者延伸的重要媒介。尤为值得一提的是，在这一阶段出现的讣闻报道。据奈杰尔·斯塔克相关记载，早在都铎王朝时期，有关死亡的报道就登上了媒介平台，但是当时的报道并不是很多。有研究者认为我国刊登讣闻的报纸始于明代，明代邸报中有一个重要的版面内容是擢黜官员，其中就包括通报官员亡故的消息。讣闻报道作为读者与逝者进行沟通、交流的媒介，会有选择地记录逝者的生平事迹，并将历史事件杂糅其中，建构起生者的个人记忆和集体记忆。

彼得斯提到，媒介作为工具，通过视觉、听觉、口头和手的记录来跨越时间和空间，转换意义，而文字是第一个实现这一点的伟大媒介。从此之后，所有的记录型媒介、传输型媒介和信息处理型媒介都随之而来。[②] 文字是最明显的历史延续体之一，不仅能够跨越空间，实现信息的远距离传输；而且能让声音和思想具有时间跨度，在一定程度上模糊了生者和死者的界限，同时为数字时代逝者的媒介化生存奠定了坚实的基础。

（三）借助体外媒介的图像文本

邓启耀指出，在口语传播时代或者在口语传播与文字传播之间，本来就应

---

① ［美］彼得斯. 奇云：媒介即存有［M］. 邓建国译，上海：复旦大学出版社，2020：314.

② ［美］彼得斯. 奇云：媒介即存有［M］. 邓建国译，上海：复旦大学出版社，2020：332.

该还存在一个图符文化时代。[①] 从现存的考古遗迹来看，原始人会在山岩或者洞穴中通过绘画将活动和事件记录下来。原始社会图画记事的叙事范围十分宽泛，既有纪实的人物传记、编年史、墓志铭、重大活动，还会记录带有浓厚神话色彩的故事传记。尽管在原始社会时期尚未出现专门用以纪念及祭祀的先人画像，但这一时期出现了对技术和色彩的运用都比较简略的岩画，成为早期人类使用视觉来表达意义和承载记事功能的一种感性文本。

随着人们生死观的转变，专门纪念先人的画像出现了。有学者推断，至少在 2300 多年前的古代中国，就已经存在纪念及祭祀的先人画像了。[②] 迄今，从楚墓中出土的四幅战国帛画涉及逝者亡故的画像，汉代的画像石、画像砖是生命伦理异化为宗教伦理的必然产物。除此之外，传统祭祀仪式中的铭旌、墓室空间内的壁画也是古人用以替代和想象逝者在另外世界存在的媒介。而在一些壁画中，也有一些代表着死亡的意象。比如北美印第安人的图画记事和我国纳西族的象形文字将人或者动物倒绘来表示死亡，甚至有时动物的侧绘也能表示死亡。在我国的酒泉十六国壁画墓中也出土了大量的岩画，专家推测认为这些图画具有强烈的宗教色彩或巫术色彩。

总之，无论是口语文本、文字文本还是图像文本，前数字媒介时代更多呈现出的是逝者媒介化生存的苗头，因为在前数字媒介时代，媒介往往只是具备一种单一的偏向性，比如说文字媒介抽离了主体在场的空间性，但在时间长河中能更好地存续下去。而口语媒介看似出现了时空上的平衡，但它也是一种相对来说更偏向于空间性的媒介，因为这一媒介更有利于空间的传播，在时间的长河中很容易转瞬即逝，并且缺乏一种精确性。

四、数据技术驱动下逝者媒介化生存的形态

媒介化生存的重要内涵之一是记忆的传承，前数字时代记忆生产经历了口语、文字以及图像文本的传承。进入数字时代，不断变革的技术深度介入记

---

① 邓启耀. 视觉表达与图像叙事［J］. 广西民族学院学报（哲学社会科学版），2004（01）：114－121.

② 吴卫鸣. 民间祖容像的承传［M］//上海师范大学美术学院. 艺术史与艺术理论. 杭州：中国美术学院出版社，2004：76.

忆，在记忆生态和媒介生态的相互依存和交织融合中，数字记忆也逐渐脱离传统物质载体的限制，以无远弗届的在场化特征和不受空间限制的连接性功能，重塑着逝者的媒介化生存。互联网可能正在从根本上重新定义纪念活动，以“一个正在进行的过程”为目标，不是依赖于物理环境的隐含永恒，而是依赖于流通信息的一种永恒。安德鲁·霍斯金斯认为媒介技术的渗透带来一种“连接性转向”，重塑我们的时间、空间以及记忆。① 在数字时代，记录信息的能力大幅度提高，记忆信息的时间也会变得更加持久。逝者的媒介化生存离不开数字记忆的作用，其中，“数字记忆牵涉的不仅仅是与前数字时代并置的媒介记忆形态，更是记忆活动及其产物全面而深入的数字化”②。在宏观层面上，逝者的媒介化生存其实是关乎记忆共同体的整合和延续。总体来说，数字时代逝者的媒介化生存可以分为如下三个发展阶段。

（一）以纪念为导向的初级形态

在前数字时代，人们主要通过纪念的方式来实现对逝者的延续。到了数字时代，互联网提供的虚拟空间成为人们自由对话、表达情感的平台，人们既可以借助文字、音频等文本完成外在表层传播，也可以实现与他人互动沟通的潜在传播。受技术的影响，传统的线下哀悼仪式被“挪用”，部分转移到线上空间，线上纪念网站延续了前数字时代对逝者的纪念。人们因为哀悼产生联结，建构出一种全新的社会关系和交流方式，原本私人化的纪念行为被赋予了现代社会的新含义，人与人的关系也在虚拟空间中得以延伸。

1. 纪念网站——“纪念导向”的媒介化生存形态表征

在我国历史悠久的传统祭祀文化中，慎终追远以及铭记先人是核心价值之一，生者往往会通过诸如墓地这样的物质载体来与逝者沟通、交流，这也使前数字时代逝者的媒介化生存已经初现苗头，并呈现出浓厚的纪念属性。但在过去对逝者的纪念中，由于地理空间和祭祀场所的限制，祭祀仪式的规模和祭祀场所的承载人数有着严格的限制。在数字时代，互联网的出现极大地改变了纪

---

① Hoskins，& A.（2011）. 7/7 and connective memory：interactional trajectories of remembering in post-scarcity culture ［J］. Memory Studies，4（3），269－280.

② 李红涛，杨蕊馨. 把个人带回来：数字媒介、社会实践与记忆研究的想象力［J］. 新闻与写作，2022（02）：5－15.

念逝者的技术条件，祭祀规模产生了质的跨越。比较有代表性的就是纪念网站的兴起与发展。

随着媒介技术的发展，逝者的媒介化生存第一个阶段首先呈现出的形态，是以网络哀悼为主的纪念网站，这在一定程度上是对前数字时代纪念导向的一种延续。在过去，传统的祭祀仪式通常在特定的时间和地点举行，祭祀者必须亲身在场，全程参与祭祀仪式，然而，数字技术和智能技术的发展催生了线上纪念网站这一虚拟化的形式，并对传统的祭祀仪式进行了现代性改写，使人们能够在虚拟世界中祭奠逝去的亲友。2003 年，北京网同纪念网络技术有限公司建设了一个名为 NETOR 的纪念网站，这一网站的建立开创了国内网上祭奠的先河。截至 2005 年 4 月，NETOR 网站已经建设了 48000 余个网上祭奠馆。①

自 NETOR 纪念网站开始，国内涌现出一批以天堂纪念网、华夏祭奠网、天墓网络祭祀平台、中华英烈网等为代表的线上祭奠平台。2020 年，受到新冠疫情的影响，多地相关部门开通网络祭扫平台，呼吁公民进行线上祭奠。在众多线上纪念网站中，逝者亲友可以为离世的人建立一个专属的、个人化的线上纪念空间，借助线上扫墓、线上献礼、在线留言等方式来缅怀逝者，云祭祀、云祭扫成为新风尚。

目前，全国大概有上万家网络纪念馆，通过对现有的纪念网站进行梳理后我们发现，线上纪念网站大致可以分为以维系集体记忆为导向的公祭网站和以维系个人记忆为导向的私人祭祀网站。私人祭祀网站以面向大众为主，为个人提供哀悼方式。以维系集体记忆为导向的公祭网站则主要是以历史英烈为纪念对象，以承载社会的共同记忆为使命，以此来打造以虚拟联结为主体的集体纪念方式（如图 5-2）。

---

① 李晨. 虚拟祭奠真实清明[EB/OL](2005-04-08)[2023-11-07]. http://money.163.com/economy2003/editor_2003/050408/050408_323723.html.

图 5－2　线上纪念馆注册页面和国家公祭网

面向普通大众的纪念网站通常需要经过注册程序，公众主要是以创建者的身份来展开纪念活动的，以心纪奠为例，只需在网站上通过注册填写逝者姓名、性别、出生日期、逝世日期等相关信息之后即可为亲友建立专属的虚拟纪念空间，在此空间当中，生者可以通过虚拟祭奠仪式进行仿真性的祭奠活动。而集体纪念网站通常不需要注册，只需要进入网站完成程式化、固定的线上纪念仪式，即完成了线上公祭。

具体来说，在以面向普通用户的线上纪念网站中，全球祭祀祈福网是比较突出的纪念网站之一，此纪念网站以“老百姓自己的史记”为定位，为用户提供了一个互动仿真的网祭平台。无论是最初墓园的建造还是祭祀仪式的举行，这一网站都在全程、全真地模拟实际生活中的哀悼活动。网站设置追思、祭祀日志等功能，加强了与逝者的对话交流感。而以国家公祭网为代表的集体纪念网站，主要是公众以一种参与者的方式祭奠逝去的英烈们。从国家公祭网设置的标语“国行公祭，祭抗战死难之生命，祀我国殇，悼血与火浸染之地”就可以看出，纪念者主要是以一种他者的身份去缅怀英雄，以点烛、献花、撞钟的方式祭奠、追思遇难同胞，并起到警世的作用。总体来说，纪念网站的出现使祭祀者可以从线上纪念馆了解到逝者的生平、事迹、祭文等拓展性信息，同时信息容量的无限性也促使纪念变得更加无远弗届，也更加源远流长。

2. 纪念导向的特征分析

传统的哀悼仪式依赖于实体性的记忆场所，而在技术的支撑下，线上纪念网站延续了传统哀悼仪式的内涵，创新了传统祭祀仪式的形式，形成了现代化祭祀新模式。

(1) 线上纪念重构时空界限。

纪念网站是传统祭祀仪式在网络空间的拓展和迁移，其首要表现就是对时空界限的重构。过去传统的祭祀文化中，地域和时间是制约生者对逝者纪念的关键因素，纪念网站的出现带来了哀悼、缅怀的在线化，生者不仅可以不受时空限制缅怀逝者，而且可以实时表达自己的情感。从空间维度来说，借助计算机和互联网技术，哀悼仪式逐渐呈现出虚拟化的特征并消弭了时空限制，使哀悼具有永恒、无限的特性。线上纪念网站可以长期存储大量照片、音频、视频、传记、悼词等文本，原来基于物理场所的哀悼空间被虚拟的计算机网络代替。这种空间上的无限性也体现在纪念网站对媒介化生存对象的拓展中。

中国祭祀网按照纪念对象的性质划分出名人纪念馆、事件纪念馆、公益纪念馆、私人纪念馆等。其中，事件纪念馆以造成人员死亡的重大新闻事件为纪念对象，引发公众哀悼；名人纪念馆、公益纪念馆则是为逝世的知名人物建造免费的公益纪念馆，让来自天南地北、素不相识的陌生人可以有一个公共的线上哀悼空间。祭祀文化、专题报道、最新讣告栏目则为用户提供了解信息和分享信息的渠道，哀悼者可以发布讣告，成为言说的主体。总体来说，纪念网站所提供的交互性和群体维系的认同感，既为逝者的媒介化生存提供了一个更为自由的生存空间，同时超越了信息的传递作用，实现了维系群体认同与关联的目标。

从时间维度来说，人们在纪念网站中进行线上哀悼，更多是基于自己的媒介使用习惯，并非遵循传统的线性时间。可以说，纪念网站的出现重构了单一线性的时间向度，生者可以随时进入线上纪念活动中，表述自己的哀思。与此同时，互联网的发展为逝者的媒介化生存提供了一个至关重要的平台，传统的祭祀往往只是在特定的时间和固定的地点缅怀逝者，比如清明节生者会在有形的墓地前向逝者诉说衷肠，倾诉生活。这种倾诉主要是通过口头传播阐释意义，具有易逝性和不易保存性。在纪念网站中，对逝者的记载并非以逝世时间为起始点，而是在逝者生前就会有相关的记录文本，这些文本借助媒介技术可以实现时间上的永续存在。

与传统祭祀相比，纪念网站一方面拓展了纪念文本，使纪念趋于日常化，另一方面纪念主体范围通过网络进行无限延伸，变得更加多元化。在"NETOR网同纪念"的纪念馆列表里，陈列着众多的逝者纪念馆名单，每个纪念馆拥有独一无二的纪念馆号和馆名。截至2022年2月，NETOR纪念网站已有超过320000个纪念馆，这些纪念馆按照建立的时间先后顺序排序。同时，在纪念网站首页有"今日纪念"栏目，在这个栏目中会标示出相关逝者的生辰和忌日等信息，塑造一种共同纪念的认同维系价值。点进个人纪念馆，可以看到人物生平简介、人物讨论、最新祭奠动态、请你留言、活动年谱、历史相册等导航栏目，同时也提供了染梅、点烛、献花、香火等多种悼念形式。在此空间平台中，人们可以随时随地进入线上哀悼空间，生者对逝者的缅怀变得更人性化，也更触手可及。与此同时，纪念网站可以永久保存逝者的影像等材料，生者祭奠逝者的时候，依靠这些信息，逝者的形象也变得更加清晰，这种无限期存储历史信息的优势，使逝者能够实现符号学意义上的"永恒存在"。

（2）符号叙事代替身体实践。

梅罗维茨提出了媒介情境论，他认为媒介具有影响人们行为活动的机理，即引入媒介会影响人类原本物质场所中的"信息流通型，进而影响到情境变化"①。情境的变化则会直接影响着行为模式。通常来说，情境和实际的物质场所密切关联，比如餐厅就是用来吃饭的场所。但是新媒介技术的出现突破了这样的桎梏。对应到线上纪念空间，移动互联网技术打破了坟墓、纪念碑这样固定的物理场所的对应关系，传统祭祀的元素被符码化，使信息流通形式发生变化。借助狭小的电脑屏幕和手机屏幕，参与线上祭奠极为便捷，只需要用手

① ［美］梅罗维茨．消失的地域：电子媒介对社会行为的影响［M］．肖志军译，北京：清华大学出版社，2002：35－38．

指轻轻一点即可缅怀逝者并产生一种仪式化感受。生者既可以通过阅读逝者的生平简介以及“点烛”、“献花”、献“祭品”等寄托哀思，实现与逝者的单向沟通，也可以通过祭文留言实现与生者之间的互动。

“心灵研究是与远方人体的幽灵接触，其表现的载体可能是文字、形象、声音，甚至可能是触摸。”① 在传统的纪念仪式中，对逝者的哀悼离不开身体实践。在数字时代，传统祭祀仪式的在线化正在成为一种新的纪念方式，生者和逝者在虚拟的线上空间能够进行深层次的灵魂对话。参与者在网络空间的虚拟在场，使人际交互关系、人与自我关系以及人与自然环境的关系演化为符号与符号的关系，甚至原本承载着文化意义的线上哀悼仪式本身也会被符号化。在纪念网站中，每座纪念馆都是一个封闭的、相对独立的交流场所，在不同的媒介场所中，生者对逝者表达情感的侧重点以及情感层次也会有显著的差异，在传播过程中留下的文本成为一种与逝者沟通交流的方式。由于线上哀悼是对祭祀仪式空间的创造性迁移，导致个体在进行线上哀悼时会延续过去的一种情感宣泄，但在表达哀思的过程中又会获得一种相对自由之感。

比如在 NETOR 纪念网站中，既有与逝者本身密切相关的族谱、生平经历以及人生感悟，也有生者对逝者的一种形象建构。在这些多样化的符号文本当中，逝者的形象变得鲜活且立体，纪念网站成为记录生命、见证生命、延续生命的历史空间。与此同时，纪念网站作为一种大众传播媒介，为人们提供了相互鼓励、疏导情绪的情感联结空间，联系了拥有相似经历或者情感经历的人，使他们产生一种同理心。这在让生者和逝者进行交流的同时，也让生者之间达成了“灵魂的互动”的传播机制。NETOR 纪念网站为生者之间的人际沟通也提供了平台，通过留言的方式，生者与生者之间可以实现心灵共鸣。在客户自助建立的家族纪念园区与网站方为重大事件建立的群体馆中，有类似经历的人可以利用这个平台，通过留言维系甚至产生新的情感和关系，以此来实现一种关系导向。同时，这种沟通方式也可通过“今日纪念”这种与时间有着强相关性的元素作为联结，这种联结也让逝者的媒介化生存成为可能，正如 NETOR 纪念网站的宗旨“生命故事，源远流长”一般，纪念网站将成为逝者

① ［法］勒维纳斯. 上帝・死亡和时间［M］. 余中先译，北京：生活・读书・新知三联书店，1997：5.

在网络空间的延续。

（二）以“重生”为转向的中级形态

数字媒介的不朽性扩大了哀悼和纪念的范围，促使逝者的媒介化生存形态发生了变化。在数字时代，我们越来越依赖手机、电脑等体外存储设备和存储技术，这将极大地改变记忆的保存与遗忘机制。与此同时，单一的符号媒介被技术突破，使声音文本、图像文本以及文字文本都被统筹进电子编码之中，生与死之间的界限逐渐消弭，生者可以通过数据这一纽带在数字空间中寻求与逝者的联系，逝者生前留下的数字信息成为一座可供纪念和哀悼的数字墓碑，提醒着斯人已逝。自互联网技术出现以来，“数字化”这一关键词就贯穿于我们的日常生活与传播活动。人们的身体变得数字化，媒介生态环境中涌现了诸如AI合成主播这样的数字化身，真实和虚拟的界限越来越模糊。当技术成为人类社会中的一种“座架”，人这一主体也难逃被“铭写”的命运，数字时代逝者的媒介化生存在全新的时间和空间维度中被建构，并在一定程度上呈现出一种重生转向。

1.“重生”与“重生转向”

传统的哀悼方式具有暂时性的特点，新媒介的出现，其存储的硬件条件也为记忆的保存提供了契机，拉近了我们与逝者之间的距离。数字时代，层出不穷的新媒介创造出死亡与悼念的新形态，拓展了传统哀悼与纪念空间。“媒介成为管理人们日常生活的‘代理人’。”[①] 这样的阶段可以视为介于纪念和永生之间的过渡阶段，本文以“重生转向”这一术语来总体概括这一阶段。

重生的概念起源于先秦，当时的人们觉得灵魂是人逝世后的一种延续物，但如果灵魂离开身体太久，也会消亡，所以会通过招魂使人重生过来。自从1836年电报面世，特别是在八年后莫尔斯将电报技术运用于新闻传播实践当中，社会由此步入了电子媒介新世纪，随后电话、传真机、有线广播、留声机、摄影机、电影等事物的出现，令我们进入了一个被电子媒介包围的世界。由于新型媒介技术的出现，逝去的人也可以“以真实的声音方式存在”。基特

① 殷乐，高慧敏. 具身互动：智能传播时代人机关系的一种经验性诠释［J］. 新闻与写作，2020（11）：28-36.

勒剖析了留声机、电影、打字机这三种原始媒介技术，揭示了新媒介技术怎样分割身体感官，以此提供全新的在场方式，即虚拟技术带来的人的永久性在场。除此之外，在这一时期，随着摄像机、电影等被发明，图像也成为延续人的存在方式之一，制造图像的目的一方面是纪念逝者，另一方面是通过图像再现永久缺席的身体，并通过再现身体的方式使逝者在媒介上重新在场化。

网络和信息技术的迅速推广以及多样化的新媒体勃兴激发了人类第四次信息传播革命，人类从而进入了一个崭新的数字时代。在这样一个日趋媒介化的社会中，我们的生活被各种电子媒介裹挟，导致人类在整个信息传播格局中的地位和作用也发生了戏剧性的变化。数字时代生存的“数字一族”正在创造一种真正的生活方式，这种生活方式呈现出明显的数据化趋势，而当一切事物都可以用数据来代替和呈现的时候，人类或许有机会离开其有机身体而以数据的形态存在于世，比如通过数字化和智能化原音重现产生新的组合。逝者以数据形态寄身在媒介当中，凭借技术所带来的“算法能动性”而继续“存在”。比如说微博在算法机制作用下，会自动发布诸如生日提醒这样的消息，即使用户已经离世，这类消息仍会在一些固定的时间、持续不断地以逝者的名义推送出去，也会引发生者的再次追悼。比如，科比于2020年1月26日去世，每年只要到了8月23日，他的微博都会自动推送生日动态，而网友们会自发地在此条微博的评论区哀悼、追忆他。

数字时代，纪念的外延也被扩展，一个人的音乐、照片在其死后仍会被广泛分享，观看逝者的照片或者倾听他们最喜欢的音乐本身就是一种纪念行为。在这样的媒介生态中，是否能跨越生与死的界限进行沟通其实不重要，重要的是：逝者就“存在”于媒介技术本身中。正如伊莱恩·卡斯凯特在著作中提到的：“我们曾用技术手段抓住逝者，但现在，技术已经不仅仅是一种帮助我们和逝者取得联系的媒介，逝者就存在于技术之中。”[①] 到了20世纪末，公众哀悼的对象已经不仅是英雄、名流等地位较高的人物，死于悲惨处境的普通人也成了公众哀悼的对象。[②] 可以说，技术的发展进一步扩大了缅怀者和被缅怀者

① ［英］卡斯凯特. 网上遗产：被数字时代重新定义的死亡、记忆与爱.［M］张淼译，福州：海峡文艺出版社，2020：39.

② Walter，T.（2014）. New Mourners，Old Mourners：Online Memorial Culture as a Chapter in the History of Mourning［J］. New Review of Hypermedia and Multimedia.

的范围，技术对逝者媒介化生存产生的驱动力在于动员和聚集了各种社会背景的人一起表达哀思。除此之外，有相关研究表明："公共悼念和情感传达的空间和形式被社交媒体所重塑。"①

总之，数字时代逝者媒介化生存的中级阶段，呈现出比较明显的"重生转向"，这一阶段可以看作一个处于中间的过渡阶段，既保留了前一个阶段强烈的纪念意味，也同时呈现出"数字永生"的趋势。虽然目前来说主要还是以一种小规模的形态出现，但是这些形态已经告诉我们，逝者在媒介中"生存"甚至实现一种"数字永生"已经不再是一种幻想，而是数字互联网时代实实在在呈现出来的未来发展方向。

2. "重生转向"的媒介化生存形态表征

彼得斯曾说："媒介具有保存'生者幻象'的功能，并且在人死去后可以回放逝者形象。"② 社交媒体平台的纪念账号、线上哀悼仪式等让我们与逝者的交流变得触手可及，逝者生前在社交媒介平台中的数字留痕可以被他人观看并阅读，以此来实现互动交流。在网络哀悼小组乃至网络游戏中，在线角色背后的人的身体死亡可以在特定的游戏社区中留下一个专属角色。数字时代增强了人们对于死亡的能见度，媒介平台上充斥着各种在线葬礼以及日常纪念活动，在这些线上纪念活动当中，来自不同地方的哀悼者不仅可以阅读彼此的帖子，还可以相互交流，为正在进行的在线纪念文化创造了新的可能性。

（1）作为哀悼空间的社交媒体。

社交媒体允许并鼓励用户进行记录和分享，当前社交媒体中已涌现出大量形式新颖的数字记忆和纪念仪式，既为逝者的媒介化生存提供了载体，也在人们的参与实践中实现逝者的延续。社交媒体以哀悼作为联结纽带，在此空间中生者和逝者实现一种融合共存。在数字时代，过去在线下进行的哀悼仪式也可通过线上的方式实现网络缅怀。对生者而言，逝者留下的社交网络页面被视为逝者本人的象征和延续，成为公共哀悼空间，发挥了过去在逝者墓碑面前的倾诉和疗愈机制作用。

---

① 周葆华，钟媛. "春天的花开秋天的风"：社交媒体、集体悼念与延展性情感空间——以李文亮微博评论（2020—2021）为例的计算传播分析［J］. 国际新闻界，2021，43（03）：79－106.

② ［美］彼得斯. 对空言说：传播的观念史［M］. 邓建国译，上海：上海译文出版社，2017：57.

以微博为例，与逝者没有亲密关系的网友通过官方、私人微博了解到逝者去世的消息后，网友作为旁观者，往往会从媒介既往的记忆资源中去汲取、获得相关的符号、意象等资源。汲取符号资源的主要途径是通过官方媒体的报道或者互联网上的相关资讯。比如李文亮医生刚去世时，其身份是一名普通医生，来自不同时空的网友从官方媒体、朋友圈、微博等媒介文本中，汲取符号资源，了解其独特的经历后，通过相互勾连的互文性文本展开了缅怀活动。可以说，作为记忆社群成员的网友，既是记忆的承携者，又是创建集体记忆的行动者，在微博这一记忆场所内，进行着积极的文本生产活动。符号资源的另一汲取路径则来自逝者生前在社交媒体平台上所留下的一些个人书写痕迹。微博为人们提供了一个自由书写的平台，每个人都可以在这个空间中记录自己的生活点滴以及分享观点看法，这些数字文本在人离世后宛若自己书写的墓志铭，记录了逝者曾经鲜活的生命以及在世的经历，成为逝者精神世界的缩影，同时也是逝者媒介化生存的代表形式之一。

现如今网络缅怀成了一种新的哀悼方式，社交媒体上出现的各种哀悼行为也引发人们的关注，比如说 Facebook 上的“R. I. P”纪念专栏，这种哀悼模式具有虚拟性与现实性交织的特点，持续联结着生者与逝者。所谓的持续联结强调的是心灵与情感层面的联系，这也是“生者与逝者相互之间内心关联的继续保留”[①]。有更多的研究已经证明，和逝者保持一种持续性联结关系是目前线上纪念中的主要现象，并且不会受到纪念者与逝者亲疏关系的影响，持续性联结有利于丧恸者适应整个丧亲过程，在一定程度上也稀释了其悲伤情绪。具体到社交媒体平台，由于媒介本身的交互性削弱了传统纪念的在场性，社交媒体平台为生者提供了一个相对开放式的哀悼空间。在这个空间当中，对逝者的想象性在场，使生者与逝者能够继续沟通与互动，在一定程度上既延续了逝者的“生命”，也使逝者的媒介化生存呈现出重生的转向。与此同时，社交媒体平台作为一个公私界限非常模糊的空间，为去世的用户提供了一个理想生存空间，在这个公域和私域的混合空间，受众可以不受时空限制参与、共享悲痛的产生。

---

① Stroebe，M. & Schut，H.．(2005). To continue or relinquish bonds：a review of consequences for the bereaved [J]. Death Studies，29 (6)，477-494.

（2）作为数字墓碑的游戏角色。

有学者指出，不断更新完善的游戏场景和规则，导致了游戏的媒介化，其中，游戏场景、游戏主体间关系以及游戏规则等都承载着媒介化的痕迹。[①] 电子游戏根据对现实的模拟，为人们提供了一个虚拟的数字媒介世界，在游戏世界中，每个玩家都可以进行虚拟身份的生存与社交，游戏中的虚拟身份使人们在游戏空间中开展的行为具有时间的持续性和空间的延展性，这也为逝者的媒介化生存奠定了重生的基础，逝者在游戏中的媒介化生存主要通过三种方式实现。

一是针对公共事件中的死亡意象研发专门的纪念游戏。比如2020年受疫情的影响，独立制作人Dean Moynihan制作了一款名为《勤洗手》的游戏，并将其发布至itch.io平台。这款游戏的设定机制比较简单，游戏界面中到处竖立着样式统一的墓碑，每一块墓碑都代表着一名死去的病人。玩家要做的和能做的就是穿过荒凉的雪景，拾起一朵野花放在任何一座坟墓前。游戏中没有更多的动作，只可通过上、下、左、右四个方向键进行相应位置的移动，以及用空格键捡拾掉落的花朵。虽然这个游戏是单机游戏，玩家之间不会产生互动，但游戏制作者会整合玩家的哀悼痕迹，玩家在下次登录时会看到其他玩家的脚印和陈放在墓碑前的花朵，以此来实现对逝者的哀悼以及收到缅怀者的祝福这样的双重意义。

二是游戏策划者让逝者成为游戏中永不泯灭的一部分，这主要是将逝者塑造为游戏中的“NPC”（non-player character，非玩家角色），或者在游戏中的特定场所设置相应的纪念碑。比如魔兽世界中有众多献给逝者的纪念场景，从纪念的主体来看，逝者的身份呈现出多元化的特征，既包括魔兽世界发行公司暴雪娱乐公司的工作人员，也包括魔兽世界的忠实玩家，但并非所有的普通玩家都能成为游戏中NPC般的存在。从魔兽世界目前的纪念设定来看，能成为游戏NPC的玩家需要有诸如见义勇为、无私奉献等不平凡的经历，相关事件在社区小组发酵后，在众多玩家以及逝者线上亲友的齐力推动中，官方会设置相关的人物。而游戏纪念账户的形象设定，往往也会有其独特的形象表征，比

① 胡翼青，陈洁雯．媒介化视角下的少儿游戏：基于媒介物质性的考察［J］．南京社会科学，2021（11）：113－122.

如因病逝世的布拉德福·T. 卡隆，他的游戏形象源自他生前喜欢玩的游戏角色，这个角色的职业是裁缝，因此人物上方的头衔即为“大师级裁缝”，还有名为“欢欢Ⅰ—Ⅴ型”的五只机械小猫聚集在他的周围，这是他成立的公会名字。联系逝者生前相关元素，标榜逝者独特的身份，以此来完成对逝者的纪念与缅怀。

三是逝者亲友通过重温游戏来纪念逝去的人。生者可通过重温逝者生前玩过的游戏来纪念逝者，魔兽世界玩家小七因为父亲生前喜欢玩魔兽世界，在父亲逝世后，想要通过魔兽世界纪念父亲。此事经过魔兽世界中文论坛报道后，大量玩家纷纷帮助他找寻其父在游戏中的痕迹。在玩家的帮助下，他联系上了父亲当年的游戏伙伴，实现了对父亲的回忆与缅怀。此事发生之后，暴雪公司推出亲属继承逝者账号的新政策。无独有偶，美国一位年少时就丧父的玩家在父亲节即将到来之际，找到了儿时与父亲玩过的“越野挑战赛”游戏，在游戏中，纪录保持者扮演了“幽灵车手”的角色，并像信标一样与参加游戏的人一起比赛，直到下一位游戏玩家打破纪录；为了使父亲的形象在游戏机中永存，他选择不打破这个纪录。

(3) 影像技术再现逝者形象。

全息影像是一种宛如再生的纪念方式，全息影像技术使逝者和生者同台成为可能。伦敦奥运会闭幕式就利用全息投影“复活”了已故的皇后乐队主唱佛莱迪·摩克瑞（Freddie Mercury），使其与全场八万名观众玩起了即兴互动。在国内，2013 年周杰伦演唱会上，主办方通过虚拟影像重建技术和传统投影技术的结合使用，制造出虚拟的邓丽君形象与周杰伦实现同台跨时空合唱，这次互动使已经逝世的邓丽君仿若再生，唤醒了听众的回忆。在综艺节目《一代芳华邓丽君》中，央视也运用全息影像技术再现了邓丽君的风采。

纵观前面的这些实践，或多或少地建构了逝者的数字镜像，再现了生者对这些已经逝世的名人的记忆，然而技术的相对不完善性使二者的互动行为仍然发生于不同时空。技术的不断发展会让逝者的数字重生更加真实。2019 年央视的网络春晚数字孪生主持人同台主持，真身与数字化身可以实现共在，这样的成功案例也为后续逝者的数字永生提供了借鉴。

韩国 MBC 电视台曾制作过一部与众不同的纪录片，记录了一家技术团队利用 VR 技术，让一位失去女儿的母亲与女儿在虚拟空间中的重逢。为了让生成的形象更加真实，技术人员通过对逝者生前声音、影像资料的提取，利用AI语音合成技术、动作捕捉技术，建立了一个仿真的虚拟VR形象。这位母亲戴上VR眼镜即可以看到其女儿的形象，通过温度传感器以及VR手套，在触摸时甚至能感受到正常人的温度，仿若女儿就在身边。在纪录片的第二期，为了帮助51岁的金正洙与已故妻子团聚，团队通过声音转换技术，从他妻子生前的音频中提炼出音色、音调，让金正洙完成了和已逝妻子的对话。利用全息影像、AR、VR等技术，通过语料可以生成一个人的影音对话；利用智能面部扫描的自动生成技术，则可以有效采集数据和塑造人脸，让逝者的媒介化生存呈现出一种重生转向。

3. “重生转向”的特征分析

数字时代，逝者的媒介化生存拥有多条不同的传播链，任何人都能成为纪念与哀悼的发起者，后来的跟帖人也会各取所需发起新话题。在此过程中，信息得以在传者和受众之间平等流动，既可能是单一的线性传播，也可能是复杂的分层传播。这导致了在哀悼仪式、情感传播以及信息传递的过程中，不可避免地会出现对既有逝者信息进行额外的编码和自由的解码，总之，在逝者媒介化生存的重生转向状态中，参与的分散化、信息的扩散化、响应的全景化都与前数字时代有着显著的区别，这在社交媒体的网络哀悼中尤为明显。

（1）参与的分散化。

用户生前的数字身份在其逝世后仍会存在于世，生者在逝者的社交空间拓展了数字身份，形成线上哀悼空间。由于社交媒体等媒介的低门槛性与哀悼空间的开放性，纪念话语发布者与缅怀的参与者呈现出一种分散化的趋势，按其身份属性大致可以归纳为以下三类。

第一类是官方推出纪念账号或者纪念的人设。在社交媒体平台中，继社交媒体平台脸书（Facebook）率先设置纪念账号之后，国内的微博、哔哩哔哩（B站）等平台也纷纷推出纪念账号。微博在2020年9月发布《关于保护“逝者账户”的公告》，公告表示微博官方将对经证实的逝者账号设置保护状态，对处于此种状态下的微博账号做限制登录、限制发布或删除相关内容的保护处理。同年12月，B站也发布公告表示在获得逝者亲人的授意后，会将已经去世的人生前的账号作为纪念账号，并且会对此类账号采取一定的保护措施。不过，与微博不同的是，B站的纪念账号会有一行字：“请允许我们在此献上最后的告别，以此纪念其在哔哩哔哩留下的回忆足迹。”通过这种方式明确标示这是一个纪念账号（如图 5-3）。

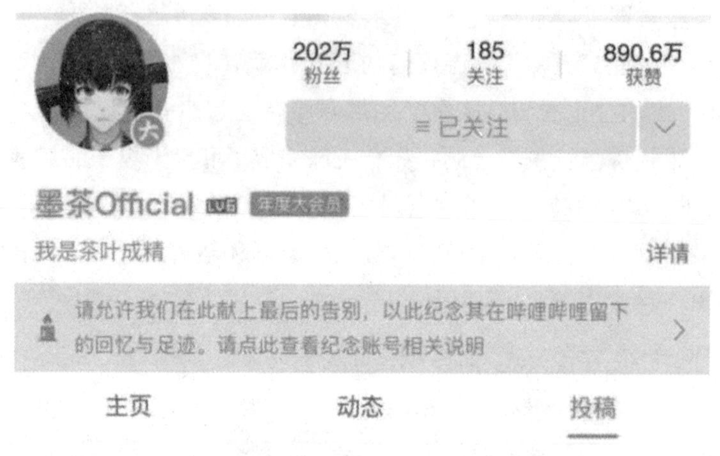

图 5-3　B 站 up 主“墨茶 Official”纪念账号首页

纪念账号意味着我们对逝者的纪念发生了一定的转向，由粉丝对逝者自发的、个人的哀悼，到媒介技术介入后主动生成永久的纪念主页，利用“纪念账号”盖起一座又一座的虚拟墓碑。用户离开人世后，网络账号中的内容在纪念中被赋予了更深刻的“生命”意涵。“纪念账号”的设立汇聚了对生命的思考，建立起网络空间中生命话题的讨论区。可以说逝者的社交媒体账号成了网友聚集的媒介场所，逝者的形象也成了一种符号化的象征标志。网友们的聚集与互动让账号“活”了起来，让逝者仿佛在互联网中获得了生命的延续，也对短暂的网络记忆发出了挑战。原本的个人账号变成了供网友进行讨论的公共空间，这使逝者账号具有了存续的可能性与合理性。“纪念账号”不仅改变了死亡命题的语境，也意味着生命意义的位移，促使互联网环境下的生命延续已具有了虚拟与肉身的双重含义。

与此同时，在游戏平台中，逝者的故事也总会在新玩家中流传，官方也会主动把离世的玩家设置为游戏中的 NPC，在游戏中树立起一个又一个的数字墓碑。比如剑网三万花玩家浪凌飞因病去世后，玩家在念破服（名为念奴娇和破阵子的两个服务器）的世界频道连刷三天悼念他，这一举动惊动了剑网三游戏策划。应广大网友要求，2012 年 12 月 16 日剑网三悄然更新了一个版本，将浪凌飞设置为万花谷花海中的 NPC。无独有偶，在守望先锋和魔兽世界中，很多NPC的设计就是为了纪念逝者，其中不乏为游戏设计做出贡献的玩家、官方工作人员乃至一些普通的玩家，他们在游戏世界中留下了永恒的痕迹，供后人纪念与哀悼。比如在守望先锋刚上线之时，守望先锋的忠实玩家宏宇因见义勇为而不幸遇难，守望先锋官方知晓他的事迹后，就把他作为英雄塑像放进了游戏中的漓江塔地图里，使其能永恒存在于游戏中。

第二类是逝者的亲友接管数字遗产。数字遗产是基于文化遗产形成的另一个概念，有些研究者将数字遗产定义为“逝者生前在网络或者智能设备中所遗留下来的数字信息”[①]。顾理平和范海潮则指出，“数字遗产”兼顾财产属性和人格属性。[②] 除了这两个属性，数字遗产还具有媒介属性，比起传统遗产，媒介与逝者、生者三者的关联在数字遗产中显得至关重要。如今，受数字技术的影响，人类的行为被数字化并实现了一种媒介化生存，媒介中存储的数字信息中隐含私人的信息，辅之以廉价的存储和简易的复制，我们的数字灵魂得以不朽。部分公司也关注到数字遗产的处理问题，早在几年前，Facebook 和谷歌（Google）用户就可以为自己的账户设置“继承管理人”，赋予用户指定专人管理自己去世后相关账号的权利。也有公司专门提供了“数字遗产”的相关项目。比如瑞士在线数据服务商 Secure Safe 专门设置了一项“数据遗产”服务，用户离世后，委托人可以根据网站提供的密码启动项目。2021 年苹果公司在 WWDC（苹果全球开发者大会，Worldwide Developers Conference）上宣布即将推出数字遗产计划，用户可以在生前指定一位数字遗产联系人，用户逝世后，该联系人可以访问逝者的苹果账户，并传输逝者的照片、信息、备忘录等数字遗产。互联网为逝者提供了一个想象的、虚拟的生存空间，数字遗产则可以看作这一空间下的媒介化生存方式之一。逝者去世后，其亲属有权继承部分数字遗产，部分替代传统的哀悼实践，以一种新的纪念方式，赋予逝者在虚拟空间中生命的延续，让逝者的媒介化生存成为可能。

第三种参与者是与逝者没有线下联结的网友。网友是社交媒体哀悼中积极的参与者，在社交媒体平台中，网友会对公众人物的逝世进行集体哀悼，比如

---

① 牛彬彬. 数字遗产之继承：概念、比较法及制度建构［J］. 华侨大学学报（哲学社会科学版），2019（05）：76－91.

② 顾理平，范海潮. 作为“数字遗产”的隐私：网络空间中逝者隐私保护的观念建构与理论想象［J］. 现代传播（中国传媒大学学报），2021，43（04）：140－146.

说在袁隆平、科比这样的名人去世之后，社交媒体平台会出现集体哀悼的现象。拉斯韦尔和莫顿经研究发现，大众媒介具有社会地位赋予功能，经媒体报道后的普通人能进入大众视野，也会引发网友的集体哀悼。比如说 2020 年因抗击新冠病毒去世的李文亮医生逝世第 40 天，他生前的最后一条微博下，有 62 万条网友的留言。同样的情况还出现在凉山救火烈士们的个人微博和超话。参与者的分散化使媒介承载了太多鲜活的生命印记，逝者的媒介化生存比一块墓碑鲜活了许多。

（2）信息的扩散化。

对网络技术虚拟性和交互性的依赖感使人们对逝者的纪念朝着符号化和形式化的方向发展，人们对逝者的哀悼并不局限于哀悼本身了。作为一种新型“记忆装置”，社交媒体上存储和共享人类媒介化生存产生的大量个体记忆和社会记忆，这种中介化的记忆创造和再创造了我们的“过去、现在和未来”。[①] 数字时代逝者媒介化生存的突出表现就是纪念信息的扩散化。

在逝者社交媒体平台的留言区，从时间上看，纪念者频繁使用“今天”“现在”这样的词汇来表示、诉说当下所发生的事情，媒介的低门槛性和即时性特征，使哀悼者可以在虚拟的纪念空间中随时随地分享自己的日常琐事。在众多纪念文本中，逝者去世后，随着时间的推移，生活化、个人化、碎片化的表达占据了总文本的很大一部分比例，代替了过去缅怀逝者的单一情绪文本。与此同时，纪念者们也积极调用逝者生前爱用的图像和文本资源，将其延伸为表达致敬、哀悼和怀念的视觉符号。

2021 年 1 月，B 站用户“墨茶 Official”离开了人世，他的朋友在 B 站发布了一条讣告并整理出了一份墨茶生平：“因病致贫”“辍学”“躲债跑路”“抢夺”“因酮症酸中毒逝世”等。短时间内，这则讣告连同墨茶生前在 B 站发布的动态引起了网友的广泛关注，截至 1 月 30 日下午，他的 B 站账号粉丝数达到 169.3 万，较他生前翻了近一万倍。[②] 粉丝量迅速增长的同时，也带来了一

① 席妍，罗建军．社交媒体哀悼空间中的记忆书写与话语实践——基于@xiaolwl 微博评论的分析［J］．新闻界，2022（02）：40－48．

② 杜萌．还原“墨茶”：一个虚拟主播是如何被真实生活“杀死”［EB/OL］．(2021－01－30)［2021－11－15］．https://weibo.com/ttarticle/x/m/show/id/2309404599164141961557?

些质疑，随着有人在网上爆出墨茶“骗钱”这一言论后，网络上出现了一阵舆论反转，甚至有人质疑墨茶并没有逝世，其死亡是一次营销策划。随着相关话题愈演愈烈，经过多方调查后，B站官方发表声明核实了墨茶逝世的消息，其账号将被设为纪念账号，网友们在线上继续自发进行一场追忆仪式，比如为哀悼墨茶而成立QQ群，与墨茶生前没有交集的网友们纷纷发布纪念墨茶的哀悼词。除此之外，群友们也集资为墨茶买了其生前动态中提到的想吃的饺子和草莓，并放在墨茶生前的住所附近。

从墨茶的B站用户首页可以看到，他生前曾坦诚表露过自己的现实处境和心路历程，无论是生活的窘境还是病痛的折磨，抑或是想吃饺子和草莓这样朴素的愿望，这些文本都被纪念者提炼出来。以至于许多人哀悼墨茶时，留下诸如“如果早点认识你，我一定让你吃上草莓和饺子”此类的评论，“很抱歉以这种方式认识你”“希望我们在下一段人生中相遇”。这类文本也表明社交媒体平台的大多数纪念者都是在去世后才认识逝者，并自发进行哀悼。从中也可以窥见，人们通过社交媒体平台展示了自己的生活，一个人发出的声音也会在网络空间中留下存在的记号，这些记号也是一种自我建构的方式。人去世后，生前的社交媒体平台成为对逝者的替代叙述，而生者则是对逝者的自我建构进行了一种他者化的解读，并以此来展开怀念和追忆。

(3) 响应的全景化。

在空间上，哀悼者会频繁使用与逝者居住地、工作地抑或去世地相关的地名，与逝者紧密联系在一起，同时也会使用世界、天堂这样一些跳脱固有地域边界的词来契合逝者实现媒介化生存所必须依赖的虚拟生存空间。在米歇尔·德塞图看来，空间的产生得益于人们在特定场所内的主观行为。其中，人们会利用日常的话语体系和文化活动来打破占据社会主导地位的传统权利秩序，从而打开新的生存空间。[①] 在逝者的媒介化生存中，这种需求和权益指向一种哀悼权和表达权，纪念者们利用社交媒体平台本身所提供的空间，开辟出想象的虚拟生存空间。在众多的纪念文本中，部分纪念者把留言区塑造为与逝者对话交流的纪念场所，比如：

---

① 吴飞．“空间实践”与诗意的抵抗：解读米歇尔·德塞图的日常生活实践理论［J］．社会学研究，2009，24（02）：177－199＋245－246．

@一苻早aw一：李医生几个月没来看你了，今年我感觉好多啦！感觉整个人从去年的负能量场里挣脱出来了！现在我觉得未来还是有希望的，直到被肯定了之后才让我意识到，四年前的失败让我这些年一直在无意识地否定自己。但其实没有什么是不可能的！我也可以是很优秀的！特意跟你来分享好心情，希望大家也都能越来越好！

无论是每天的问候道好仪式，还是日常生活碎片分享，这种边走边看的纪念方式不断为空间注入新的意义，用“游荡”模糊空间的界限，既占用了网络空间，又把它转化为自己的空间，纳入个人主观记忆书写的范畴中。

值得注意的是，生者可以借助逝者媒介化生存的数字文本重新与逝者建立一种不可见的关系，为了顺利完成这一过程，纪念者会从哀悼社区中提取意义，根据自己的需要加工生成各种类型的纪念文本，并在媒介空间中实现与逝者的对话。在逝者媒介化生存实现的过程中，真正的文本接收者已经离世，纪念者是在进行一种没有接收者反馈的单向度传播，但这也并不意味着在这个过程中不存在互动，只是说互动并没有发生在传者和受众之间，而是发生在不同的传者之间。借助纪念文本实现与传者间的互动，以此获得一种情感认同。李文亮医生去世后，其生前发布的微博帖子回复量随着时间的推移持续不断地增加，实现了信息的潜在传播。

社交媒体平台中的线上纪念空间创造了一个共同的情感景观，不同的人会采取不同的方式表达哀思，建立情感联结，以此实现响应的全景化。值得注意的是，除了逝者的社交媒体账号场域，生者也会通过逝者生前的网络点赞进行延伸性、全景式的纪念活动，比如李文亮医生去世后，网友们在他生前点赞过的微博下也进行了纪念，并寻找一种身份认同与情感联结（如图5-4）。

图 5-4　李文亮生前点赞微博

@财爷说股—张海舟：震哥，李文亮医生 2.3 日赞过你的微博。原来他也是萝卜报告的粉丝。可惜几天后就去世了。

@月光宝盒——张宁博：李医生一天天的光给震哥点赞了，他也喜欢汽车，也喜欢数码，相同的爱好怎么就那么多，怎么就这样子走了呢?［泪］

@Qri 杜小新：震哥，李医生最后一个赞留给了你，我们一起祝李医生一路走好吧。

@Nick _ Ye：李医生关注了好多汽车博主，震哥，胖哥，YYP，闫闯，他只是一个跟我们同样的普通人，请不要这样带走他……

逝者的媒介化生存可以理解为纪念者通过记忆文本的书写而建构起的哀悼话语。在媒介化生存的场域当中，逝者的媒介化生存实践会受制于媒介本身，通过逝者生前在媒介上留存的数字痕迹实现逝者生命的延伸，并为缓解生者的悲痛提供情感安慰。哀悼者具有旁观者和参与者的双重身份，同时哀悼者之间通常也是素不相识的陌生人，但由于在网络空间隐匿了哀悼者的表情神态，反而拉近了哀悼者之间的距离，使线上纪念具有浓厚的社交性、互动性特征。哀悼不再只是朝向逝者，而是被内化为生者进行私域言说的场所以及被外化成与他者展开互动行为的客观载体。

（三）以“永生”为趋向的终极形态

新媒介在数字时代不断涌现。“这些新媒介表征着新的社会连接方式、尺度与标准，以便人类开拓出更加广阔的纪念空间，去呈现和安放自身的价值、个性特征以及新样态的生命形式。”① 数字媒介营造出一个虚拟宇宙，以此来最大限度地遮蔽、掩盖甚至替代易朽的肉身，在技术的加持下，人们的思想、意识会被彻底地、永久地、不可逆地上传，成为服务器上的数字灵魂，数字化身正在变成现实。正如迪肯大学的一位高级哲学讲师所说：我们已经来到了“替换”死亡的领域，我们不仅找到了一种特别生动的方式来记住逝者，更是发现了一种弥合他们的死亡留下的“存在性鸿沟”的方法。赛博格空间提供了一种全新的维度，为人们实现虚拟化、数字化、信息化存在提供了可能。

前文已对时下的媒介化生存形态进行了梳理，数字技术正在消弭时空限制，让逝者信息能够借助赛博格空间进行资讯的传播与沟通，技术则携带着逝者的信息穿梭在虚幻的网络中，为逝者实现媒介中的是“数字化永生”提供了一种新的可能。那么什么是“数字永生”？学者殷乐将“数字永生”定义为利用算法、神经网络技术、合成技术及全息技术对逝者生前的个人特征、社交资料进行数据化处理，以此来“再现”逝者。简言之，即利用基于媒介的人类意识产物反向构造人工生命，并以此实现人的永恒存在。② “数字永生”目前只是一个虚拟概念，学界尚未对其有明确的定义，但我们能从目前的发展趋势和学界已有研究成果对其大致勾勒出一个框架，未来人们依靠其数字化身躯来感受世界时，数据将会冲破物质肉体的束缚作为躯体的延伸，人类现在能够与记忆交谈，未来也能够与逝者数据进行沟通，并由此实现“数字永生”。不过需要明确的一点是，数字永生并非是要实现人的长生不老或者是长生不死；相反，它是期望未来将有一种技术可以在人活着的时候，将思想等人类意识的产

---

① 喻国明. 未来媒介的进化逻辑：“人的连接”的迭代、重组与升维——从“场景时代”到“元宇宙”再到“心世界”的未来 [J]. 新闻界，2021（10）：54 [illegible]).

② 殷乐，高慧敏. 具身互动：智能传播时代人机关系的一种经验性诠释 [J]. 新闻与写作，2020（11）：28−36.

物从大脑传输到数字神经网络当中，当人的肉身消逝后，这些“上传”的意识可以在数字网络中实现永生。

1. 备份大脑获得“永生”

“任何一场科技革命的背后，其实都是一场主体本性的观念革命。”① 未来主义者们认为，人们可以利用上传意识甚至是全脑仿真来实现永生，目前，数字永生在一些科幻作品当中已经成为现实。英国科幻剧《黑镜》作为一部后现实主义作品，对未来世界展开了极大程度的想象。其中，在“马上回来”一集里，艾什沉溺于互联网和社交媒体，导致他因车祸去世。他的妻子将他的意识上传到人造有机体中，使其得以“再生”。未来学研究者库兹韦尔在他的著作中曾预测到21世纪中叶，人类将获得永生。这一预言随着技术驱动下的人机交往逐渐深化，目前有些公司正在朝着这个方向迈进与探索。2005年，瑞士试图开展的“蓝脑计划”以及2013年欧盟意图执行的“人脑计划”，都曾试图对数字永生进行探索，尽管最后都不了了之，但所做出的开创性探索有着一定的积极意义。

美国实验性新媒体项目LifeNaut（如图5－5）在这方面也进行了积极的探索，此项目试图通过“数据化＋人工智能”的方式，帮助普通人实现数字永生。据该网站的描述，用户注册账号后，只需要上传用户的生物文件和人格文件即可。生物文件需要使用基因采集工具盒采集DNA样本，比生物文件更重要的人格文件则需要用户持续向LifeNaut上传与自己相关的影音、照片、文本等材料。LifeNaut通过人工智能算法，可以将用户专属的虚拟形象孕育成真正具有自助行动能力的人格。这一虚拟形象则成为用户生命的延伸，在某种程度上实现了人在数字时代的永生。

① 陈卫星．媒介域的方法论意义［J］．国际新闻界，2018，40（02）：8－14．

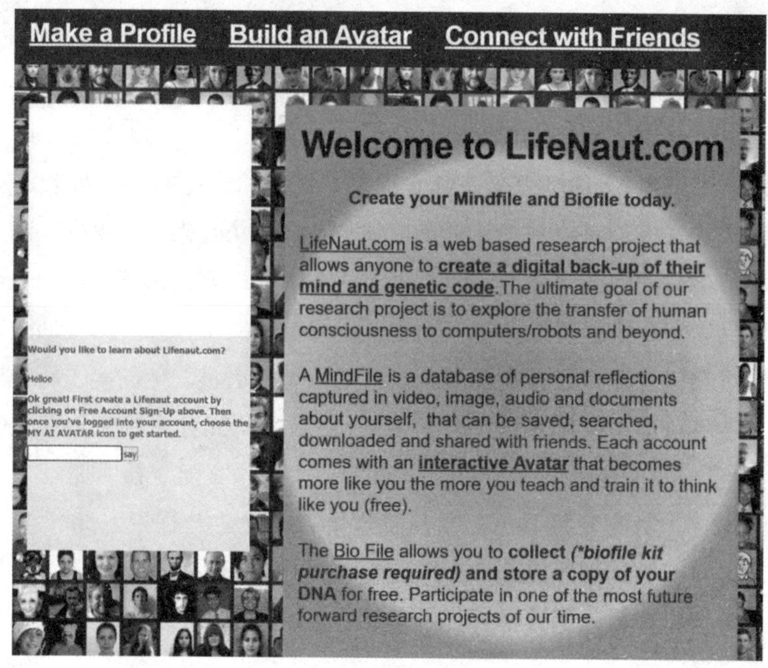

图 5—5　LifeNaut 主页

为了缓解亲人逝世带来的忧伤，Kuyda 创造了一款可以与人聊天的 AI 机器人——Replika，这款软件可以运用一些算法技术创造出甚至是复制出一个数字人格，这一复制的用户新“自我”甚至可以与他人进行交流。在与 Replika 聊天的过程中，它会深度学习和探索聊天者的性格特征，以此来模仿用户说话的语气，以便复刻出一个新的自我。比之更进一步的还是 LifeNaut 项目，不仅可以导入用户在 Facebook 等社交媒体中的数据，创建出一个带有真人头像的虚拟角色，实现思想的创建和遗传代码的数字备份；而且可以提供一项基因信息保存服务，当未来科技可以重新创造身体时，甚至可以将人类的意识转移到机器人或者是计算机等物品中。“如果成功将意识下载到身体上，这个模拟的意识，将成为依赖自身能力的，具有相应权利与义务的独立人”——官网如此介绍。

2. 数字化实现“永生”

学者孙玮指出，媒介化生存的主体是一种新型的人，也被称为赛博格人，这种人是有机体和机器的集合。“这些新型人体，一方面是经由虚拟现实技术模仿真人有机体感官中的身体感受而形成的，另一方面则是为了产生一个非生物体的智能主体，即人工智能。”① 首播于2011年的《黑镜》生动地描绘了未来的科技图景，其中也深入思考了人们所面临的媒介化生存状态。《黑镜》中曾经出现的预测正在照进现实，部分公司为了实现数字永生，将首要目标定位于创建一个数字化身，即使肉身已经糜烂，这一数字化身仍然可以永久存在。

借助AR、VR、MR等数字技术，智能终端的运算速率持续增加，且物理形状也不断变得小型化和隐形化，同时还为数字永生提供了新的可能性。此前，微软公司就申请过AI聊天机器人专利。该专利以某人的个人资料为基准，包括他的个人画像、语音数据、在社交媒体平台中的发帖、曾经发送的电子邮件、聊天记录以及其他形式的个人信息，通过对所获取的个人信息进行强有力的数据挖掘之后，创建出一种聊天机器人。该机器人能设定特定的模型，采用个人相关的数据文本，形成独特的用户画像并拥有和本人相同的行为特征，最大限度地还原逝者的性格特征以及说话的语气神态，让用户体验到与已故亲人“对话”。相比社交媒体中单向的对话，利用AI等人工智能技术的智能语音机器人具有互动的功能，能够对人们的对话进行一种及时反馈。此后，HereAfterAI公司也投身于语音机器人的研制当中，其创始人詹姆斯基于父亲生前的视频聊天以及相关的访谈资料等材料，创建了一个名为Dadbot的语音机器人，借助AI算法，Dadbot可以以詹姆斯父亲的口吻与他进行对话和交流。

比之更进一步的是部分机构正在探索数字永生。泰尔森基金会是一家意图测试人类意识和思维数字化的机构，它试图将人的声音、语言特征或者回忆等数据加以处理后，再下载到自动化机器人当中，检验机器人能否做出真人一般的反应。在长期采集数据之后，他们创建出机器人，并将其命名为BINA48，虽然目前这个机器人只能完成简单的对话，展示出来的能力还不够完美，和真人存在一定的差距，但是这个机器人能借助图像和视频创建出3D模型，使互动更接近现实情境，“以创造更真实、更像真人的聊天体验”。随着技术的不断发展，虚拟数字人的仿真度越来越高，人在逝世后不仅可以通过人工智能机器

① 孙玮. 媒介化生存：文明转型与新型人类的诞生［J］. 探索与争鸣，2020（06）：15－17＋157.

人保存个性，甚至可以以虚拟的形式存在。

在我国，也有一家科技有限公司启动“致敬生命”公益服务项目，致力于探索人类的数字永生并实现对生命价值的延续。此项目旨在利用文字、图像、视频、VR 建模等技术全方位、多层次地记录个体生命场景，建立一种可视化、沉浸式的“数字化身”，利用 AI 算法和大数据植入虚拟世界，在虚拟的数字世界里让这部分人实现“数字永生”。后代或本人，借助可穿戴装置，可以走进他人的数字永生中，了解他人的生平，与他人展开沟通交流，实现互动。“数字化身”项目彻底改变了人们生活的形式，是对人们精神财富保护与活化的崭新方法，形成了人类未来数字化生活与文明形态的雏形。

从目前的技术发展趋势来看，不断强化的数据化和信息化的媒介环境可能会孕育出新一轮人类文明革命。人们通过虚拟和仿真的方式不断扩展式地建构世界。学者冶进海指出：“媒介的发展正在逐步地消弭时空的限制。只有不断创新的媒介技术，承载逝者意识的虚拟空间无限扩大，时间被技术抓到手中，由此实现某种意义上的‘永生’。”① 李伟和华梦莲把虚拟永生技术视为通过人类意识的数字化达到精神永存的一种技术手段。② 从前面对数字永生的定义可以看出，“数字永生”将成为未来一段时间逝者媒介化“生存”的一种终极状态，我们也可以将数字永生的本质看作逝者主体性在虚拟实在世界的拓展。与此同时，需要注意的是，数字时代逝者媒介化生存的纪念、“重生”以及“永生”这三种形态，并不是相互取代的关系，而是共同促进和维护数字时代逝者的媒介化生存。

---

① 冶进海．媒介智能化：从感官无羁到时空嬗变［J］．北方民族大学学报，2020（06）：158－164.

② 李伟，华梦莲．虚拟永生技术与伦理问题［J］．科技中国，2020（05）：91－95.

第六章　数字符号化永生的可能及其反思

不论是目前已经可以做到的模拟逝者单方面的交谈与对话方式，抑或是未来想要实现的跨时空的“面对面”交谈，获取逝者生前海量的数据信息是实现逝者的媒介化“生存”必不可少的要素。当计算机想要完全掌握一个人，就一定要先获取关于这个人的大量信息，并且必须想尽办法、尽可能地储存这个人生前在各种媒介平台上的文本、音频、图片等信息。例如机器想要模拟某个人的书写风格，就一定要搜集他曾经写过的书信、散文等；想要模拟某个人的说话方式，必须借助录音熟悉他的口音、发声特征、习惯用语、说话逻辑等。数据收集的全面与否直接影响着逝者的数字人格与真人的相似度。传感器在这方面具有一种天然的优势，传感器使我们的身体被各种数字裹挟。勒普顿指出，可穿戴设备的自身追踪和在其他媒体上的信息获取行为不同之处就在于“自身”的定义，即被记录的个体是主动的还是被动的，执行的主体是私人化的还是公共化的。[①] 为了更深入地了解数字时代逝者的媒介化生存，本章旨在对数字时代逝者媒介化生存的深层机制进行分析。一方面，从数字时代独特的语境出发，分析逝者媒介化生存的动因。另一方面，采用对比分析方法，既把逝者媒介化生存的整体形态与前数字时代媒介对逝者的延续方式做对比，同时又深入对比分析数字时代逝者媒介化生存具体的三种形态。

---

① Lupton, D.(2013). The digitally engaged patient: self-monitoring and self-care in the digital health era [J]. Social Theory & Health, online first (3), 256－270.

一、数字时代逝者媒介化生存的动因

（一）技术对逝者的现代化改写

目前人工智能技术、生物科技和虚拟现实等新兴科学技术的诞生与发展，使人类自身由纯粹的自然肉体朝着自然和技术共同缔造的“技术人”的方向发展，由大自然与科技共同创造的新人类，被马多克斯称为“后达尔文的生命概念”或“后人类”。近年来，后人类这一发展趋势吸引了很多科学家、科幻小说家以及哲学家的关注。部分研究者从后人类的视角出发，注意到人工智能等技术为人类的进化历程带来了转折点，比如哲学研究者张之沧注意到高科技正在日益将肉体和物体、生命和技术融合在一起。“人类千百年来形成的身与心、生与死以至自然与技术之间的矛盾与分裂，将越来越与现代高新技术的新发展、新探索相弥合，越来越与人类对超自然的权利主体的强大渴求和热切向往相结合。”① 由此他给出了后人类身体进化的三个方法：一是通过基因工程和无性繁殖优化人体构造，促进人类进化；二是利用现代科技培育和人工培植，增强人类四肢和组织器官的功能；三是利用虚拟技术制造出虚拟主体，以此在机器中和网络中实现身体的不朽。这种分类方式注意到技术试图使生存与死亡的界限模糊不清，也为逝者的媒介化生存的永续发展提供了可能。

大数据、人工智能等新兴技术在逝者的媒介化生存中发挥了重要的作用。一方面，逝者生前的大量数据是实现媒介化生存的关键。由于手机、可穿戴设备、物联网等基础设施的蓬勃发展，iCloud 里的备忘录，网盘内的录像以及微博和微信朋友圈中用图片记录的人们的日常生活，我们每个人都在媒介空间中生成了海量数据。IDC 发布的《数据时代 2025》报告预测，到 2025 年，全球平均每个互联用户每天将有 49094PB 数据交互，相当于每 18 秒一次。数字时代的媒介持续记录着公众身体实践与物理环境的数据，尤其是在社交媒体平台上，每天也会产生大量用户信息，形成每个人的个人档案和纪念文本。诸如照片、博文、短信和电子邮件等社交媒体上的数据信息在“迁移到互联网上”

① 张之沧.“后人类”进化［J］. 江海学刊，2004（06）：5-10+222.

时会逐渐演变为数字化人格，而人们有意留存的记忆甚至是在实际生活中无意间留下的印记，都可以被无休止地、大量地保存。

另一方面，利用人工智能和AI技术，逝者的音容笑貌可以在网络空间中长时间存在。在中央电视台六集纪录片《创新中国》，通过AI合成配音，使用已故播音员李易铿锵有力的声音。除此之外，通过海量数据搜集，逝者去世后，仍能展现其生前的虚拟形象，实现生者与逝者形象的可视化交流。这些可动的形象比之单一的文字、图像、视频文本更能拉近逝者与生者的距离。与此同时，智能手机已成为可以自由记录、随时共享信息的便携式装置，它彻底改变了传统信息传递的组织方式以及人类保留事件痕迹和记忆的方法，从而创造了一种注重参与感受、不断叠加记忆的全新文化传承状态。这种改变实际上也可以看作新型媒介技术通过对身体感官的分割，实现了人的永久性在场。如果人生的所有痕迹都能够被记载成数据，电子留痕将变成永久的物质性存在。在未来，这些数字痕迹甚至会和人工智能等科技融合，从而让逝者实现具身存在。

（二）对身体离场的虚拟化书写

一个人逝世后，也就意味着他的肉身离场了。现代社会媒介化不断深入的主要表征就是媒介实践中越来越显著的虚拟化。[①] 而“人工智能的兴起，科技与人类的融合进程的速度被提高，这体现在科技更加深入、更加广泛、更加直接地嵌入人体，以至产生了完全脱离生物学基础的非人类身体”[②]。虚拟在一定程度上表现为脱离生理学上身体的束缚，当前前沿的VR、AI和融媒体技术通过一种更加完美的虚拟效果，实现媒介与人自身的加速共振和深度融合。先进的媒介技术通过对文本的虚拟化书写复制和再现现实，营造出生动写实的媒介现象。数字时代，逝者的媒介化生存经过新媒体技术的介入，在身体离场之后，使其呈现出一种虚拟化的特征，这种影响既体现在对逝者的身体离场的一种弥合，也体现在生者在身体离场后可以通过虚拟化的线上参与去纪念、哀悼逝者。可以说，逝者在被线上纪念的虚拟化书写的过程当中，对生存产生了

---

① 刘宏宇，张怡然．虚拟媒介观开启的媒介人类学研究进路［J］．当代传播，2021（04）：61－65＋68．

② 孙玮．赛博人：后人类时代的媒介融合［J］．新闻记者，2018（06）：4－11．

深刻的影响。

通过现代多媒体技术手段，祭奠仪式有了全新的表现手法。更具体地说，人们可以借助多媒体化平台直接进入网络祭奠，参与者和哀悼仪式之间的对话本身超越了时空限制，具有虚拟化的特点。在过去，参加纪念仪式的人必须亲自到场，而在高度发达的现代社会，人们逐渐扩大了礼仪的形式范围，以适应那些与传统习俗和社会空间限制发生冲突的方式。例如，直播技术和VR技术被用于实时展示祭奠活动，拉近了物理距离，弥合了人们身体离场的缺陷，使受众能够远程参与“云”祭祀活动。

完成纪念实践和记忆传承是实现逝者媒介化生存的主要手段，其中更为关键的本质是参与者的身体在场实践。在传统的哀悼仪式中，参与者现场跪拜、祈祷等身体性实践维护了仪式的庄严感和神圣感。数字时代，祭祀仪式逐渐被技术媒介化，导致纪念过程中对话模式的转变。在虚拟的网络纪念空间中，纪念者借助符号形式实现了数字在场，虚拟的“数字叙事”也取代了传统线下哀悼空间的“身体叙事”，这种传统悼念空间的网络化和活动方式的虚拟化，重构了逝者媒介化生存的数字化演变趋势。

（三）生者对逝者的常态化缅怀

技术拓展了传统哀悼和纪念的空间，在数字时代，这主要表征在两个方面。一是传统的哀悼仪式被搬到线上，降低了哀悼成本。过去由于地理位置的限制，人们往往只能在固定的时间祭奠逝者，而在现代社会，由于生活节奏加快，传统文化中的祭奠礼仪陷入了一种日渐萎缩甚至逐渐衰落的境地。2003年，我国出现了第一个祭奠网站——NETOR，此后出现了网上祭奠、天堂信箱、时空邮箱等各种各样的线上祭拜方式。可以说，经过技术的重塑和再造，线上纪念与哀悼极大地降低了人们的纪念成本，哀悼触手可及，生者对逝者的缅怀以一种常态化的方式融入人们的日常生活当中。从全国层面的南京大屠杀国家公祭日到小范围的个人祭祀仪式，技术加持下的祭祀仪式带有浓厚的现代化色彩，在实践中也不断地丰富着人们的日常实践方式。

为了实现逝者的媒介化生存，人们与逝者的交往也会呈现出交互性和多重性的特点。目前，许多公司和社会团体都致力于探索实现数字记忆的永续保存的问题，部分公司可提供数字遗产的保存与管理服务，还有一些公司则借助人工智能、全息影像等技术来实现逝者在媒介中的永续存在，从而实现一种数字永生，具体包括聊天机器人、3D 数字化身、备份生物和人格样本等方式。在这些形形色色的方式中，生者可以重访逝者，随时随地与他们沟通交流，缅怀变得更加触手可及，逝者的媒介化生存也正在成为现实。

二、数字时代逝者媒介化生存的距离再建构

生者和逝者之间天生有一种距离感和无法接近感，这也导致距离成为人们纪念逝者的直观影响因素。胡滨认为在古代，以想象代替消失是生者纪念死亡的主要方式，人们将死者世界想象为生者世界在另一个地方的延续，因此想像死者所需和生前在现实空间中所需是一样的。① 在前数字媒介时代，生者以“伪对话”或者是幻想的形式与逝者展开远距离的“亲密”接触。进入数字时代，层出不穷的数字媒介不仅影响了信息的存储机制和传播方式，而且催生了新型的信息传播模式，给传统的传播偏向观念造成了巨大的冲击。从英尼斯媒介的偏向性出发，数字媒介的时空效应在很大程度上与空间偏向是密切关联的，由于数字媒介本身的特性，传受双方的传播与互动行为随时随地可以进行，信息的存储也具有永久性，生者与逝者之间的距离在虚拟世界中不断被拉近。

（一）虚拟化：数字媒介消弭空间距离

前数字媒介时代对逝者的纪念往往积淀在器物、空间等具象的载体中，在纪念逝者的过程中，空间上往往会借助媒介，将逝者与生者的物理距离拉得更远。墓碑是纪念逝者的典型媒介之一。石碑能在时空长河中留存的媒介特点，使其极为受到重视，人们通过立碑彰显功德、记载重大事件，以便留存千古。在中国古代，碑刻在思想的传播中扮演着重要角色，传承着不朽的精神，成了生命延续的象征性标志，文字在一定程度上扩大了信息传播的空间距离，也使人们的纪念变得更加长久。除了碑刻本身的不朽，墓碑会放在离家较远的地方，生者只有在一些特定的时间、去特定的地方哀悼逝者，遥远的物理距离会

---

① 胡滨. 纪念空间：消失与再现、纪念与记忆［J］. 建筑师，2013（05）：14－19.

造成心理上的疏离。在物理墓地与逝者交流时，若身边有其他人的话，他们往往会保持沉默。除了墓碑，遗像是人们对逝者进行祭奠和膜拜的专用照片，一般用作家庭纪念。[①] 在空间布置上，遗像往往会被放置在生者主要生活空间之外的灵堂等空间当中，以实现生者和逝者的区隔。

将视线拉回到现在，依附于互联网技术的数字媒介重构了媒介空间，并将其扩展到整个人类的生存空间，寺庙、墓地和教堂等线下实体空间在网络世界都有着虚拟替代物，人们不用长途跋涉去遥远的地方展开哀悼和纪念。可以说，数字媒介拉近了空间距离，带来了虚拟和真实的无边界交流，让人们可以自由遨游在两个世界并随时切换状态。数字媒介消解了传播者和受众之间的界限，逝者的媒介化生存从需要借助在场替代物转化为一种为人们在数字空间的交流提供平等渠道。这种对空间距离和受众界限的消弭，在某种程度上，也是对生死之间、生者与逝者之间界限的模糊化处理，逝者虽“远在天边”，却又“近在眼前”。

总体来说，从日常生活和媒介空间的距离感出发，数字时代的媒介创造了一个独立又无障碍的、私密的又公开的理想虚拟空间，相对传统的物质空间，在线虚拟的数字空间与其分离，能突破传统空间的障碍，使围绕逝者的纪念活动在空间上得以扩展，生者能够在不同的场所参与悼念和分享悲伤。同时数字空间也是一个可以实现时间持续延伸的空间，因此纪念者具有进入时间的随意性和持续时间的主观性的特征。

（二）主动化：拉近与逝者的身份距离

麦克卢汉认为人的感官的通联导致媒介环境潜移默化地影响人的思维和情感。基于这种观点，他认为：“媒介是我们适应环境时产生的一种无意识效应。”[②] 英尼斯、波兹曼等许多媒介环境学者也强调媒介不是中立的，而是有着一定的偏向的，媒介本身就是一种“修辞”。总体来说，前数字媒介时代的大多数媒介都具有一定的阶级性，这种阶级性意味着能在媒介中实现延续的仅仅是具有一定社会地位的人，比如王公贵族这样的上层阶级，前数字媒介时代

---

① 陈蕴茜．“总理遗像”与孙中山崇拜［J］．江苏社会科学，2006（06）：106－117．

② ［美］林文刚．媒介环境学：思想沿革与多维视角［M］．何道宽译，北京：北京大学出版社，2007：136．

的突出表现就是通过媒介来拉远生者与逝者甚至是逝者与逝者之间的身份距离。

从纪念的主体来说，早期的巫觋具有沟通天地人神的媒介作用，在原始时期，传达鬼神和先人旨意的人，往往是王权所指定的专职人员。比如在上古时期，颛顼进行了宗教上的改革，就收回了民间祭祀天地的权利，将祭祀交由专门的巫人来做，宗教祭祀逐步上升为贵族或者是巫觋所独占的专属权，阶层分化逐渐登上历史舞台。梅罗维茨在《电视与人际行动：感知与反应代码》中曾提出“中介的距离”的观点。所谓“中介距离”是一种基于现实生活中人们对自身物质特性的距离感知，反映出人们的感受和不同物理距离的对应关系。生者在纪念逝者的时候，也会和象征着逝者媒介化生存的媒介保持一定的距离。比如说在举行祭祀仪式的时候，巫觋是人们与神灵之间对话“上传下达”的使者，由于身体等媒介的存在，生者和逝者之间始终会产生一种“中介的距离”。

从媒介本身出发，前数字媒介时代逝者的媒介化生存也具有一定的门槛，早期承载文字媒介的物质主要有石碑、泥板、莎草纸、丝绸等，这些材料比较有限，并且在很长一段时间内，书写都是极少数人才能掌握和使用的特权。媒介的稀缺性和高门槛性使能通过文字、图像等记录下来的人物少之又少，往往是一个部落的首领或者拥有一定社会地位的人。在某些祭祀器物中，比如金石、瓷器、陶器等，起初的刻画内容只有单纯的记事，后来逐渐演变为以特定的符号和图像指代抽象的含义，人们会将对逝者的感情转移到特定的物品上，赋予物品一定的象征意义，纪念物随之也成为人们哀悼思想的载体。九鼎被看作王权物化的产物，青铜器是王室贵族阶层专属的一种礼仪载体，中下层的人们没有使用权利。

有论者认为，随着历史的发展，死亡原因和哀悼形式可分为四个阶段：传统型死亡、现代死亡、后现代型死亡和社会回归。传统型死亡通常是指在其家庭或社会环境中公开死亡，哀悼仪式是一种集体规范；现代型死亡指的是 20 世纪现代社会中，逝者的死亡和人们的哀悼已经成为一种私人化状态；20 世纪末至 21 世纪初的“后现代型死亡”阶段，常通过线上线下的公众哀悼活动，悼念名人的逝世或者在自然灾害等特殊情况下遇难的普通人，但这一时期大部分普通人的死亡和哀悼仍然处于一种私密的个体化状态；社区的回归阶段则指的是在以 UGC 为主要特征的社交媒体崛起和移动互联网技术的普及条件下，让普罗大众有机会与名人一样，进入一个由大众撰写的网上悼念新纪元。在高度媒介化的数字时代，媒介技术的发展改变了人类社会过去围绕逝世和哀悼的一系列做法，通过逝者本身在数字空间留下的数字足迹，媒介与逝者作为叙事的真实作者共同确定意义生产，随后逝者退场，作为叙述者的媒介承担起传播的叙述行为。在数字媒介时代，大部分参与哀悼与纪念的人们实际上都远离了事件现场，本质上属于一种再叙事。逝者的社交媒体平台保留了逝者生前大量的话语表达、档案文本、关系网络，从而创造了一个去碎片化、有机化的纪念社区。在这一社区进行网络纪念和哀悼的用户也具有极大的主动性和自发的参与性，与此同时，社交媒体平台也扩展了缅怀者的范围，逝者线上和线下的亲友、纯粹公共空间的网友等都可以在这一哀悼社区表达哀思，在进行纪念和哀思的过程中，也主动拉近了与逝者的距离。

从古至今，人类始终没有停止对永生的追求，在生命科技领域，经过长期的发展，人类已经做出了包括延迟老化和冻结肉身的各种尝试。过去，能保存人们生命痕迹的方式和形式比较有限，然而随着网站技术的发展，人们开始转向探索数字人。基于人工智能和信息技术的数字化生活，已不再局限于关注人肉身的变革，而是转向存储和探索人的思想意识、语言风格与行为模式在内的所有生活经验和思想的能力。借助大数据、人工智能等技术形成了另一种意义上的“高级生命体”，实现生者和逝者之间的沟通交流。总的来说，在数字媒介时代，大量的网民进入哀悼逝者的叙事生产实践当中，成为叙事主体的中坚力量。叙述主体的行为和话语脱离原本牢固的组织性和纪律性，以多元化的叙述行为和隐蔽性的叙述话语纪念、重构逝者。

（三）数字化：技术拉近彼此心理距离

在前数字媒介时代，人们经历了时空距离不断扩大，且与逝者的心理距离不断拉远的过程。一方面，上古时期的原始宗教文化中就带有一种神性崇拜，古人认为神明是世界的制裁者，人们通过对逝者的祭祀祈求获得神明的庇佑。从这个层面来说，古人对神明的祭祀哀悼活动本身就蕴含了高度的神圣色彩。这一点在丧葬仪式中表现得尤为强烈，丧葬仪式深受灵魂信仰和原始宗教的影响，其宗旨并不是“死是生命的终结”，而是诠释“死是另一个生的开始”。在传统葬礼礼仪中，逝者被隔离和神圣化，不能像生者之间相互沟通的那样，死者与生者之间的沟通往往需要借助某些仪式来实现，而仪式的过程通常也需要由一些神圣化的人来实施。其中，“巫”是“神”的代言人，可以与神沟通，作为替身可以传达神的“旨意”，给传统的祭祀活动蒙上了一层神秘和神化的色彩。将巫与普通人的身份悬置，从而拉远了生者和逝者的心理距离。

另一方面，麦克卢汉曾提道：“语言是一个人确定与身体距离的最主要手段，而身体距离，并不仅仅是物质的，同时也是情感的和文化的距离。”[①] 从媒介本身的特性来说，口语媒介是一种高度依赖人的身体媒介，借助身体媒介的记忆本身就具有易逝性和不易保存性，传播的时间距离自然也会受到一定的限制。而身体是一种想象的观念，身体的存在可能会以各种方式被铭刻在信息中，因此不管是在口语时代还是在文字时代，文化记忆的承载与传递总有专人来负责。口语媒介文本的呈现常常会借助神圣化的人，其中包括各种萨满、吟游诗人和史官以及牧师、老师、书记员等。吟游诗人作为事件的亲历者将自己的所见传播给他人，旁观者借助吟游诗人的身体所传播的语言媒介来感受逝者，通过吟游诗人建构起一种神圣性，形成依赖于身体的逝者记忆。在此过程中，生者对逝者的纪念也具有神圣性的特点，这种神圣性主要是通过对心理距离的拉远来实现的。逝者在生前与生者是一种近距离的、亲密的接触，而逝者身体的离场，只能依赖媒介化以继续存在，身体的离场会直接作用于心理距离，通过媒介化促进对逝者的共情反应，但与此同时也拉远了生者与逝者之间的心理距离。

媒介一直处于持续的演进之中，许多媒介环境学派的学者都在探讨媒体演进的原因和规律。麦克卢汉曾提出“媒介四定律”，总结了科学技术发展所引起的媒体更新换代和形态发展的客观法则。保罗·莱文森在麦克卢汉媒介定律的基础上，考虑到人性化因素在媒介进化中的作用，提出媒介演化的“人性化趋势”。莱文森“人性化趋势”理论的实质是，所有媒体的特征最终都会逐渐人性化，人性化集中在两个方面：一是媒体的“天然”化，主要是指“媒体推动信息传播，使信息传播逐渐像人‘自然’加工信息的方法，也就要像媒体产生之前人加工信息的方法”；二是指媒体发展要满足人们在资讯交换过程中感

① ［加］麦克卢汉，秦格龙. 麦克卢汉精粹［M］何道宽译，南京：南京大学出版社，2000：424.

官平衡的需要。[①]

随着技术的发展，逝者媒介化生存所依赖的媒介形式也日趋多元化，聊天机器人借助 AI 技术的发展，以一种更加真实，更加具有仿真性的形式取代了过去对逝者留存语音的反复重听，而全息技术也让生者和逝者之间的沟通宛如一种面对面的交谈。与此同时，数字媒介是由 0/1 等非物质性字节组成的二进制编码，它的非物质性使信息的传输可以无限地超越时间和运输损耗的限制。因此生者与逝者之间消息的交流和传输也不再是传统媒体中的独白关系，而是一种双向交流的对话关系。在媒介人性化的演进趋势中，这也让逝者的媒介化生存变得更加真实。在这个过程中，技术的发展也在拉进生者与逝者的心理距离，缓解了生者的悲伤。可以说，媒介信息技术的发展促进了人类信息的传播以及与他们的互动，便捷的信息技术使人类能够在空间上进一步扩展的同时，又有再现逝者技术致力于追求与逝者本体的一种相似性，这也将人们的心理距离一步步地拉近。

三、数字时代逝者媒介化生存演变的三重维度

生死是人类无法跨越的终极问题，在古代，帝王将相对永生的追求从未停止，并试图通过长生不老药实现这种梦想。有学者指出，这种行为和媒介的追求方式有着异曲同工之处，两者都试图以某种方法掌控时间，以期到达长生不老之境。[②] 技术的蓬勃发展为人们进一步突破时空边界带来了希望，在数字时代，以人工智能、虚拟现实、全息投影为代表的新兴媒体技术渗透了我们的日常生活和行为习惯，这也引发了对人生存状态的重思。在这个过程中，技术促进了逝者媒介化生存形态的多元化，这些形态在技术的支撑下，既为生者创造了一个重要的情感传达空间，也为逝者的媒介化生存提供了一个虚拟的空间。在纪念实践活动中，构造出了一个不受时间限制以及空间无限延展的理想化情境。不断创新的媒介科技，无限拓展的空间、时间被掌握在人自己的手里，从而实现了某种意义上的“永生”。这也促使逝者在某种程度上实现了媒介化生

① ［美］莱文森. 软利器：信息革命的自然历史与未来［M］. 何道宽译，上海，复旦大学出版社，2011：91.

② 冶进海. 媒介智能化：从感官无羁到时空嬗变［J］. 北方民族大学学报，2020（06）：158－164.

存，这种生存方式，重塑了记忆空间，再造了交往情境，并产生了一系列的后果。从媒介发展的进程来看，媒介与人的关系正在沿着"体外—体表—体内"这样的路径演化发展。受此影响，从纪念到重生再到永生这三个媒介化生存的阶段来看，逝者的媒介化进程也是沿着螺旋式上升的路径在演变，并不断以虚拟的形式构建着人们面前的时空。

（一）消弭：时间压缩影响感知

在数字时代，时间正在被加速压缩，媒介技术的发展影响了人们对时间的感知，进而影响了时间观以及相关行为。从历时的维度来说，在电子媒介共享的场景当中，人们在媒介平台上参与互动的点赞转发、日常分享、观看记录等数字痕迹会留存下来，即使一个人的肉身已经灭亡，他的思想观点以及精神却能在媒介上实现永恒，生者甚至可以通过全息影像技术、虚拟现实技术等再现逝者，使生者和逝者之间实现一种"面对面"的互动交流或情感表达。可以说，数字时代，由于技术的发展，人类逐步实现了对时间的控制，重构了时间的观念，人们也可以看到，在未来，随着生命科学和人工智能技术的进一步发展，数字永生也正在变为现实。然而在逝者媒介化生存发展的不同阶段，由于对人感官调动的程度不一，时间的压缩和简化程度也有所不同。

传播学者温布拉特将媒体时间的可供性分为即时性、现场性、瞬时性、固定性、准备时间以及扩展的可检索性这六种。其中，即时性突出特定的时间节点以及延展的时空距离，现场性强调的是时间的同步和空间的远程介入，瞬时性指的是信息的及时更替，固定性指的是相对封闭的生产时间，准备时间以及扩展的可检索性指的则是由数据档案所提供的时间范围拓展。① 数字纪念更多的是把线下的哀悼仪式搬到了线上平台，人们往往会在特定的时间，不特定的地点纪念逝者，体现出时间的固定性特征。而以社交媒体为代表的数字重生中，或在逝者生前所留下的数字档案中，生者可以随时随地进入虚拟空间，与逝者展开对话交流。比如说2012年微博博主"走饭"因抑郁症去世，2022年距离她去世已经有10年时间了，但在她生前所发布的微博下方，仍有大量的

---

① Tenenboim-Weinblatt，Keren，and M. Neiger（2015）."Print Is Future，Online Is Past：Cross-Media Analysis of Temporal Orientations in the News"［J］. Communication Research，24（08）：941—950.

人在评论区留言，或在一些特殊的时间节点，抑或每天来纪念打卡，但无论何种情况，这种对话强调的是一种即时性。在数字永生中，借助多种技术，人们与逝者的交流沟通有一种身临其境之感，犹如面对面的对话沟通，时间呈现出一种现场性的特征。

从共时这一维度来说，私人化时间轴和媒介使用时间的私人化也是数字时代的突出特征。在媒介无孔不入的现代社会，人们既能感受到现实时间，也能感受到媒介时间，所谓的媒介时间即是“媒介空间在内容呈现时构建的时间”[①]。尤其是社交媒体的诞生，为人类提供了一个自主、专属的信息发布空间，一个人能够自主管理自己的信息发布和其他媒体行为，并建立起私人化时间轴，个人的生活轨迹，同时也是个人的媒介化生存轨迹，被记录到时间轴中。生者能够自主地控制媒介时间，实现对私人时间轴上内容的解构和重构。

（二）延展：空间扩张与表征不朽

麦克卢汉曾说“媒介是人的延伸”，人工智能、物联网技术、大数据技术等新媒介的发展使人的感官超出原本的范围，技术正在实现对人的全面延伸，这也重塑了对空间的定义。现实世界中的信息无处不在，由于人的生理限制，部分信息存在于我们能感受到的空间中，然而也有大量信息会隐匿于我们感受不到的空间中。对于这部分信息，我们可以通过媒介这一感官中介去了解，突出的表现就是我们可以在真实空间和虚拟空间中随意切换。在此基础上，人会形成自己的空间认知，媒介也不再只是以地域空间作为参考标准，而是开始倾向于对受众在虚拟空间的占有。这也颠覆了传统意义上的时空概念，作为一种虚拟的共在状态，超越了时空、文化的限制。

线上祭祀是数字纪念的突出形式之一，从目前的纪念网站来看，大多都是一种高度程式化、创新性较低的平台，参与者参与的形式比较受限，常常要求在限定的时间完成，或者有一些固定的环节。这说明纪念网站提供的是一个半封闭式的哀悼空间，哀悼和纪念的行为是在准入门槛不高的、比较开放的线上空间中进行的，但程式比较固定化，能发挥主观能动性的功能占少数。与此同

① 彭兰．分化与交叠：移动时代的时间［J］．西北师大学报（社会科学版），2020，57（05）：21—28.

时，线上纪念空间采取与线下生存媒介相结合的方式，将逝者生前的符号搬运到线上媒介空间中，尽管线上纪念空间极大地满足了人类的视觉与听觉需求，甚至可以满足人的精神需求，但是终究和人们在真实物理空间的生存方式有所区别，因为在现实的物质世界中观察、感受与移动是人们生命中固有的必不可少的需要。在数字重生当中，逝者在赛博格空间的在场性主要是由虚拟技术所营造的在场，更多的是一种感觉空间。而进入数字永生的阶段，逝者的数字化身等形式会突破这种虚拟在场，取而代之的是一种面对面的“在场性”，由此空间的物理性得以确认，同时，由于这仍会延续前面阶段的一种感觉空间，所以是一种兼具物理空间和感觉空间的融合空间。物理空间向感觉空间再向融合空间的螺旋式上升，在此过程中也实现了一种感官上的平衡。

（三）互动：情境再造数字交往

喻国明指出互联网发展的上半场完成了人与人交流、连接的随时随地化，在此基础上，互联网发展的下半场重在解决在任何场景下做任何事。[①] 梅罗维茨认为媒介、情境和人的行为实践之间具有一定的逻辑关系：“社会情境是一个信息系统，通过媒体的变化可以改变社会情景的形式，进而导致人类社会活动也随之改变。每个特殊的行为都需要一个特殊的情境。”[②] 在梅罗维茨看来，情境并非空间性的指向，而是一种感觉区域。也就是说，媒介也能够通过构建信息系统来搭建跨越时空的媒介情境，逝者媒介化生存的场所也就是借助媒介连接，处于不同时空的一种虚拟情境。现如今，我们的生活中充斥着各种传感设备，特定行为会被数据化并上传到智能终端中，数字媒介为逝者的生存提供了一个虚拟情境，在这个情境中，我们的面孔、思想、行动以及互动等人类表征能力，都已全部迁移其中，并形成了一个虚拟自我，数字的具身化和身体的数字化都已经成为一种潜在的共识。

逝者在虚拟情境中的生存，指向的是情境论中的“交往人”。“虚拟情境中

---

① 喻国明. 未来媒介的进化逻辑：“人的连接”的迭代、重组与升维——从“场景时代”到“元宇宙”再到“心世界”的未来［J］. 新闻界，2021（10）：54－60.

② ［美］梅罗维茨. 消失的地域：电子媒介对社会行为的影响［M］. 肖志军译，北京：清华大学出版社，2002：28.

的交往人，无论是在感知、身份、行动还是交往意义上，都具有具身的多重性。”① 逝者媒介化生存的三个阶段可以看作“具身—化身—分身”这样的一个过程。杜骏飞指出具身是被现实情感、思想、社会关系、规范附着的交往人，在数字纪念中，逝者以一种虚拟具身的方式在媒介上生存着，生者在媒介中借助文字、图像等符号化的方式塑造逝者形象，使逝者能以一种符号化形式继续在媒介中生存。化身是虚拟化身体的远程在场，在数字重生所带来的虚拟情境中，通过交互技术和智媒系统实现逝者身体的“拟像化”，并使其能够在媒介中“扩展”在场，在这种技术的加持下，逝者脱离了肉身的束缚，化身感知在场。分身所代表的是数字交往在时空中的多重自我，在数字永生中，逝者生前会主动上传自己的资料备份，在某种程度上，这也是在上传自我意识，以便自己在逝世后实现在媒介上的永生。这种形态下的逝者媒介化生存已经不再是简单地塑造符号形象，而是包含着人物外形、思想形态、感知体验在内的一种身份认同，逝者在分身状态下的身份认同中完成了数字永生这一虚拟实现。在逝者媒介化生存演化的过程当中，逝者形象可以通过视频、虚拟现实技术等复现更高层次的情境内容。从情境本身来说，情境不仅是生者与逝者互动沟通、分享情绪的关键因素，而且也能够让生者与逝者之间的互动行为变得更加有温度。比如逝者生前所喜爱的一些符号在数字纪念、数字重生以及数字永生的特定情境中，会成为拥有特定意义的象征符，维系着人们之间的情感联结。

数字信息可以实现时间的延续和空间的拓展。互联网实现了时间偏向和空间偏向的动态平衡，广域联通下，媒介演进的过程正朝着全时空泛在的趋势延展。在此意义上时间区隔被打破了，宏大时空叙事被压缩于小小的屏幕当中，实现了逝者媒介化生存的再空间化。在时间的偏向上，数字媒介的信息传播可以穿越时空，联结过去、现在和未来这三个不同的时空阶段。时间维度形成情节，空间维度形成情境，无限的情节结合无限的情境，可以实现对时间与空间的动态理解，同时共时性和历时性的互动也生成了逝者媒介化生存的场域。

---

① 杜骏飞．数字交往论（2）：元宇宙，分身与认识论［J］．新闻界，2022（01）：64－75．

四、数字时代逝者媒介化生存的隐忧

数字时代是一个技术全面升级的全新时代，媒介的信息存储能力达到了前所未有的水平，在逝者的媒介化生存中，媒介深入到社会运行的底层逻辑当中，借助媒介技术对时空限制的打破，“无限生命”出现在网络世界中。媒介技术与人的生活相辅相成，同时也会相互制约，其中媒介会潜移默化地颠覆和动摇人们的行为习惯和思维模式。在这个过程当中，数字时代逝者的媒介化生存重塑着人的生存空间和社会格局，媒体在为生者提供心理慰藉和情感释放空间的同时，也带来了一些技术困境和伦理困境。尤其是实现终极状态下数字永生的先决条件之一是成功创建意识副本，这其中也隐含着新一轮的危机和挑战。因此，对于逝者的媒介化生存这个新兴的现象，我们也应该警惕其中可能会存在的问题。总体来说，逝者媒介化生存是以人为核心的，其带来的危机主要聚焦于对人理性自我的解构以及对非理性行为的放纵这两个方面。

（一）逝者媒介化生存中人的异化

数字时代带来了人类的媒介化生存这一新方式。人们生活在一个被媒介化裹挟的圈层中，当人们的生活高度依赖于智能技术，习惯性地将智能终端设备作为了解世界的窗口时，很大程度上也会促使自己产生异化。所谓异化，主要指的是“人创造其他事物、又被他物所约束的过程”[①]。赵瑞华在梳理媒介化生存与人的异化之间关系的时候，将媒介化生存中异化的表现具体概括为交往、休闲、思维、消费以及审美的异化。这五种异化表现对于数字时代逝者媒介化生存过程中的问题，同样具有借鉴意义。

1. 交往的异化

数字时代，层出不穷的数字技术手段重构着传统的距离感，创造出“没有位置感的共同体”。与现实生活处于远距离状态下的逝者能够融入人们的日常生活实践当中，混淆了在场与缺席这一对相对概念。受此影响，逝者的媒介化生存所面临的突出困境之一是人们之间交往的异化。

---

① 赵瑞华. 媒介化生存与人的异化［J］. 新闻记者，2010（02）：30.

社会化的人想要更好地融入社会，增强人际联系，就离不开交往这一行为。其中，交往行为的重要前提是交往主体间具有一种比较真实的关系。但是，在逝者的媒介化生存当中，生者与逝者之间的交往是一种虚拟交互关系，智能手机、VR虚拟现实技术、AR增强现实技术等媒介技术越来越多地介入生者与逝者，生者与生者这些主体间的谈话与交流当中。生者与生者、生者与逝者之间的对话由于缺乏面对面、即时的交流感，会在一定程度上导致交往失真。无论是在数字重生还是数字永生中，逝者在去世后的生存方式都是一种高度依赖媒介的生存。一方面，在这种匿名的交互环境中，媒介作为中介物，始终没有办法和面对面沟通一致。非语言符号的缺乏，导致难以进入内心真实的情绪体验以及情感状态。另一方面，逝者去世后，在媒介上的生者，即使上传了逝者生前的相关资料，塑造出和逝者相似的替代品，往往也只是逝者的化身。梦破碎之时，不但不会缓解生者的丧亲之痛，反而会加剧亲友们的悲伤。

数字技术为逝者的媒介化生存提供了一个虚拟空间，在这个空间当中，人们的社会关系被抽象化为符号象征，同时也能够建立社会关系的再联结和持续联结。逝者可以实现在现实空间的永久缺席和在虚拟空间的永久在场，生者则可以通过网络媒介重温逝者生前的生活实践，在虚拟空间和现实空间之中“自由流动”，这也将导致逝者始终处于一个被生者凝视的状态。在媒介化生存的情境之下，个体隐匿在一个个符号背后，生者与逝者的互动是一种想象的互动，生者与生者的互动则是一种未知的互动。尽管技术为人们提供了沟通交流的平台，但是逝者媒介化生存中基于现实的连接始终处于缺位的状态，进而可能导致人们漠视既往的生存道德，在某种程度上也导致了意义的消散。

2. 意识的异化

在很多时候，媒介塑造着人们对世界的看法，同时也会潜移默化地支配人的行为举止、思维方式乃至自我需求。早在信件产生之初，人们就已经对技术产生了一种忧思。因为信件大部分是通过口授的方式，交由特定的人代写，尽管前后笔迹一致，也不能保证身份的真实性。互联网技术的发展推动了赛博格空间的出现，学者冉聃指出赛博格空间的特征之一是“在此空间当中，人的意识可以脱离物质身份的束缚而独立存在于活动中”[①]。技术和信息的进步推动

① 冉聃. 赛博空间、离身性与具身性［J］. 哲学动态，2013（06）：85-89.

人类的身体朝着去身化的趋势演变。“在未来，人类或许会逐渐脱离肉身成为信息的集合体，人类的意识甚至可以像电脑数据一样被永久地下载和保存。”①当身体不在场的时候，尤其是当其变成一种数字字符的时候，人们也可能与这种妥协式的、科技化的存在方式产生价值冲突。

在逝者的媒介化生存中，技术所发挥的统治、支配作用更加明显。逝者所赖以生存的媒介空间会被压缩成由生者主导的、自发的意义空间，导致人的主体性被意识副本消弭，意识被复制成副本，成为“他者”般的存在。当技术对人进行自我抹除、可复制的人造虚拟意识取代真实意识的时候，没有实体的人类意识副本，是否也是对其永远的囚禁？本雅明认为随着机械复制技术的发展，个人的意识能像代码一般被复制粘贴，促成脱离物质肉身的意识可以继续存在于赛博格空间中。这样的意识副本是对人类本身的一种客体化，冲击着对人类自身的自我界定，甚至可能会反过来制约人本身的发展。

媒介制约人的发展在一些科幻作品中屡见不鲜，科幻剧《黑镜》即为我们展示了一个被高科技掌控的后人类社会，生存于其中的人们拥有着高度“类型化”的人生和严格“程序化”的人格。由于缺乏相应的人文精神，人性的弱点被科技无限放大，最终造成人的尊严和自我价值的丧失。“黑色博物馆”这一集中，重在讲述人的生命意识可以被注入无生命的载体，实现意识永生，却导致人丧失了自由。这也让我们不由思考：不能实现自由的生命意识，永生是否还有意义？这些科幻作品为我们展示了后人类时代或将面临的问题，也为我们敲响了警钟。将视线拉回到现实，技术对个人隐私的侵害在今天已初见端倪，高度异化的媒介化生存消解了人的思考能力和反抗意识，逝者的存在在未来可能会变得只是机械运动的原子式存在，逝者成为一种程序化的人。与此同时，在后人类时代，借助媒介科技，人们的窥私欲可能受到技术的不断刺激，导致人性和社会的恶化。

3. 身体的异化

张之沧指出：“身体的异化是在外力的作用下，身体几乎完全被意识观念

---

① ［美］海勒．我们何以成为后人类：文学、信息科学和控制论中的虚拟身体［M］．刘宇清译，北京：北京大学出版社，2017：89.

所支配以及统治。”① 同时，他指出身体异化的三个表现分别是身体被精神奴役、沦落为社会奴隶以及身体退化成纯粹的工具。一直以来，媒介总是会对我们的思维方式进行控制，比如说现在短视频一个接一个让人们目不暇接、深陷其中，同时消解着我们深入、独立思考的能力；社交媒体平台中信息的碎片化传播也让我们很难去发表长篇大论的观点。保罗·维利里奥所提出的“内部殖民化”概念回应了这一趋势和现象，由他提出的这个概念生动形象地展示出媒介对人们思维模式以及思考方式的控制。他还指出：“由于新科技技术的发展，现如今殖民的焦点已由地域转到了肉体。”② 在逝者的媒介化生存当中，强大的媒介力量直接作用于媒介化中的逝者，操控着人体本身，并实现身体殖民，从而导致人的自我程序化和自我恶化。尤其是在后人类时代，各种各样的数字媒介成了人感官的全面延伸，人的生存状态在媒介环境的浸润中得以解构和重构。

具体来说，智能设备的兴起促进了人身体的数字化，逝者的媒介化生存可以被看作智能技术对人身体的一种数字化映射。逝者的媒介化生存的实现高度依赖逝者生前留下的数字信息，这些信息既包括意识层面的数据，比如人们在社交媒体平台上发布的观点、看法等；也包括生理层面的数据，比如通过智能手表等传感器所采集到的人的身体数据，将这些数据通过智能技术合成、复原为数字个体，以此实现永续存在。在数字化世界中，每个人身体转换为数据形式，被“分割”为一个个的“数字化元件”。彭兰认为：“未来的人类社会既可以借助完整的数字个体实现永生，也会以某些数字化的元件方式永生。”③ 然而，人工智能等技术的发展在推动人与物质身体数字化的同时，也为“数字化元件”的深度伪造提供了技术支持。身体不再是一种纯粹的、主体意义上的身体，而是在媒介技术、政治权力的多重因素的作用下，被异化为一种工具属性。

---

① 张之沧．论身体的异化和复归［J］．洛阳师范学院学报，2011，30（12）：19－24．

② 转引自［德］霍克海默，阿多诺．启蒙辩证法（哲学片断）［M］．洪佩郁，蔺月峰译．重庆：重庆出版社，1990：157．

③ 彭兰．智能时代人的数字化生存——可分离的“虚拟实体”、“数字化元件”与不会消失的“具身性”［J］．新闻记者，2019（12）：4－12．

（二）逝者媒介化生存中的伦理问题

媒介化生存的背后是个人在平台控制下的生存，在日新月异的创新技术背后，机械的复制充斥着我们的日常生活。当一种新技术、新应用、新概念出现时，一些企业以逐利为目标蜂拥而至，在市场上生产出大批量、同质化的产品，由于缺乏相关的标准和制度规章，这些产品的质量也难以保证。正如我们在生活中已经习惯了复制粘贴一样，逝者媒介化生存的技术产品也正在掉进盲目复制其他产品、机械复制现实场景的陷阱。机械复制的存在，也警醒着人们，在逝者的媒介化生存的发展过程中，要警惕伦理观淡化以及商业失范等问题。伦理观是人与文化、人与社会、社会与文化的枢纽，在人与媒介的交往互动中，对于伦理观的忽视、利益的不当追求等非理性行为的放纵，会导致实现逝者媒介化生存过程中的失范操作。

1. 伦理淡化：观念的错误树立

媒介化生存的突出特征之一就是真实世界和虚拟世界具有一定的模糊性，从麦克卢汉的“地球村”到梅罗维茨的“媒介情境论”，人们始终和媒介信息牵连在一起。媒介社会作为技术的产物，真实和虚拟也脱离了原本哲学意义上的二元对立，更多倾向于描述人们基于媒介化生存的一种活动方式，逝者所生存的虚拟媒介空间一方面是现实社会的延伸，另一方面也是重塑人们存在方式的创新平台。在数字媒介时代，逝者被技术量化，在数据化和格式化的过程中，人的本质属性面临重重危机和挑战，当技术脱离了人本限制，技术的工具理性则带来了技术利器的危机。

伦理层面的困境主要体现在三个方面。一是缺乏硬性伦理观念带来了潜在风险。随着数字永生技术的不断发展，逝者最终会成为与其本来的语言、行为和思考模式高度相似的存在者。但我们也要看到，数字永生等逝者的媒介化生存形态作为一种新兴现象，相关的伦理规范处于缺失状态。可以说，目前对逝者的媒介化生存处于一种监管缺失状态，在商业资本、政治权力甚至恐怖势力的影响下，技术总是具有一定的意识形态倾向性。媒介化生存为用户营造了一个超真实的虚拟空间。在算法技术及市场资本的操纵下，媒介化生存为逝者意识中的潜在观念转变为实际行动提供了可能。

二是逝者的数字人格被控制。对于生者来说，数字技术给予了他们与已故亲人再次“见面”的机会，在一定程度上缓解了人们的丧亲之痛。但部分公司在探索数字永生的过程中，由于错误的伦理观念，试图摆脱现实社会中的伦理道德约束，创造出来的数字人格为所欲为。而当人们发现数字人格与记忆中的逝者形象不相符合时，对于生者来说也是一种伤害。

三是娱乐至上观念对传统道德价值观的冲击。如今，媒介空间充斥着大量过度娱乐化的现象，在全民狂欢思潮的影响下，人们的人文关怀和理性思考水平有所降低。比如在进行线上纪念的时候，部分用户也存在不文明不道德现象：有些人将生者的照片上传到祭祀网站，给用户带来了恶劣的体验。这也从侧面反映出部分人对传统道德价值观的淡漠和人文关怀的缺失。逝者的媒介化生存如果不回到人本身，将会导致意义的丧失。

2. 数据控制：用户隐私安全问题

数据是逝者实现媒介化生存不可或缺的重要元素，在数字空间中，作为数字化客体的人们总是处于被收集个人信息的过程中。与此同时，数据也是引发数字纪念、数字重生、数字永生伦理问题的关键。数据的抓取往往是由自动机器人进行的，在短时间内，用户的个人信息可能被无意识抓取、存储甚至泄露。如今，数据泄露的丑闻时有发生，2020 年 12 月，Socialarks（笨鸟社交）由于数据库缺乏相关的安全设备，导致 400GB 的数据泄露，其中涉及多个社交媒体平台共 2.14 亿用户的个人信息。[①] 可以说，数字时代逝者的媒介化生存中，逝者的个人数据信息既处于被保护的状态，也处于被监控的状态。

从客观层面来说，逝者以数据形态出现，得以长久留存，但这样的存在形式，也更容易受到权力、利益等因素的影响。尽管人工智能等技术在数字永生中仍然处于一种起步的状态，但是新技术的运用不可避免地已经对逝者的信息安全造成了一定的威胁。其中，在对大数据技术伦理问题的探讨中，数据的归属权问题一直是争议的焦点。技术公司依赖用户主动提供数据的同时，也会进行数据信息的主动收集，技术公司如何防范逝者数据信息的泄露，以及公司是否会合理地保存和使用逝者数据，都是值得思考的伦理问题。

---

① 安全侦探研究实验室. 中国初创公司泄露了 400GB 的废弃数据，暴露了 2 亿多亿 Facebook、Instagram 和 LinkedIn 用户信息［EB/OL］(2020－01－11)［2020－02－28］. https://www.safetydetectives.com/blog/socialarks-leak-report/.

逝者的信息在媒介上有多大程度的公开？逝者隐私的边界何在？这些问题则涉及记忆数据所带来的伦理与规范。在逝者的媒介化生存中，记忆作为一个重要因素会影响逝者的存在状态。数字时代，记忆主体的多元化和记忆对象的庞杂化，导致记忆数据中“噪音”无处不在。对此，在逝者媒介化生存中，保证记忆数据的质量，求证记忆数据的真伪，建立完整的资料库和可供求证的证据库，显得至关重要。

除此之外，在探索数字重生、数字永生等过程当中，往往要有选择地收集和保存逝者的相关数据。出于不同的现实需要，生者同样会通过筛选、突出、强调的手段来对逝者进行有选择性的纪念。可以说，媒介化中的逝者是一种被建构的逝者，这也导致了通过逝者的数字化身未必能够全面地、真实地再现逝者，而是一种部分再现，甚至可能产生一种扭曲的再现，这也会造成事实和真相的异化。因此，在搜集逝者媒介化生存数据的过程当中，我们应该高度重视逝者的数据搜集、生产、保存以及检索的机制，从而理解逝者在媒介中的再现过程，把握记忆数据与真实文本之间的复杂关系。

3. 商业失范：对利益的不当追求

数字时代，逝者的媒介化生存走上了快车道，对商业利益的追逐是激发更多企业投入到数字永生等技术的研发中的重要因素。人们日常生活中产生的大量数字信息往往也被以逐利为首要原则的互联网公司掌控，在商业资本的介入下，社会责任感被商业利益解构，造成了逝者媒介化生存的失范表达。在微博、微信等社交媒体平台上，逝者账号的处理问题从未间断。在数字纪念中，由于相关管理的缺乏，部分逝者账号会被一些别有用心的人利用，比如2020年7月本已被认证为逝者账号的“努力做个小太阳的晨小晨”，其微博突然发布明星应援内容，并删除之前的博文，这样的“诈死”事件引发了舆论热潮。后经查明此事件为某明星的粉丝自导自演，为博关注“假死”两次，这样的现象值得我们深思。除此之外，作为逝者媒介化生存的主要发展形态，数字永生技术目前正在被众多公司进行商业应用，但由于平台的控制与商业模式的不成熟，其在发展的过程中也存在不少问题。

在一些线上纪念网站中，同样也存在许多有待改进的地方。部分祭祀网站面临过度商业化的问题。一方面，一些服务提供商抓住生者对逝者的哀悼、缅怀之情，不择手段地牟取暴利。虽然现在大多数祭祀网站可以为逝者免费建立个人纪念馆，但想要开展和参与更多的纪念活动，往往需要支付一定的费用。诚然，这些费用的收取有助于线上纪念的长期发展，无可厚非，但是目前线上纪念网站数量众多，鱼龙混杂，部分网站为了追求商业利益，收取高昂管理费用后，并不履行后续的管理责任，造成纪念网站无法访问。纪念网站突然关停的现象不是少数，不仅会造成哀悼者的财产损失，而且还会造成情感伤害。另一方面，在线上哀悼中，付费用户有更多的祭祀选择，线上祭祀活动伴随一种强烈的金钱刺激，不仅提高了网民的使用门槛，而且破坏了祭扫的严肃性，进而影响到逝者的媒介化生存。

数字技术和时代的不断发展，促使更多的企业致力于探索数字永生领域，对实现数字纪念、数字重生、数字永生过程中伦理观的重视和对商业化开发的把握是未来需要思考的重点方向。同时，数字时代，逝者的媒介化生存融入技术创造的“虚拟个体”幻象中，如何平衡技术渗透和人文关怀也是我们今后思考的关键。

总体来说，在数字化技术日渐影响并决定我们生存状态的当下，逝者如何实现高质量、长效化的媒介化生存，维护作为人所特有的主体性，离不开生者对物质水平、伦理观念以及制度规范这三方面的考量。所谓的物质水平就是需要为逝者的媒介化生存提供更多的技术设备支持，以此来更好地促进媒介化生存的发展。逝者的媒介化生存的失范问题大多是缺乏伦理观念而导致的，对此，各类伦理主体应该肩负起相关的责任和义务，以传统的伦理道德观念为依托，建立起相关的伦理道德体系。在制度层面，需要建设一种多元共律治理体系，通过软性治理和硬性治理相结合的方式促进多元主体的积极参与，尤其是纪念网站运营者、数字永生产品运营机构应该改进完善商业模式，防止传播侵权信息，做好监督工作，避免侵犯他人的权利。在看待逝者的媒介化生存时，我们更应该将其放置于宏观的社会体系和文化系统中去考量，利用现代技术谋求人类新生存状态发展的同时，也要保持审慎客观的态度，在科学和道德的张力中保持平衡。

参考文献

一、中文著作

埃尔．文化记忆理论读本［M］．余传玲，等译．北京：北京大学出版社，2012.

柏拉图．斐多［M］．杨绛，译．沈阳：辽宁人民出版社，2000.

柏拉图．理想国［M］．郭斌和，张竹明，译．北京：商务印书馆，1996.

彼得斯．对空言说：传播的观念史［M］．邓建国，译．上海：上海译文出版社，2017.

彼得斯．奇云：媒介即存有［M］．邓建国，译，上海：复旦大学出版社，2020

波普尔．客观知识——一个进化论的研究［M］．舒炜光，等译．上海：上海译文出版社，1987.

波斯曼．技术垄断——文化向技术投降［M］．何道宽，译．北京：北京大学出版社，2007.

波斯特．第二媒介时代［M］．范静哗，译．南京：南京大学出版社，2001.

波兹曼．童年的消逝［M］．章艳，吴燕莛，译．桂林：广西师范大学出版社，2009.

波兹曼．娱乐至死［M］．章艳，译．桂林：广西师范大学出版社，2011.

伯格．理解媒介：媒介与文化研究的关键文本［M］．秦洁，译．北京：清华大学出版社，2013.

陈国强．简明文化人类学词典［M］．杭州：浙江人民出版社，1990.

陈力丹，易正林．传播学关键词［M］．北京：北京师范大学出版社，2009.

陈力丹. 精神交往论——马克思恩格斯的传播观［M］. 北京：开明出版社，2002.

陈卫星. 传播的观念［M］. 北京：人民出版社，2004.

德布雷. 媒介学引论［M］. 刘文玲，译. 北京：中国传媒大学出版社，2014.

德布雷. 普通媒介学教程［M］. 陈卫星，王杨，译. 北京：清华大学出版社，2014.

笛卡尔. 第一哲学沉思集［M］. 庞景仁，译. 北京：商务印书馆，1986.

费斯克. 传播研究导论：过程与符号［M］. 许静，译. 北京：北京大学出版社，2008.

费斯克. 关键概念：传播与文化研究辞典［M］. 李彬，译注. 北京：新华出版社，2004.

傅斯年. 与顾颉刚论古史书［A］//欧阳哲生. 傅斯年全集（第1卷）. 长沙：湖南教育出版社，2003.

盖恩，比尔. 新媒介：关键概念［M］. 刘君，周竞男，译. 上海：复旦大学出版社，2015.

格拉齐亚尼. 焦虑与焦虑性障碍［M］. 邹媛媛，李俊仙，译. 天津：天津人民出版社，2010.

顾国瑞，陆尊梧. 唐代诗词语词典故词典［M］. 北京：社会科学文献出版社，1992.

郭庆光. 传播学教程［M］. 北京：中国人民大学出版社，2014.

哈贝马斯. 交往与社会进化［M］. 张博树，译. 重庆：重庆出版社，1993.

哈里斯. 文化人类学［M］. 李培茱，高地，译. 北京：东方出版社，1988.

海德格尔. 存在与时间［M］. 陈嘉映，王庆节，译. 北京：生活·读书·新知三联书店，2014.

海勒. 我们何以成为后人类：文学、信息科学和控制论中的虚拟身体［M］刘宇清，译. 北京：北京大学出版社，2017.

胡塞尔. 生活世界现象学［M］. 倪梁康，张廷国，译. 上海：上海译文出版社，2005.

胡易容，赵毅衡. 符号学-传媒学词典［M］. 南京：南京大学出版社，2012.

胡翼青. 传播学：学科危机与范式革命［M］. 北京：首都师范大学出版社，2004.

霍尔．无声的语言［M］．何道宽，译．北京：北京大学出版社，2010.

霍克海默，阿尔多诺．启蒙辩证法（哲学片断）［M］．洪佩郁，蔺月峰，译．重庆：重庆出版社，1990.

霍洛克斯．麦克卢汉与虚拟实在［M］．刘千立，译．北京：北京大学出版社，2005.

基特勒．留声机 电影 打字机［M］．邢春丽，译．上海：复旦大学出版社，2017.

卡斯凯特．网上遗产：被数字时代重新定义的死亡、记忆与爱［M］．张淼，译．福州：海峡文艺出版社，2020.

莱文森．莱文森精粹［M］．何道宽，译．北京：人民大学出版社，2007.

莱文森．人类历程回放：媒介进化论［M］．邬建中，译．重庆：西南师范大学出版社，2017.

莱文森．软利器：信息革命的自然历史与未来［M］．何道宽，译．上海：复旦大学出版社，2011.

莱文森．数字麦克卢汉：信息化新千纪指南［M］．何道宽，译．北京：北京师范大学出版社，2014.

莱文森．思想无羁——技术时代的认识论［M］．何道宽，译．南京：南京大学出版社，2004.

勒维纳斯．上帝·死亡和时间［M］．余中先，译．北京：生活·读书·新知三联书店，1997.

李素霞．交往手段革命与交往方式变迁［M］．北京：人民出版社，2005.

李特约翰，福斯．人类传播理论［M］．史安斌，译．北京：清华大学出版社，2009.

林文刚．媒介环境学：思想沿革与多维视野［M］．何道宽，译．北京：北京大学出版社，2007.

刘建明．宣传舆论学大辞典［M］．北京：经济日报出版社，1993.

刘文英．漫长的历史源头：原始思维与原始文化新探［M］．北京：中国社会科学出版社，1996.

罗杰斯．传播学史：一种传记式的方法［M］．殷晓蓉，译．上海：上海译文出版社，2002.

洛厄里，德弗勒．大众传播效果研究的里程碑［M］．刘海龙，等译．北京：

中国人民大学出版社，2004.
洛根. 被误读的麦克卢汉：如何矫正［M］. 何道宽，译. 上海：复旦大学出版社，2018.
洛根. 什么是信息：生物域、符号域、技术域和经济域里的组织繁衍［M］. 何道宽，译. 北京：中国大百科全书出版社，2019.
马尔尚. 麦克卢汉传：媒介及信使［M］. 何道宽，译. 北京：中国人民大学出版社，2003.
马克思，恩格斯. 马克思恩格斯全集［M］. 中共中央马克思恩格斯列宁斯大林著作编译局，译. 北京：人民出版社，2001.
麦克卢汉，秦格龙. 麦克卢汉精粹［M］. 何道宽，译. 南京：南京大学出版社，2000.
麦克卢汉. 麦克卢汉如是说：理解我［M］. 何道宽，译. 中国人民大学出版社，2006.
麦克卢汉. 理解媒介：论人的延伸［M］. 何道宽，译. 南京：译林出版社，2011.
麦奎尔，温德尔. 大众传播模式论［M］. 祝建华，武伟，译. 上海：上海译文出版社，1987.
芒福德. 技术与文明［M］. 陈允明，王克仁，李华山，译. 北京：中国建筑工业出版社，2009.
梅罗维茨. 消失的地域：电子媒介对社会行为的影响［M］. 肖志军，译. 北京：清华大学出版社，2002.
梅洛-庞蒂. 行为的结构［M］. 杨大春，张尧均，译. 北京：商务印书馆，2005.
梅洛-庞蒂. 知觉现象学［M］. 姜志辉，译. 北京：商务印书馆，2001.
莫利纳罗. 麦克卢汉书简［M］. 何道宽，仲冬，译. 北京：中国人民大学出版社，2005.
尼葛洛庞帝. 数字化生存［M］. 胡泳，范海燕，译. 海口：海南出版社，1997.
帕夫利克. 新媒体技术——文化和商业前景［M］. 周勇，等译. 北京：清华大学出版社，2005.
帕克. 移民报刊及其控制［M］. 陈静静，展江，译. 北京：中国人民大学出版社，2011.
皮尔斯. 皮尔斯：论符号［M］. 赵星植，译. 成都：四川大学出版社，2014.
切特罗姆. 传播媒介与美国人的思想——从莫尔斯到麦克卢汉［M］. 曹静生，黄艾禾，译. 北京：中国广播电视出版社，1991.
萨内尔. 雅斯贝尔斯［M］. 程志民，等译. 北京：中国社会科学出版社，1992.
邵培仁，等. 媒介生态学：媒介作为绿色生态的研究［M］. 北京：中国传媒大学出版社，2008.
施拉姆，波特. 传播学概论［M］. 陈亮，周立方，李启，译. 北京：新华出版社，1984.
施拉姆，查菲，罗杰斯. 美国传播研究的开端：亲身回忆［M］. 王金礼，译. 北京：中国传媒大学出版社，2016.
斯丹迪奇. 社交媒体简史：从莎草纸到互联网［M］. 林华，译. 北京：中信出版集团，2019.
斯蒂格勒. 技术与时间 1：爱比米修斯的过失［M］. 裴程，译. 南京：译林出版社，2012.
苏贾. 后现代地理学——重申批判社会理论中的空间［M］. 王文斌，译. 北京：商务印书馆，2004.
特纳. 身体与社会［M］. 马海良，赵国新，译. 沈阳：春风文艺出版社，2000.
翁. 口语文化与书面文化：语词的技术化［M］. 何道宽，译. 北京大学出版社，2008.
希林. 身体与社会理论［M］. 李康，译. 北京：北京大学出版社，2010.
夏皮罗. 具身认知［M］. 李恒威，董达，译. 北京：华夏出版社，2014.
夏瓦. 文化与社会的媒介化［M］，刘君，李鑫，漆俊邑，译. 上海：复旦大学出版社，2018.
辛普森. 胁迫之术：心理战与美国传播研究的兴起（1945—1960）［M］. 王维佳，刘扬，李杰琼，译. 上海：华东师范大学出版社，2017.
延森. 媒介融合：网络传播、大众传播和人际传播的三重维度［M］. 刘君，译. 上海：复旦大学出版社，2012.
杨树达. 积微居小学述林［M］. 北京：中国科学院，1954.

伊德．技术与生活世界：从伊甸园到尘世［M］．韩连庆，译．北京：北京大学出版社，2012.

伊德．让事物说话：后现象学与技术科学［M］．韩连庆，译．北京：北京大学出版社，2008.

伊尼斯．传播的偏向［M］．何道宽，译．北京：中国人民大学出版社，2003.

伊尼斯．帝国与传播［M］．何道宽，译．北京：中国人民大学出版社，2003.

袁军．新闻媒介通论．［M］．北京：北京广播学院出版社，2000.

张骋．传媒本体论——新媒体时代的理论转向［M］．北京：中国社会科学出版社，2016.

张明林．四书五经大系［M］．北京：中央民族大学出版社，2002.

张永言，杜仲陵，向熹，等．简明古汉语字典［M］．成都：四川人民出版社，2001.

赵毅衡．符号学原理与推演［M］．南京：南京大学出版社，2011.

赵毅衡．哲学符号学：意义世界的形成［M］．成都：四川大学出版社，2017.

中冈成文．哈贝马斯：交往行为［M］．王屏，译．石家庄：河北教育出版社，2001.

邹贤敏．西方现代艺术词典［M］．成都：四川文艺出版社，1989.

二、中文报纸

胡翼青．媒介技术哲学范式的兴起：作为认识论或方法论的传播学［N］．中国社会科学报，2019-07-23（005）.

王阳．新闻传播思想史研究的媒介观［N］．中国社会科学报，2019-07-04（003）.

三、中文期刊

蔡骐．论媒介认知能力的建构与发展［J］．国际新闻界，2001（5）.

曹兵武．作为媒介的博物馆——一个后新博物馆学的初步框架［J］．中国博物馆，2016（1）.

曹继东．唐·伊德的后现象学研究［J］．哲学动态，2010（6）．

曹钺，骆正林，王飔濛．“身体在场”：沉浸传播时代的技术与感官之思［J］．新闻界，2018（7）．

车森洁．戈夫曼和梅洛维茨“情境论”比较［J］．国际新闻界，2011，33（6）．

陈波，陈巍，丁峻．具身认知观：认知科学研究的身体主题回归［J］．心理研究，2010，3（4）．

陈坚，王东宇．存在焦虑的研究述评［J］．心理科学进展，2009，17（1）．

陈卫星．传播与媒介域：另一种历史阐释［J］．全球传媒学刊，2015，2（1）．

陈卫星．媒介域的方法论意义［J］．国际新闻界，2018，40（2）．

陈卫星．新媒体的媒介学问题［J］．南京社会科学，2016（2）．

陈相光．具身：语义的身体发生逻辑及其意涵——基于身体的现象界说与阐释［J］．广东社会科学，2019（5）．

陈翔．论媒介系统与身体之关系——基于A．哈特的“媒介系统论”［J］．西南民族大学学报（人文社会科学版），2012，33（9）．

陈宇恒．赛博格时代传播的具身性研究［J］．新媒体研究，2019，5（24）．

陈月华，毛璐璐．试论网络传播中的身体［J］．哈尔滨工业大学学报（社会科学版），2006（5）．

陈月华，郑春辉．生成的身体与身体意象——影视传播中的虚拟人物［J］．山东社会科学，2007（2）．

陈月华．传播：从身体的界面到界面的身体［J］．自然辩证法研究，2005（3）．

陈蕴茜．“总理遗像”与孙中山崇拜［J］．江苏社会科学，2006（6）．

崔保国．媒介是条鱼——关于媒介生态学的若干思考［J］．媒介观察，2003．

代玮炜，蒋诗萍．从符号域到生命符号学：塔尔图对符号界域的推展［J］．江西师范大学学报（哲学社会科学版），2014，47（4）．

戴宇辰．“在媒介之世存有”：麦克卢汉与技术现象学［J］．新闻与传播研究，2018，25（10）．

邓启耀．视觉表达与图像叙事［J］．广西民族学院学报（哲学社会科学版），2004（1）．

杜骏飞．数字交往论（2）：元宇宙，分身与认识论［J］．新闻界，2022（1）．

范龙."媒介即讯息"：麦克卢汉对媒介本质的现象学直观［J］. 浙江大学学报（人文社会科学版），2008（2）.

高丽燕. 后人类影像中的身心关系及其反思［J］. 当代电影，2018（12）.

顾理平，范海潮. 作为"数字遗产"的隐私：网络空间中逝者隐私保护的观念建构与理论想象［J］. 现代传播（中国传媒大学学报），2021，43（4）.

顾理平，王飔濛. 社会治理与公民隐私权的冲突——从超级全景监狱理论看公共视频监控［J］. 现代传播（中国传媒大学学报），2017，39（6）.

韩宁，刘晓鹏. 虚拟现实的身心关系解读——基于唐·伊德技术现象学的分析［J］. 齐齐哈尔大学学报（哲学社会科学版），2018（2）.

郝雨，安鑫. 再论"媒介的延伸"与"媒介功能的延伸"［J］. 当代传播，2009（1）.

何道宽. 加拿大传播学派的双星：伊尼斯与麦克卢汉［J］. 深圳大学学报，2002（5）.

何道宽. 麦克卢汉研究的三次热潮和三次飞跃［J］. 华中学术，2012（2）.

何道宽. 媒介即文化——麦克卢汉媒介理论批评［J］. 现代传播（北京广播学院学报），2000（6）.

何道宽. 异军突起的第三学派——媒介环境学评论之一［J］. 深圳大学学报（人文社会科学版），2006（6）.

何静. 心智与符号的具身性根基——从米德的符号互动理论看［J］. 西北师大学报（社会科学版），2019，56（6）.

何志荣. 延伸与回归：传播具身性在媒介技术中的嵌入［J］. 编辑之友，2019（12）.

胡滨. 纪念空间：消失与再现、纪念与记忆［J］. 建筑师，2013（5）.

胡易容. 媒介环境学派的理论困境与符号学取向［J］. 编辑之友，2015（2）.

胡翼青，陈洁雯. 媒介化视角下的少儿游戏：基于媒介物质性的考察［J］. 南京社会科学，2021（11）.

胡翼青，张婧妍. 重新发现"媒介"：学科视角的建构与知识型转变——2018年中国传播研究综述［J］. 编辑之友，2019（2）.

胡翼青. 传播学四大奠基人神话的背后［J］. 国际新闻界，2007（4）.

胡翼青. 传播学学科化的困境：基于社会心理学的视角［J］. 北大新闻与传播

评论，2014（00）.
胡翼青．大众传播学抑或大众心理学：对美国传播学主导范式的再书写［J］．国际新闻界，2019，41（8）.
胡翼青．理解麦克卢汉：写于麦克卢汉的百年诞辰［J］．国际新闻界，2011，33（7）.
胡翼青．为媒介技术决定论正名：兼论传播思想史的新视角［J］．现代传播（中国传媒大学学报），2017，39（1）.
胡翼青．显现的实体抑或关系的隐喻：传播学媒介观的两条脉络［J］．中国地质大学学报（社会科学版），2018，18（2）.
胡翼青．显现的实体抑或意义的空间：反思传播学的媒介观［J］．国际新闻界，2018，40（2）.
胡翼青．智媒时代我们如何理解媒介——与麦克卢汉的断片式对话［J］．新闻界，2019（9）.
胡泳．理解麦克卢汉［J］．国际新闻界，2019，41（1）.
黄旦．对传播研究反思的反思——读吴飞、杜骏飞和张涛甫三位学友文章杂感［J］．新闻记者，2014（12）.
黄旦．美国早期的传播思想及其流变——从芝加哥学派到大众传播研究的确立［J］．新闻与传播研究，2005（1）.
黄华．技术、组织与“传递”：麦克卢汉与德布雷的媒介思想和时空观念［J］．新闻与传播研究，2017，24（12）.
黄月琴．新媒介技术视野下的传播与赋权研究［J］．湖北大学学报（哲学社会科学版），2016，43（6）.
基特勒．走向媒介本体论［J］．胡菊兰，译．江西社会科学，2010（4）.
贾兰坡，甄朔南．原始墓葬［J］．史学月刊，1985（1）.
江根源．媒介建构观：区别于媒介工具观的传播认识论［J］．当代传播，2012（3）.
江林昌．诗的源起及其早期发展变化——兼论中国古代巫术与宗教有关问题［J］．中国社会科学，2010（4）.
金新．第二媒介时代网络传播方式对主体自我构成的重构——兼论马克·波斯特的媒介思想［J］．兰州学刊，2007（6）.

李彬，关琮严．空间媒介化与媒介空间化——论媒介进化及其研究的空间转向［J］．国际新闻界，2012，34（5）．

李传武，赵歌，王建强．体育媒介的理论溯源及与传统媒介关系的研究［J］．体育科学，2007（1）．

李红涛，杨蕊馨．把个人带回来：数字媒介、社会实践与记忆研究的想象力［J］．新闻与写作，2022（2）．

李建会，苏湛．哈拉维及其“赛博格”神话［J］．自然辩证法研究，2005（3）．

李金铨．传播研究的典范与认同［J］．书城，2014（2）．

李莉莉．当代认知科学中心智具身性主题的内涵及出路［J］．河南科技大学学报（社会科学版），2019，37（2）．

李明伟．媒介环境学派与“技术决定论”［J］．国际新闻界，2006（11）．

李明伟．文学新批评派对麦克卢汉传播研究的影响［J］．深圳大学学报（人文社会科学版），2009，26（5）．

李其维．“认知革命”与“第二代认知科学”刍议［J］．心理学报，2008，40（12）．

李沁，熊澄宇．沉浸传播与“第三媒介时代”［J］．新闻与传播研究，2013，20（2）．

李伟，华梦莲．虚拟永生技术与伦理问题［J］．科技中国，2020（5）．

李曦珍，楚雪，胡辰．传播之“路”上的媒介技术进化与媒介形态演变［J］．新闻与传播研究，2012，19（1）．

李曦珍，楚雪，王晓刚．媒介是人的进化式延伸——达尔文“进化论”视阈下的麦克卢汉“延伸论”透视［J］．甘肃社会科学，2011（4）．

李曦珍．麦克卢汉“媒介即讯息”的认识论原理［J］．国外社会科学，2013（3）．

李晓云．电子媒介环境下技术主题在广告中的表现［J］．青年记者，2009（1）．

梁国伟，候薇．虚拟现实：表征身体传播无限开放性的符号形式［J］．现代传播（中国传媒大学学报），2008（3）．

梁之磊，孟庆春．“媒介”概念的演变［J］．中国科技术语，2013，15（3）．

刘海龙．传播中的身体问题与传播研究的未来［J］．国际新闻界，2018，40（2）．

刘宏宇，张怡然．虚拟媒介观开启的媒介人类学研究进路［J］．当代传播，2021（4）．

刘玲华. 理解“反环境”——麦克卢汉媒介观的一个新链接［J］. 首都师范大学学报（社会科学版），2015（6）.

刘涛. 互联网中的主体与身体——马克·波斯特“数字主体”思想论析［J］. 西南民族大学学报（人文社科版），2010，31（11）.

刘婷，张卓. 身体-媒介/技术：麦克卢汉思想被忽视的维度［J］. 新闻与传播研究，2018，25（5）.

刘铮. 虚拟现实不具身吗？——以唐·伊德《技术中的身体》为例［J］. 科学技术哲学研究，2019，36（1）.

陆亨. 使用与满足：一个标签化的理论［J］. 国际新闻界，2011，33（2）.

吕丽，王妍. 身体美学视域下的媒介与人文——理解麦克卢汉的新视角［J］. 电影评介，2015（12）.

梅琼林. 批判学派与经验学派方法论的比较分析［J］. 当代传播，2008（5）.

梅琼林. 透明的媒介：论麦克卢汉对媒介本质的现象学直观［J］. 人文杂志，2008（5）.

孟伟. Embodiment 概念辨析［J］. 科学技术与辩证法，2007（1）.

闵惠泉. 真实与虚拟：新媒介环境下的追问［J］. 现代传播，2010（2）.

牛彬彬. 数字遗产之继承：概念、比较法及制度建构［J］. 华侨大学学报（哲学社会科学版），2019（5）.

欧阳灿灿. “无我的身体”：赛博格身体思想［J］. 广西师范大学学报（哲学社会科学版），2015，51（2）.

潘忠党. 走向反思、多元、对谈的传播学［J］. 国际新闻界，2018，40（2）.

彭佳，汤黎. 与生命科学的交光互影：论尤里·洛特曼的符号学理论［J］. 俄罗斯文艺，2012（3）.

彭兰. 分化与交叠：移动时代的时间［J］. 西北师大学报（社会科学版），2020，57（5）.

彭兰. 智能时代人的数字化生存——可分离的“虚拟实体”、“数字化元件”与不会消失的“具身性”［J］. 新闻记者，2019（12）.

彭立，彭泺. 新媒介技术正改变与增强新闻传媒——基于 VR 技术、AR 技术及 MR 技术的考察［J］. 西南民族大学学报（人文社科版），2016（10）.

邱林川. 多元、对话与有机的传播研究：基于 2018 年 Joc 新酵母专刊的反思

[J]. 国际新闻界，2018 (2).

全燕，申凡. 媒介化生存下“风险社会”的重构与反思 [J]. 国际新闻界，2011，33 (8).

冉聃. 赛博空间、离身性与具身性 [J]. 哲学动态，2013 (6).

任继昉，刘江涛. 说“介”[J]. 中南大学学报（社会科学版），2012，18 (2).

阮云星，高英策. 赛博格人类学：信息时代的“控制论有机体”隐喻与智识生产 [J]. 开放时代，2020 (1).

沈继睿. 媒介技术本体论的边界区分 [J]. 自然辩证法研究，2014，30 (9).

施拉姆. 美国“大众传播学”的四个奠基人 [J]. 王泰玄，译. 国际新闻界，1982 (2).

苏涛，彭兰. 技术与人文：疫情危机下的数字化生存否思——2020 年新媒体研究述评 [J]. 国际新闻界，2021，43 (1).

孙玮. 城市传播的研究进路及理论创新 [J]. 现代传播（中国传媒大学学报），2018，40 (12).

孙玮. 媒介化生存：文明转型与新型人类的诞生 [J]. 探索与争鸣，2020 (6).

孙玮. 赛博人：后人类时代的媒介融合 [J]. 新闻记者，2018 (6).

孙玮. 作为媒介的城市：传播意义再阐释 [J]. 新闻大学，2012 (2).

谭雪芳. 图形化身、数字孪生与具身性在场：身体-技术关系模式下的传播新视野 [J]. 现代传播（中国传媒大学学报），2019，41 (8).

唐小林. 符号媒介论 [J]. 符号与传媒，2015 (2).

田丽. 社交媒体用户隐私关注研究 [J]. 理论前沿，2015 (1).

王思鸿. 马克思异化理论的历史生成与当代价值 [D]. 天津：南开大学，2014.

王英. 凯文·凯利的自主技术论及其比较研究 [J]. 自然辩证法研究，2017，33 (10).

王卓斐. 网络交流的审美反思 [J]. 福建师范大学学报（哲学社会科学版），2007 (01).

威廉斯. 电视：技术与文化形式（一）——技术与社会 [J]. 陈越，译. 世界电影，2000 (3).

吴畅畅. 施拉姆的学术遗产与美国传播学四大奠基人的神话 [J]. 国际新闻

界，2019，41（8）.
吴飞. “空间实践”与诗意的抵抗：解读米歇尔·德塞图的日常生活实践理论［J］. 社会学研究，2009，24（2）.
吴国林. 后现象学及其进展：唐·伊德技术现象学述评［J］. 哲学动态，2009（4）.
吴媚，余涛. 隐喻意义及其理解的具身性考察［J］. 文教资料，2019（19）.
吴予敏. “重构中国传播学”的时代场景和学术取向［J］. 国际新闻界，2018，40（2）.
席妍，罗建军. 社交媒体哀悼空间中的记忆书写与话语实践——基于@xiaolwl微博评论的分析［J］. 新闻界，2022（2）.
肖静. 新媒介环境中人的异化［J］. 当代传播，2007（5）.
肖永凤. “介”之词义考释［J］. 六盘水师范高等专科学校学报，2004（5）.
徐山. 释“介”［J］. 周口师范学院学报，2008（3）.
严玲. 微信：媒介化生存的新物种［J］. 现代传播（中国传媒大学学报），2016，38（2）.
杨劲威. “宅”与媒介技术的反人道主义倾向：电视及网络的虚拟环境［J］. 新闻爱好者，2009（10）.
杨鹏. 厘清“媒介”概念 规范学术用语——兼及“媒体”“新闻媒介”等概念的辨析［J］. 当代传播，2001（2）.
杨庆峰. 物质身体、文化身体与技术身体——唐·伊德的“三个身体”理论之简析［J］. 上海大学学报（社会科学版），2007（1）.
杨子飞. 作为媒介的监控与“安保主义”——论“监控社会”的安全文化［J］. 华中科技大学学报（社会科学版），2017，31（2）.
姚曦，任文姣. 从意识沉浸到知觉沉浸：智能时代广告的具身性转向［J］. 现代传播（中国传媒大学学报），2020，42（1）.
冶进海. 媒介智能化：从感官无羁到时空嬗变［J］. 北方民族大学学报，2020（6）.
叶浩生. 具身认知：认知心理学的新取向［J］. 心理科学进展，2010，18（5）.
叶浩生. 有关具身认知思潮的理论心理学思考［J］. 心理学报，2011，43（5）.
殷乐，高慧敏. 具身互动：智能传播时代人机关系的一种经验性诠释［J］. 新闻与写作，2020（11）.

殷晓蓉．呈现与缺失：传播学研究中的“空间及其关系”［J］．苏州大学学报（哲学社会科学版），2014，35（4）.

喻国明．媒体变革：从“全景监狱”到“共景监狱”［J］．人民论坛，2009（15）.

喻国明．未来媒介的进化逻辑：“人的连接”的迭代、重组与升维——从“场景时代”到“元宇宙”再到“心世界”的未来［J］．新闻界，2021（10）.

张骋．麦克卢汉从现象学那里继承了什么——一种基于“媒介哲学”的思考与展望［J］．当代文坛，2015（6）.

张放．媒介效果研究：一个不能被“传播效果研究”代替的术语——基于传播学耶鲁学派与哥伦比亚学派的学术史考察［J］．四川大学学报（哲学社会科学版），2014（1）.

张宏莹．“媒介化”词源探析［J］．青年记者，2013（27）.

张丽芳．从信息技术视角看术语翻译的接受度——以认知语言学术语 embodiment 为例［J］．安徽文学（下半月），2017（1）.

张振宇，张西子．自“名”而“动”由“人”及“物”——中国古代“媒介”概念的意义变迁［J］．国际新闻界，2011，33（5）.

张之沧．“后人类”进化［J］．江海学刊，2004（6）.

张之沧．论身体的异化和复归［J］．洛阳师范学院学报，2011，30（12）.

赵建国．传播学视野下的人的身体［J］．现代传播（中国传媒大学学报），2013，35（12）.

赵建国．身体在场与不在场的传播意义［J］．现代传播（中国传媒大学学报），2015，37（8）.

赵瑞华．媒介化生存与人的异化［J］．新闻记者，2010（2）.

赵毅衡．“表征”还是“再现”？一个不能再“姑且”下去的重要概念区分［J］．国际新闻界，2017，39（8）.

赵毅衡．“全文本”与普遍隐含作者［J］．甘肃社会科学，2012（6）.

赵毅衡．文本如何引导解释：一个符号学分析［J］．河南师范大学学报（哲学社会科学版），2014，41（1）.

赵毅衡．文化：社会符号表意活动的集合［J］．社会科学战线，2016（8）.

赵毅衡．指示性是符号的第一性［J］．上海大学学报（社会科学版），2017，

34（6）.
郑保卫，叶俊. 从印刷、电报到互联网——论马克思主义媒介技术观的历史演变［J］. 新闻大学，2016（2）.
郑大群. 论传播形态中的身体叙事［J］. 学术界，2005（5）.
郑玄，吴玮琦. 延伸与截除：智媒时代的泛媒介化存在［J］. 青年记者，2021（18）.
周葆华，钟媛. “春天的花开秋天的风”：社交媒体、集体悼念与延展性情感空间——以李文亮微博评论（2020-2021）为例的计算传播分析［J］. 国际新闻界，2021，43（3）.
周丽昀. 身体：符号，隐喻与跨界：唐娜·哈拉维科学的主体解析［J］. 科学技术哲学研究，2011，28（5）.
周丽昀. 唐·伊德的身体理论探析：涉身、知觉与行动［J］. 科学技术哲学研究，2010，27（5）.

四、英文文献

Brubaker，J. R.，Hayes，G. R.，& Dourish，P. Beyond the Grave：Facebook as a Site for the Expansion of Death and Mourning［J］. The Information Society：An International Journal 29，2013.
Bryant，J.，& Miron，D. Theory and research in mass communication［J］. Journal of communication，vol. 54，no. 4，2004.
Carroll，B. & Landry，K. Logging On and Letting Out：Using Online Social Networks to Grieve and to Mourn［J］. Bulletin of Science Technology & Society，vol. 30，no. 5，2010.
Cooley，C. H. Social organization：a study of the larger mind［M］. New York：Charles Scribner's Sons，1929.
Deely，J. N. The Impact on Philosophy of Semiotics：The Quasi-error of the External World with a Dialogue Between a “semiotist” and a “realist”［Z］. 2003.
Gitlin，T. Media sociology：The dominant paradigm［J］. Theory and society，

vol. 6，no. 2，1978.

Harvey，J. H.，Carlson，H. R.，Huff，T. M.，& Green，M. A. Embracing their memory：The construction of accounts of loss and hope [J]. American Psychological Association，2001.

Hass，H. Human animal [M]. New York：GP Putnam's Sons，1970.

Hayles，N. K. How we became posthuman：Virtual bodies in cybernetics，literature，and informatics [M]. Chicago：University of Chicago Press，1999.

Hjelmslev，L. Résumé of a Theory of Language Vol. 16 [M]. Wisconsim：University of Wisconsin Press，1975.

Hoskins，A. 7/7 and Connective Memory：Interactional Trajectories of Remembering in Post-scarcity Culture [J]. Memory Studies，vol. 4，no. 3，2011.

Irwin M. D. Mourning 2. 0—Continuing bonds between the living and the dead on Facebook [J]. OMEGA-Journal of Death and Dying，2015.

Kauffman，S.，Logan，R. K.，Este，R.，Goebel，R.，Hobill，D. & Shmulevich，L. Propagating organization：an enquiry [J]. Biology & Philosophy，23 (1)，2005.

Keren，T-W.，Neiger，M. Print Is Future，Online Is Past：Cross-Media Analysis of Temporal Orientations in the News [J]. Communication Research，vol. 42，no. 8，2015.

Kern，R.，Forman，A. E.，and Gil-Egui，G. R. I. P.：Remain in perpetuity. Facebook memorial pages [J]. Telematics and Informatics，vol. 30，no. 1，2012.

Lagerkvist，A. Existential media：Toward a theorization of digital thrownness [J]. New Media&Society，vol. 19，no. 1，2016.

Leaver，T，Highfield，T. Visualising the ends of identity：pre-birth and post-death on Instagram [J]. Information，Communication & Society，vol. 21，no. 1，2018.

Livingstone，S. On the mediation of everything：ICA presidential address 2008 [J]. Journal of communication，vol. 59，no. 1，2009.

Lupton，D. The digitally engaged patient：self-monitoring and self-care in the digital health era [J]. Social Theory & Health, online first, 2013.

Lupton, D. The Digitally Engaged Patient: Self-monitor ingand Self-carein the Digital Health Era [J]. Social Theory&Health, vol. 11, no. 3, 2013.

Macdonald, B. H. Deflating Information [J]. From Science Studies to Documentation, 2004.

Marchand, P. Marshall McLuhan: the medium and the messenger: a biography [M]. New York: MIT Press, 1998.

Marshall, M. & Quentin, F. The medium is the massage: an inventory of effects [M]. Bezkeley: Gingko Press, 2001.

Martin, G. et al, # Funeral and Instagram: Death, Social Media, and Platform Vernacular [J]. Information Communication and Society, vol. 18, no. 3, 2015.

McLuhan, M., Molinaro, M., McLuhan, C., & Toye, W. Letters of Marshall McLuhan [M]. New York: Oxford University Press, 1987.

Pantti, M., Sumiala, J. Till death do us join: Media, mourning rituals and the sacred centre of the society [J]. Media, Culture&Society, vol. 31, no. 1, 2009.

Roberts, P. The Living and the Dead: Community in the Virtual Cemetery [J]. Omega, vol. 49, no. 1, 2004.

Roberts, P. From My Space to our space: the functions of web memorials in bereavement [J]. The Forum, 2006.

Rogers, E. M. The extensions of men: The correspondence of Marshall McLuhan and Edward T. Hall [J]. Mass Communication & Society, vol. 3, no. 1, 2000.

Schramm, W., Riesman, D., & Bauer, R. A. The state of communication research: Comment [J]. The Public Opinion Quarterly, vol. 23, no. 1, 1959.

Shannon, C. E. A mathematical theory of communication [J]. Bell system technical journal, vol. 27, no. 3, 1948.

Strate, L. Media ecology [J]. Communication Research Trends, vol. 23, no. 2, 2004.

Stroebe, M., & Schut, H. To continue or relinquish bonds: a review of consequences for the bereaved [J]. Death Studies, vol. 29, no. 6, 2005.

Unruh, D. R. Death and personal history: strategies of identity preservation [J]. Social Problems, no. 3, 1983.

Von Uexküll, J. The theory of meaning [J]. Semiotica, vol. 42, no. 1, 1982.

Walter, T. New mourners, old mourners: online memorial culture as a chapter in the history of mourning [J]. New Review of Hypermedia and Multimedia, vol. 21, 2014.

Zlatev, J., Madsen, E. A., Lenninger, S., Persson, T., Sayehli, S., & Sonesson, G., et al. Understanding communicative intentions and semiotic vehicles by children and chimpanzees [J]. Cognitive Development, vol. 28, no. 3, 2013.

五、网络文献

光明日报. 第49次中国互联网络发展状况统计报告发布[EB/OL]. (2022-03-02) [2022-03-02]. http://www.cinic.org.cn/xw/tjsj/1249702.html.

杜萌. 还原"墨茶"：一个虚拟主播是如何被真实生活"杀死"的[EB/OL]. (2021-01-30)[2021-11-15]. https://weibo.com/ttarticle/x/m/show/id/2309404599164141961557.

李晨. 虚拟祭奠真实清明[EB/OL]. (2005-04-08)[2023-11-07]. http://money.163.com/economy2003/editor_2003/050408/050408_323723.html.